ULF LÜDEKE

TERENCE HILL

Die exklusive Biografie

riva

Bibliografische Information der Deutschen Nationalbibliothek
Die Deutsche Nationalbibliothek verzeichnet diese Publikation in der Deutschen Nationalbibliografie. Detaillierte bibliografische Daten sind im Internet über https://dnb.de abrufbar.

Für Fragen und Anregungen
info@m-vg.de

Wichtiger Hinweis
Ausschließlich zum Zweck der besseren Lesbarkeit wurde auf eine genderspezifische Schreibweise sowie eine Mehrfachbezeichnung verzichtet. Alle personenbezogenen Bezeichnungen sind somit geschlechtsneutral zu verstehen.

Originalausgabe
7. Auflage 2026

Türkenstraße 89
80799 München
Tel.: 089 651285-0

Redaktion: wortvollendet, Marion Appelt, Wiesbaden
Umschlaggestaltung: Pamela Machleidt, München
Umschlagabbildung: ullstein bild – Tobis
(Porträt aus dem Film *Zwei Himmelhunde auf dem Weg zur Hölle*, 1972)
Satz: Buch-Werkstatt GmbH, Bad Aibling
Druck: CPI
Printed in the EU

ISBN Print 978-3-86883-203-7
ISBN E-Book (PDF) 978-3-86413-142-4
ISBN E-Book (EPUB, Mobi) 978-3-86413-175-2

Weitere Informationen zum Verlag finden Sie unter
www.rivaverlag.de
Beachten Sie auch unsere weiteren Verlage unter www.m-vg.de

Inhalt

Prolog

Es gibt nicht viele Schauspieler, deren filmisches Werk nicht nur den Kinos weltweit jahrzehntelang rappelvolle Säle bescherte, sondern trotz zahlreicher Wiederholungen auch noch Dekaden nach der Erstausstrahlung TV-Einschaltquoten erzielt, von denen die meisten modernen Produktionen nur träumen können. Ganz besonders gilt dies für Streifen aus den 70er-Jahren – eine ziemlich schräge Zeit der Kinogeschichte, in der viel passierte. Doch trotz Vintage-Wahn samt Breitcord-Renaissance, poppigen Hemden und Kraut-Koteletten locken heute nur wenige Filme von damals die Zuschauer hinterm Ofen vor. Der Schauspieler Terence Hill zählt zweifellos zu diesem kleinen Kreis der Erlauchten jener Jahre, in denen er sich als Solist und gemeinsam mit seinem Filmpartner und Freund Bud Spencer einen Ehrenplatz unter den erfolgreichsten Darstellern erspielt hat.

Die Filme des Genres, für das er sich damals als gefeierter Star entschied, waren fast immer leichte Kost, mit der dieser Don Quichotte der Leinwand Jung und Alt zum Lachen brachte. Terence Hill war der Kopf des erfolgreichsten Duos der modernen Kinogeschichte. Ein verspielter agiler Schalk, der mit akrobatischen Einlagen den bulligen, schwerfälligen und einsilbigen Sancho Pansa an seiner Seite so fies foppte – und ihn doch nie im Stich ließ, wenn es drauf ankam. Noch immer hängen Jungs und Männer an seinen Lippen und schlagen sich ob seiner Tollkühnheiten begeistert auf die Schenkel. Und noch immer bekommen Mädchen und Frauen weiche Knie bei den von koketten Grübchen umspielten Blicken des Blondschopfs mit den strahlend blauen Augen.

Wer dieses Bild im Kopf hat, hätte sich gewundert bei der Szene, die sich in Rom am 7. Mai 2010 zu Beginn der Verleihung des David di Donatello abspielte – des wichtigsten italienischen Filmpreises, mit dem Terence

Hill und Bud Spencer an jenem Tag für ihr Lebenswerk ausgezeichnet wurden.[1] Es schien, als hätten die beiden im bis auf den letzten Platz besetzten Festsaal ihre Rollen getauscht. Denn während der in den Filmen bis auf wenige Ausnahmen meist mit stoischer Ruhe auftretende Spencer sich lässig feiern ließ und wie ein Boxchampion die Arme hob, als der tosende Beifall das Auditorium Conciliazione zum Wanken brachte, verharrte Terence Hill unbeweglich neben ihm. So still, dass der 81-jährige Bud seinem zehn Jahre jüngeren Partner, den er seit annähernd einem halben Jahrhundert kennt, zunächst wie in ihren gemeinsamen Film mit seiner mächtigen linken Pranke beherzt die Wange tätscheln und ihn an sich ziehen wollte. Nach einem Blick zur Seite aber merkte er, dass diese Geste in dem Moment vielleicht doch nicht so angemessen gewesen wäre. Stattdessen verharrte seine Hand im allerletzten Augenblick und sank sanft auf Hills Schulter.

Es war bewegend zu sehen, wie sehr der mitreißende, stürmische Empfang der sich von den Plätzen erhebenden Crème de la Crème des italienischen Films Terence Hill rührte. Man konnte dem 72-Jährigen deutlich ansehen, wie nahe ihm das ging. Hinzu kam, dass ihm kurz nach einem Treffen mit dem italienischen Staatspräsidenten Georgio Napolitano unmittelbar vor der Preisverleihung in einem Bekleidungsgeschäft das Portemonnaie gestohlen worden war: Während der Zeremonie gesteht der sichtbar um Fassung ringende Hill dem Publikum, dass es ihm nicht um das entwendete Geld gehe, sondern um wichtige persönliche Dinge, die sich in der Börse befunden hatten.

Das Bild, das man an jenem Abend von Terence Hill gewann, scheint so gar nicht zu jenem zu passen, das man mit ihm als dreisten Nobody oder vorlauten Trinity und darüber hinaus während seiner gesamten Kinokarriere verbindet. Es ist ein Bild, das selbst unter Berücksichtigung der Tatsache, dass Schauspieler privat selten ihren Rollen entsprechen, wie ein Faustschlag von Bud Spencer wirkte: das eines Mannes, der tief von Bescheidenheit und Demut durchdrungen ist.

Anders als die deutschen Zuschauer haben sich die italienischen inzwischen daran gewöhnt, dass Terence Hill das Rampenlicht abseits von Filmsets lieber ausschaltet und anderen den Vortritt lässt. Mario Girotti, wie Hill mit bürgerlichem Namen heißt, ist in Italien geboren und lebt nach mehr als drei Jahrzehnten in Amerika seit gut zehn Jahren wieder überwiegend in Umbrien, woher sein Vater stammte und wo er schon als Kind mehrere Jahre verbracht hat. Zurückgekehrt sei er gern, wie er immer wieder überzeugt betont, weil es auch eine Rückbesinnung auf die eigenen Wurzeln sei. Doch vielleicht wäre es nie dazu gekommen, wenn er nicht zufällig durch die Schauspielerei über einen längeren Zeitraum dort gebunden gewesen wäre. Irgendwann blieb ihm wohl keine Wahl mehr. Und anstatt mit fast Mitte 70 langsam etwas kürzer zu treten, die Zeit anders zu füllen und seinen Ruhm auszukosten, wie er das hundertmal verdient hätte, verschlingt er immer noch Drehbücher, so wie er einst als Trinity Bohnen mit Speck in sich reinstopfte.

Seit dem Jahr 2000 steht Hill als Don Matteo in der nahe Perugia gelegenen mittelalterlichen Kleinstadt Gubbio vor der Kamera. 168 Folgen der gleichnamigen Serie hat er bislang gedreht – jede einzelne eine gute Stunde lang. Er gibt darin einen Priester, der wie Heinz Rühmanns Pater Brown als Hirte auch den schwarzen Schafen außerhalb der Gemeinde auf die Hufe schaut. Don Matteo klärt kriminelle Schweinereien stets vor den ortsansässigen Carabinieri auf. Mit Hill avancierte die Figur zum Hauptprotagonisten der erfolgreichsten Fernsehserie Italiens, die regelmäßig Zuschauerquoten erzielt, die sonst nur Spielen der Champions League vorbehalten sind.

Einen fast entgegengesetzten Verlauf nahm die Karriere von Carlo Pedersoli alias Bud Spencer, der in seiner Autobiografie sehr freimütig intime

Einblicke in sein Leben gewährt. Vor seiner Schauspiellaufbahn ein gefeierter Schwimmstar und im Umgang mit Medien und Öffentlichkeit schon bestens vertraut, macht er keinen Hehl daraus, dass er sich nie für einen professionellen »echten Schauspieler« mit der dafür erforderlichen Portion Disziplin gehalten habe, wie Terence Hill sie besäße. Ganz im Gegenteil: Bud betont sogar, dass er schon zu aktiven Zeiten im Duett mit seinem Partner weit mehr die mit der Schauspielerei verbundenen Annehmlichkeiten in vollen Zügen genossen habe als die Tätigkeit selbst. So habe sein Erfolg ihm beispielsweise ermöglicht, Jet- und Hubschrauberpilot zu werden. Ein Lebemann also, wie er im Buche steht.

Die hoch konzentrierte Mischung aus großer Popularität und extremer Reserviertheit sowie der schwindelerregend dicht gefüllte Terminkalender von Terence Hill machen es nicht leicht, ein genaues Bild von ihm zu zeichnen – er, der die Öffentlichkeit über sich so gern im Unklaren lässt. Einer, den fast jeder schon mal in wenigstens zwei oder drei Filmen gesehen hat. Einer, von dem man leicht und gerne annimmt, er sei wie die von ihm dargestellten Figuren, weil er unheimlich sympathisch ist. Von dem nur seine treuesten Fans wissen, dass trotz seiner Popularität auch deswegen so auffallend wenig Persönliches über ihn bekannt ist, weil Terence Hill nach eigenem Bekunden schon von Kindesbeinen an ein ziemlich schüchterner Mensch gewesen ist und zurückgezogen lebt. Einer, der nicht nur keine Aufmerksamkeit um seine Person erregen möchte, sondern privat mit seiner Familie sogar die Ruhe und Abgeschiedenheit in stiller Natur sucht – und sei es nur, weil er sich dort einfach am wohlsten fühlt.

Doch die Spuren, die Mario Girotti sprich Terence Hill in sechs Jahrzehnten beruflich erfolgreich und ohne privat in Erscheinung zu treten, hinterlassen hat, fügen sich längst zu einem Bild zusammen, das mehr als neugierig macht. Was nicht zuletzt auch daran liegt, dass der Sohn einer deutschen Mutter mehrere Jahre in Deutschland gelebt und gearbeitet hat – zunächst als kleiner Junge ausgerechnet in den letzten beiden Jahren des 2. Weltkriegs nahe Dresden und später als junger Erwachsener in den 60er-Jahren, als er vor seinem großen Durchbruch mit Bud Spencer unter anderem durch mehrere Karl-May-Filme bekannt wurde und erste Tuchfühlung mit dem Westerngenre aufnahm, das ihn später berühmt machen sollte. Eine wichtige Karriere-Etappe, die ein Jahrzehnt später zu einem Meilensteinen der Kinogeschichte führte: *Mein Name ist Nobody*, jene legendäre deutsch-italienische Koproduktion, die die Handschrift von Sergio Leone trägt und von Horst Wendlandt, dem langjährigen König der deutschen Filmbranche, mitproduziert wurde.

Das Leben von Terence Hill ist eine Achterbahnfahrt mit unglaublichen Höhe- und Tiefpunkten – und einem Abgrund, der für diesen sanften und ruhigen Mann, der im Film lange nur den Frechdachs und Spaßvogel gegeben hat, bodenlos schien. Mit seiner Familie hat er das größte Glück, aber auch den größten Schmerz erfahren. Sein Leben ist voll von Überraschungen, reich an atemberaubenden Wendepunkten und von hoher Religiosität, die dem deutschen Publikum bislang im Großen und Ganzen verborgen geblieben ist.

Vieles aus seinem Leben in Italien ist in Deutschland nicht bekannt. Umgekehrt gilt das Gleiche, ganz zu schweigen von all den Jahren, die er mit seiner Familie in den USA verbracht hat. Diese Biografie versteht sich als eine Spurensuche. Erstmals soll das facettenreiche Leben von Terence Hill als Ganzes erzählt werden. Sie ist ein Versuch, diesen sympathischen und außergewöhnlichen Menschen seinem riesigen Publikum, das ihm seit mehr als vier Jahrzehnten in unerschütterlicher und – ähnlich wie bei Bud Spencer – wohl einmaliger Treue ergeben ist, näherzubringen.

Cagliari, Januar 2012

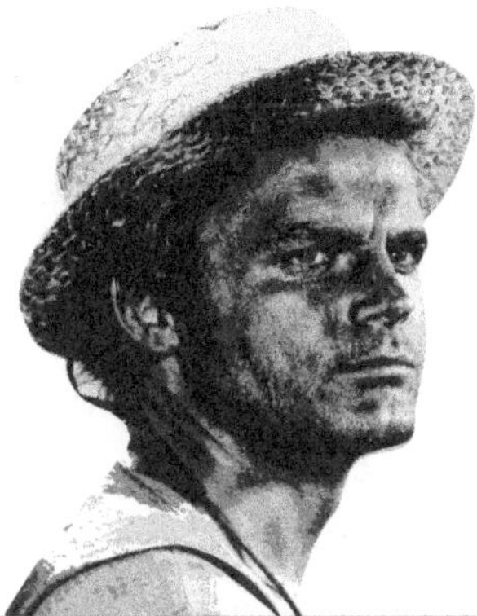

Beginn einer Odyssee (1939–1945)

Schon in Deutschland waren die Mädchen nach den blauen Augen des kleinen Steppkes verrückt. Seine Stupsnase reichte nicht mal bis ans Ende der Weizenähren heran, die auf den umliegenden dichten und weitflächigen Feldern, wie es sie heute in nur wenigen anderen Regionen gibt, reiften. Mario war ein eher ruhiger Junge, erinnern sich die Kinder von einst. In seiner Familie hingegen war er berüchtigt als Frechdachs, er war aufmüpfig und ungehorsam. Wie er so als Vierjähriger seinem großen Bruder hinterhertollte, sah man ihm die Sportskanone schon an, die später aus ihm werden wollte. Der vier Jahre ältere Odoardo nahm seinen jüngeren Bruder auch oft mit ins Kino, wo sie sich zusammen Zeichentrickfilme ansahen. Mario turnte mit Vorliebe akrobatisch am schweren Eisentor vor der Einfahrt des elterlichen Wohnhauses herum, das quietschend auf und zu ging, stundenlang. Er wieselte durch goldene Felder, glitt durchs Schwimmbecken wie ein Fisch und ritt mutig auf einer riesigen Hausschildkröte quer durch Opa Pauls Garten, in dem einem süße Waldfrüchte regelrecht in den Mund wuchsen. Das junge Leben des Mario Girotti sieht über weite Strecken aus nach einer schönen, unbeschwerten Kindheit, wie sie sich jeder für sein Kind wünscht. Klein-Mario und seiner Familie blieb das Glück in jenen Jahren treu, auch wenn die Begleitumstände alles andere als günstig waren. Mehr noch: Sie glichen eher einer Katastrophe. Und zwar so sehr, dass sie seinen gesamten Lebensweg bis zum heutigen Tag tief prägten.

Die Geschichte des Jungen, der Ende der 60er-Jahre unter dem Künstlernamen Terence Hill als sympathischer Sunnyboy und wendiger Witzbold Kinogeschichte schreiben wird, begann jedoch rund 1000 Eisenbahnkilometer weiter südlich vom Ort seiner ersten Kindheitserinnerungen – in Venedig. Dort wurde Mario Girotti am 29. März 1939 als mittlerer von drei Söhnen geboren.

In seiner Brust schlägt ein italienisch-deutsches Herz: Vater Girolamo Girotti kam im Jahr 1900 in einem kleinen Apennindorf im südlichen Umbrien zur Welt, Mutter Hildegard Thieme 1908 im südlichen Sachsen. Die Art und Weise, wie diese beiden zueinanderfanden, würde jeden Film schmücken. »Unsere Eltern sind sich zufällig Anfang der Dreißigerjahre während einer Zugfahrt in der Schweiz begegnet«, erzählt Odoardo Girotti, Jahrgang 1935. »Mutter war damals unterwegs, um eine Stelle als Au-Pair anzutreten, und Vater saß im selben Abteil. Sie haben sich kennengelernt, als ein Landsmann von ihm anfing, Mutter zu belästigen, und er dafür sorgte, dass der andere sie in Ruhe ließ.« Die beiden heirateten 1933, Hildegard zog zu Girolamo nach Venedig, wo der studierte Chemiker in der Pharmaziebranche arbeitete.

Sechs Jahre später sah alles ganz anders aus. Die Zeiten waren schwierig geworden, die politische und soziale Lage war in ganz Europa angespannt. Mario Girotti wurde in den Vorabend des Zweiten Weltkriegs hineingeboren, in den das Königreich Italien im Juni 1940 als Verbündeter des Deutschen Reichs zog. Zunächst blieb die Apenninhalbinsel von den Kriegsgräueln weitgehend verschont. Doch dies änderte sich, als britisch-amerikanische Truppenverbände im Juli 1943 auf Sizilien landeten und in Italien eine zweite Kriegsfront eröffneten, die kurz zuvor von den Alliierten in Casablanca beschlossen worden war. Sie sollte die deutschen Einheiten nach Norden zurückdrängen und schwächen – als strategische Vorbereitung für die große Invasion, die für 1944 in Frankreich geplant war.[2]

Die Familie Girotti war mittlerweile nach Rom gezogen, wo 1943 Piero geboren wurde. Nun überschlugen sich die Ereignisse. Noch im Juli desselben Jahres flogen die Alliierten erste Luftangriffe auf die Hauptstadt und versetzten die stolze Nation in eine Art Schockzustand. Ende des Monats wurde Diktator Benito Mussolini als Ministerpräsident abgesetzt und verhaftet. Die neue italienische Militärregierung unter Pietro Badoglio schloss am 3. September mit den Alliierten einen Waffenstillstand, woraufhin die Wehrmacht ganz Nord- und Mittelitalien samt Rom besetzte. Hitler ließ Mussolini, der in einem Hotel in den Abruzzen gefangen gehalten wurde, kurz darauf befreien und setzte ihn als Statthalter der »Sozialrepublik Italien« ein, die dieser während einer Rundfunkansprache in München proklamierte. Anschließend stellte er unter dem Druck des »Führers« in der kleinen, am Gardasee gelegenen Stadt Salò eine Gegenregierung auf, die die deutsche Besatzungsmacht stärken sollte. Am 13. Oktober 1943 erklärte die italienische Militärregierung Deutschland den Krieg. Zur selben Zeit formierten sich in der nördlichen Landeshälfte Partisanenverbände, die zum Kampf gegen Mussolinis »Schwarzhemden« rüsteten.

Lange Zeit von den Gefahren des Krieges weit entfernt, beschlossen die Girottis in dieser plötzlich so heikel gewordenen Lage, nach Deutschland zu ziehen. Ihr Ziel war Hildegards Geburtsstadt Lommatzsch, ein kleiner

Ort, der 30 Kilometer nordwestlich von Dresden auf halber Strecke zwischen Riesa und Meißen liegt. Dort lebten noch immer die Eltern von Hildegard.

Himbeeren pflücken mit Opa Paul

Die Welt, die den vierjährigen Mario, seinen vier Jahre älteren Bruder Odoardo und den noch nicht mal ein Jahr alten Piero mit ihrer Mutter 1943 in der sächsischen Provinz empfing, schien trotz des Abgrunds, auf den sich die Menschheit geradewegs zubewegte, im Großen und Ganzen noch in Ordnung zu sein – zumindest aus kindlicher Sicht. Die Ostfront wurde zwar langsam, aber sicher in Richtung Westen von der Roten Armee zurückgedrängt, befand sich allerdings noch etwa 1000 Kilometer weit entfernt. Auch aus der nur 50 Kilometer südlich gelegenen Tschechei, die Hitler kurz vor Kriegsbeginn annektiert hatte, drohte keine Gefahr. Und Dresden galt unter den deutschen Großstädten zu jener Zeit als verhältnismäßig sicher, da alle wichtigen Industrieanlagen und Verkehrsknotenpunkte nicht kriegsrelevant waren und man somit nicht von ihrer Bombardierung ausging.[3] Von daher bot sich das kleine Lommatzsch als Zufluchtsstätte für die Familie Girotti an, zumal Hildegard unbedingt ihre Eltern wiedersehen wollte.

Die Zeit im Heimatort seiner Mutter war für Mario aufregend, denn für ihn gab es dort unendlich viel zu entdecken. Die Kleinstadt, in der 1943 rund 5000 Menschen lebten, ist seit Jahrhunderten Mittelpunkt der Lommatzscher Pflege, auch Kornkammer Sachsens genannt. Der Name geht zurück auf den fruchtbaren Boden, denn Löss bedeckt die sanften Hügel, die auch heute zu den besten Äckern Deutschlands zählen und seit mehr als Tausend Jahren bewirtschaftet werden. Die umliegenden

Felder der nur 6 Kilometer westlich von der Elbe entfernten Gemeinde zogen sich in leichten Wellen scheinbar endlos bis zum Horizont – ganz gleich, in welche Himmelsrichtung Mario blickte. Im Frühjahr verwandeln Korn und Raps die Hügel in ein gelb-grünes Meer, darüber schweben die hellen Blüten der Obstbäume wie Zuckerwatte. »Ich habe gewusst, dass es hier schön ist. Aber ich habe nicht mehr gewusst, dass es *so* schön ist«, zeigte sich Terence Hill viele Jahre später überwältigt, als sich ihm auf einer Reise in seine Vergangenheit das Naturschauspiel erneut bot.[4]

Der Familie des Jungen ging es in der Kleinstadt besser als vielen anderen, was vor allem dem Geschick des Großvaters seiner Mutter zu verdanken war, Carl Menzel. Marios Urgroßvater hatte den Namen Lommatzsch schon lange vor seinem berühmten Urenkel in die Welt hinausgetragen – und zwar mit Glas, dem sogenannten Lommatzscher Glas, hergestellt in der 1897 von ihm gegründeten Glashütte Carlswerk, die neben Fenster- und Spiegelglas auch das erste Dünnglas für Fotoplatten und medizinische Zwecke in Europa produzierte. Die Geschäfte liefen gut, sodass 1911 fast 200 Angestellte im Werk beschäftigt waren, was Carl Menzel zum mit Abstand größten Arbeitgeber in Lommatzsch machte, wo sich bislang alles nur um Bauern und ihre Landwirtschaft gedreht hatte. Ein Jahr zuvor, im Jahr 1910, erwies ihm sogar Sachsens König Friedrich August mit einem Besuch die Referenz, wobei er seine unternehmerischen Erfolge überaus lobte. Zum Andenken an den Tag spendete Carl Menzel 10 000 Mark, die nicht versicherten Werksarbeitern zugutekommen sollten, und ersuchte Seine Majestät untertänigst, dafür eine Stiftung einrichten zu dürfen, die den Namen seiner Durchlaucht tragen sollte, was diese ihm auch allergnädigst gestattete.[5]

Carl Menzel ging zwar wenig zimperlich mit Arbeitern um, die sich gewerkschaftlich engagieren wollten. Doch war das Carlswerk weit über die

Grenzen von Lommatzsch hinaus für das gute Betriebsklima bekannt. Die Löhne zählten in der Glasindustrie zu den höchsten überhaupt. Die Arbeitsräume mit den Brennöfen galten als Vorbild für die gesamte Branche, da sie geräumig, hell und gut ventiliert waren. Der Fabrikchef gründete sogar eine eigene Betriebskrankenkasse. Darüber hinaus ließ Menzel in der Ortsmitte entlang der Döbelner Straße mehrere Dutzend Arbeiterwohnungen errichten, die der Lommatz'scher Volksmund noch heute schlicht Glashäuser nennt. Für damals herrschende Verhältnisse waren sie komfortabel: Es gab fließendes Wasser, auf der Rückseite der Häuser hatte man hübsche kleine Gärten angelegt. Und in genau solch eine Wohnung der Döbelner Straße 40 zog Mario Girotti mit Eltern und Brüdern ein.

Schnell hatte sich der Junge im Herzen der sächsischen Provinz eingelebt. Er wuchs auf wie die anderen Kinder auch. Mit der Sprache hatte Mario keinerlei Probleme, da seine Mutter bislang ohnehin fast nur Deutsch mit ihm gesprochen hatte. Zudem hatte er das Glück, mit seinen Großeltern unter einem Dach zu leben, was wohl der Traum vieler Kinder ist. Die Zeit mit Paul und Emma Thieme, Letztere eines von zehn Kindern Carl Menzels, prägte ihn sehr.

Das Haus lag nur ein paar Schritte entfernt von Marktplatz und Rathaus. Wenn Mario auf die Straße trat, konnte er die imposante Wenzelskirche mit den drei spätgotischen Türmen – dem alles überragenden, kilometerweit sichtbaren Wahrzeichen der Stadt – fast anfassen. Mit seinen kleinen Füßen stand er direkt auf dem geheimnisvollsten Kuriosum von Lommatzsch: einem verwirrenden Netz aus finsteren Kellergewölben und Gängen, die ab dem 14. Jahrhundert entstanden, als der Stadt das Braurecht verliehen wurde. Man hatte sie in dem kompakten, aber leicht abbaubaren Lehmboden oft ohne Stützbalken gegraben, nur um Bier besser lagern zu können. Die Gewölbe, die zum Teil über mehrere Geschosse bis zu acht Meter tief in konservierendes Dunkel hinunterführen, befinden sich unter jedem zentrumsnahen Gebäude. Sie sind häufig durch Gänge miteinander verbunden und erstrecken sich über eine Gesamtlänge von mehr als zwei Kilometern. Ein Paradies für abenteuerlustige Kinder und wie gemacht für Gruselgeschichten.

Die meiste Zeit verbrachten die Girotti-Brüder jedoch mit ihrer Mutter und den Großeltern. Im Garten hinter dem Haus probierte Mario zum ersten Mal Himbeeren, die er mit Opa Paul pflückte und fortan zu seinem Lieblingsobst erklärte. Das Kindermädchen unternahm mit ihm und Odoardo oft ausgedehnte Spaziergänge durch den Ort, und auch diese Ausflüge waren etwas ganz Besonderes. Ruth Teilig, die jüngere Schwester des Kindermädchens, hat diese Momente nie vergessen. Ihr taten die beiden Jungs nämlich immer ein bisschen leid, weil Oma Emma sehr großen Wert auf deren gesunde Ernährung legte – aus Ruths Sicht allerdings etwas zu eintönig, denn es gab für sie Möhrensaft bis zum Abwinken. Jedes Mal musste vor den Spaziergängen eine große Schüssel Mohrrüben geputzt und zu Saft gepresst werden, den die Kinder komplett trinken mussten.[6]

Doch Ruth und ihre Schwester brachten ein bisschen Abwechslung in den Speiseplan, denn ihre Eltern betrieben die Gaststätte Gute Quelle. Dorthin »entführten« sie die beiden Girotti-Brüder häufig heimlich. Daran, wie Odoardo und Mario gierig eine Fettbemme (Sächsisch für Schmalzbrot) nach der anderen verdrückten – die von ihrer Mutter stets rechtzeitig vorbereitet worden waren – und mit Karamellbier hinterherspülten, konnten sich die Mädchen gar nicht sattsehen. Gelegentlich durften die beiden Älteren auch Freunde zum Essen mit nach Hause bringen. Diese Einladungen waren ebenfalls heiß begehrt, denn leckere Makkaroni wurden in diesen mageren Zeiten meist nur bei den Girottis serviert.[7]

Ein schwarzer Augenblick

Papa Girolamo, den im Ort alle nur Momo nannten, verbrachte jedes Wochenende mit seiner Familie in Lommatzsch. Werktags war er jedoch in Dresden, wo er bei dem traditionsreichen Drogerie- und Farbwarenhersteller Gehe & Co. arbeitete. Gelegentlich besuchte ihn seine Frau mit den Kindern im »Florenz des Nordens«. Girolamo hatte sich im Dresdner Nobelstadtteil Weißer Hirsch, der für seine Villen und Sanatorien bekannt ist, ein Zimmer gemietet.

Die Zeit, die der Vater mit seinen Söhnen verbringen konnte, war deshalb natürlich stark begrenzt. Damit Mario aber wenigstens ein bisschen Italienisch lernen konnte, ließ Girolamo sich für ihn etwas Besonderes einfallen. Als gläubiger Katholik (»nicht im kirchlichen Sinne«, erläutert Odoardo, »er hatte eine sehr eigene, freie Beziehung zum Glauben«) trug er das Buch *Fioretti di San Francesco* bei sich – zu Deutsch *Die Blümlein des heiligen Franziskus*. Da er wusste, wie wichtig das ständige Wiederholen von Wörtern beim Erwerb einer Sprache ist, las er Mario gebetsmühlenartig die 53 Kurzgeschichten immer wieder aufs Neue vor. Die Erzählungen handeln von Legenden, die sich um Franz von Assisi und seinen Orden ranken, der wie Girolamo aus Umbrien stammt. Sie wurden im 14. Jahrhundert von einem unbekannten Autor verfasst, erfreuten sich noch im 20. Jahrhundert großer Beliebtheit bei der Andacht in der Kirche – und wurden zu Marios erster Italienischlektüre.

Doch zu Beginn des Spätwinters 1945 endete jäh die bisher verhältnismäßig unbeschwerte Zeit der Familie Girotti und Hunderttausender anderer Menschen in Sachsen, das bislang vom Kriegstreiben weitgehend verschont geblieben war. Denn am Abend des 13. Februar wurde Dresden bombardiert. Sogar die Einwohner des rund 30 Kilometer entfernten Lommatzsch wurden Zeuge dieses militärisch sinnlosen Überfalls der Alliierten, der als schwerster Luftangriff auf eine Stadt im Zweiten Weltkrieg in die Geschichte eingegangen ist. Der rote Himmel und das fürchterliche dumpfe Grollen, das die Kleinstadt von Südosten her um kurz nach 22 Uhr in eine gespenstische, apokalyptische Stimmung tauchte, war der Anfang der zwei Tage dauernden vollständigen Zerstörung Dresdens.

In der Döbelner Straße 40 rückte man zusammen. Seit Anfang Februar 1945 wohnten bei den Girottis auch vier Cousins und Cousinen des inzwischen fast sechsjährigen Mario, die ihren Vater im Krieg verloren hatten und mit der Mutter aus Bunzlau in Niederschlesien vor den heranrückenden Russen geflüchtet waren. Einer von ihnen war Henning von Birckhahn, der sich gut an die Bombardierung erinnert: »Ich war damals 13 Jahre alt und saß während der Luftangriffe mit Odoardo auf dem Dach des Hauses. Wir haben die Flugzeuge gezählt, die über unsere Köpfe hinweg nach Dresden geflogen sind, um dort ihre Bomben abzuwerfen.«

Das Inferno von Dresden, wo im Februar 1945 mehr als eine halbe Million Menschen lebte, ist beispiellos, da es die Stadt und ihre Einwohner völlig unvorbereitet traf. Die Heeresleitung hatte mit einem Angriff nicht gerechnet, weswegen in Dresden auch keine Luftabwehr vorhanden war. 773 britische Bomber sind es nach offiziellen Angaben gewesen, die in der Nacht zum 14. Februar mit einer infernalischen Menge an Sprengbomben zunächst vor allem Dächer und Fenster der Häuser zerstörten. Die 650 000 Brandbomben, die sie danach abwarfen, konnten somit ihre Wirkung voll entfalten. Am Tag darauf begannen 311 amerikanische Bomber mit der Flächenbombardierung, und auch am 15. Februar flogen sie noch vereinzelte Angriffe. 25 000 Menschen verloren ihr Leben, 80 000 Wohnungen wurden in Schutt und Asche gelegt.[8]

Lommatzsch war von den Luftangriffen nicht direkt betroffen. Doch auch die Menschen dort gerieten in Panik. Bei den Girottis stieg die Sorge schon während der ersten Angriffswelle. »Ich erinnere mich noch, dass Schnee in Lommatzsch lag. Der Himmel war vollkommen in Rot getaucht, die Fenster wackelten, und aus Dresden drang ein unheimliches Grollen zu uns hinüber. Als der Angriff begann, war unser Vater dort, denn er hatte Nachtschicht«, berichtet Odoardo Girotti. Ins Unerträgliche jedoch stieg die Angst um den Vater erst in den Tagen danach. »Die Kommunikation zwischen Dresden und Lommatzsch war unterbrochen. Eine Woche nach den Angriffen machte sich deshalb ein Onkel per Rad auf den Weg nach Dresden, um herauszufinden, was aus Vater geworden war. Und was sieht er, als er die Tür seines Zimmers im Weißen Hirschen öffnet? Meinen Vater, der eingeseift vor dem Spiegel steht und sich gerade rasiert. ›Was zum Teufel machst du hier? In Lommatzsch glauben alle, du wärst tot!‹, hat er ihn angeraunzt. Dann haben sie sich ein zweites Rad besorgt und sind beide nach Lommatzsch zurückgeradelt.« Später erfuhr die Familie dann, dass Girolamo nur deswegen nicht zurückgekommen war, weil er wie Tausende andere beim Bergen von Verletzten und Toten geholfen hatte. Das Stadtviertel Weißer Hirsch war von den Luftangriffen verschont geblieben. In den Sanatorien waren sofort Lazarette eingerichtet und andere Gebäude als Auffanglager für Flüchtlinge umfunktioniert worden.

Aus Angst vor der nun bedrohlich näher rückenden Ostfront und auch aus Furcht vor möglichen Vergeltungsaktionen der Roten Armee kehrten nun viele Lommatzscher ihrer Stadt den Rücken, darunter auch die Girottis mit den Cousins und Cousinen um Henning von Birckhahn. »Paul Thieme, der Großvater von Mario, kannte einen Bauern in Ostrau, einem kleinen Dorf etwa 12 Kilometer westlich von Lommatzsch, dort sind wir die letzten Kriegsmonate untergekommen, alle zusammen etwas mehr als 20 Personen.« Man musste natürlich improvisieren, erinnert sich von Birckhahn, der heute im niedersächsischen Bad Harzburg lebt:

»Wir haben in einer großen Stube geschlafen. Wenn die 20 Strohmatratzen auf dem Boden lagen, dann war der Raum komplett bedeckt mit ihnen. Tagsüber waren sie alle gegen die Wand gelehnt.«
Ganz besonders eingeprägt hat sich ihm eine Szene mit Girolamo. »Er war ja Wissenschaftler, ein sehr rational denkender Mensch. Ich werde nie vergessen, wie er eines Tages, als wir alle wilde Bewegungen machten, weil wir furchtbar froren, bewegungslos dastand und plötzlich zu uns sagte, dass es falsch sei, sich so zu bewegen, weil genau diese Bewegungen die warme Luft zwischen der Haut und der Kleidung nach außen pressen würden und wir deswegen mehr frören.« Außerordentlich erfolgreich, erzählt von Birckhahn weiter, sei Marios Vater bei den regelmäßigen Wanderungen durch die umliegenden Dörfer gewesen. In einem kleinen Trupp sei man umhergezogen, um jene um Lebensmittel zu bitten, die mehr hatten als man selbst. »Girolamo hatte eine ganz besondere, sehr bescheidene Art, und mit der hat er unglaublichen Erfolg gehabt. Er kam immer mit dick gefüllten Taschen zurück.«
Ende April erreichten die Russen Ostrau, und auf dem Hof spielten sich teilweise dramatische Szenen ab. Der Schrecken sitzt Henning von Birckhahn heute noch in den Knochen. »Viele Bauernhöfe in der Gegend hatten damals eine eigene Schnapsbrennerei, genau wie der Bauernhof, auf dem wir waren. Sie befand sich im Souterrain. Und dort haben wir uns alle versteckt. Odoardo und ich haben hinausgespäht. Wir sahen die Soldaten über die Felder laufen, und wir sahen auch die Panzer. Die Kanone von einem war auf den Hof gerichtet – dort stand ein gefüllter Jauchewagen, den man vielleicht für einen feindlichen Panzer hielt. Die Russen gaben einen Schuss ab. Das hat ganz schön gespritzt …«
Wenig später, so von Birckhahn, seien dann zunächst die russischen Offiziere auf den Hof gekommen. »Die waren sehr freundlich, erkundigten sich, ob jemand krank sei und ob die Kinder genug Milch hätten. Sie

sprachen exzellentes Deutsch und forderten uns auf, alle Waffen abzugeben, denn später würde streng danach kontrolliert, sie selber hätten jetzt keine Zeit dazu. Danach kamen dann die ›Etappenschweine‹. Einer von ihnen hat sich dann Marios Mutter geschnappt und wollte sie vergewaltigen. Odoardo ist mit zwei anderen Jungs auf ihn los, sie haben geschrien und auf ihn eingeschlagen. Schließlich hat er von ihr dann doch noch abgelassen – und dafür die Bauersfrau vergewaltigt. Es war einfach furchtbar.«

Die Entscheidung, Lommatzsch zu verlassen, war dennoch richtig gewesen, denn am Ende hielt der Krieg auch in den Geburtsort von Marios Mutter Einzug, der zwischen Roter Armee und Wehrmacht hart umkämpft war. Nur neun Tage vor Kriegsende trieben Angehörige der Waffen-SS unter dem Vorwand der Plünderung am 29. April 1945 36 ausländische Zwangsarbeiter zusammen und erschossen die komplette Gruppe. Unter den Opfern befand sich auch ein 16-jähriger Junge, der vorher aus Ostpreußen geflüchtet war.

Während Henning von Birckhahn mit seinen Geschwistern noch ein ganzes Jahr in Ostrau blieb und bei der Arbeit auf den Feldern half, zog Marios Familie nach dem Kriegsende wieder nach Lommatzsch zu den Eltern von Mutter Hildegard zurück. »Ich sehe meine Cousins und ihre Eltern noch vor mir, wie sie mit einem Handwagen, an dem Girolamo die italienische Trikolore befestigt hatte, sich zu Fuß auf den Weg gemacht haben.«

Im September 1945 machte sich seine Familie überwiegend per Zug dann wieder auf den Rückweg nach Italien, berichtet Odoardo Girotti. Das Letzte, woran sich Mario aus den zwei Jahren seiner Kindheit in Deutschland noch erinnert und was er mit nach Italien nimmt, ist die Rast in einem Flüchtlingslager im oberbayerischen Mittenwald.[9] Die

Amerikaner hatten es in hochalpiner Kulisse zwischen Wetterstein und Karwendelgebirge kurz vor dem Grenzübergang zu Österreich in den drei Gebirgsjägerkasernen eingerichtet, die es noch heute in dem Ort gibt. »Wir sind dort zwei bis drei Tage geblieben. Die Amerikaner haben uns alle desinfiziert und von oben bis unten mit Pulver überschüttet.« Dann zogen die Girottis über den Brenner mit dem Ziel Venedig – einer ersehnten besseren Zukunft entgegen.

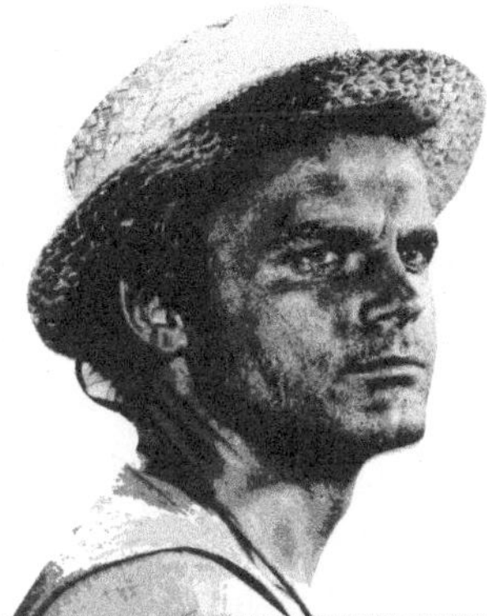

Frühstart als Schauspieler (1951–1957)

Im Vergleich zu den mitunter traumatischen, aufregenden und traurigen letzten Kriegsmonaten in Deutschland sowie der strapaziösen Rückkehr nach Italien verlief der Neustart der Girottis im Süden angenehm ruhig. Zunächst blieb die Familie um Girolamo und Hildegard erneut für ein paar Monate in Venedig. Die nächste Station hieß dann Amelia, ein an Renaissancebauten reiches Städtchen im südlichen Umbrien, wo Vater Girolamo geboren wurde und seine Mutter noch lebte. In dieser Kleinstadt, die mit ihren 10 000 Einwohnern auf einem Hügel im Zentralmassiv des Apennins angesiedelt ist und aus der Ferne den Anschein einer gigantischen, wehrhaften Burg erweckt, verbrachte Mario seine Grundschulzeit. Dann ging die Familie ins weniger als 100 Kilometer entfernte, südlich gelegene Rom. Dort, in der Ewigen Stadt, nahm die unglaubliche Karriere des Mario Girotti alias Terence Hill ihren unglaublich frühen Anfang. Das erste Mal, dass Mario das Wort »Schauspieler« in den Mund genommen hat, lag zu diesem Zeitpunkt bereits ein Weilchen zurück: »Als

ich vier Jahre alt und noch in Venedig war, habe ich zum ersten Mal gesagt, dass ich Schauspieler werden will. Das hat mir mein Vater erzählt.«[10] Auch Pilot beim Militär stand auf der Wunschliste der Traumberufe, obgleich er – wie Terence Hill heute immer wieder betont – damals natürlich nicht gewusst hat, was sich dahinter überhaupt verbirgt.
1951 jedoch – aus dem süßen halbitalienischen *bambino* ist mittlerweile ein bildhübscher zwölfjähriger *ragazzo* mit wallender dunkelblonder Mähne und aquamarinfarbenen Augen geworden, nach dem sich auf den Straßen Roms sicher nicht nur die Mädchen, sondern auch deren Mütter umdrehten – nahm das Schicksal eine entscheidende Wende: Den ersten und wichtigsten Schritt in Richtung Karriere machte seine erste »Agentin«, die schon immer wusste, welche schauspielerischen Talente tief in Mario schlummerten – seine Mutter. Als Hildegard Girotti von einer deutschen Freundin in Rom erfuhr, dass ein Regisseur Kinder und Jugendliche für einen Abenteuerfilm für Kinder suchte, ließ sie Mario bei ihm vorsprechen. Nach verschiedenen Probeaufnahmen wurde die mütterliche Vorahnung bestätigt: Mario bekam keine Nebenrolle, sondern eine der Hauptrollen.

Das Golden Age des Hollywood am Tiber

Mit den 50er-Jahren brach für das *cinema italiano* eine aufregende Zeit an, ganz besonders im »Hollywood am Tiber«, wie die Italiener die legendären Studios der Cinecittà entlang der Via Tuscolana im Südosten der Stadt nennen. Das neorealistische Kino erlebte mit stilbildenden Größen wie Roberto Rossellini, Luchino Visconti oder Vittorio de Sica neue Höhepunkte. *Vacanze col gangster* hieß der erste Film mit Mario Girotti, der sich im Vergleich dazu natürlich ziemlich bescheiden ausnimmt.

Dennoch wurde der Film, der später mit dem Titel *Das große Ferienabenteuer* im deutschen Fernsehen lief, ein durchaus respektabler Erfolg und ging als kleiner Meilenstein in die Filmgeschichte ein. Denn er war nicht nur das Debüt von Mario Girotti, sondern auch jenes von Regisseur Dino Risi. Diese Produktion war sein erster Spielfilm – der Anfang einer langen, erfolgreichen Karriere, die aus ihm einen der wichtigsten Regisseure der italienischen Komödie machte und ihn mit Mythen wie Marcello Mastroianni, Sophia Loren und Romy Schneider zusammenarbeiten ließ.

Mario mimte in *Vacanze col gangster* einen Jungen namens Gianni, den Anführer einer Jugendbande, die einen zum Tode Verurteilten aus dem Gefängnis befreien will, weil sie geschlossen von dessen Unschuld überzeugt ist. Er sticht unter den Darstellern der Bande auf den ersten Blick hervor: Durch sein charismatisches Aussehen verleiht er der Figur in seinem Erstlingswerk mit langsamen Schnitten in nüchterner Schwarz-Weiß-Ästhetik große Strahlkraft. Außerdem gibt er den Anführer sehr überzeugend, raucht Zigaretten scheinbar so lässig, als hätte er nie etwas anderes gemacht. Angesichts seines großen Charmes reibt man sich die Augen, wenn man bedenkt, dass Mario Girotti damals gerade einmal zwölf Jahre alt gewesen ist, noch immer zur Schule ging und die Hosen gestrichen voll hatte: Er fürchtete nämlich, den Text zu vergessen oder irgendetwas falsch zu machen. In *Vacanze col gangster* fehlt es nicht einmal an fliegenden Fäusten, die in ferner Zukunft einmal zu einem seiner Markenzeichen werden sollten. Was Gianni allerdings (und zum Glück) noch nicht anzumerken ist.

Im Grunde wurde Mario sogar zweimal entdeckt, und zwar abgesehen von seiner Mutter auch durch einen Assistenten von Dino Risi, der zufällig im selben Schwimmbad wie Mario trainierte – jenem der Società Sportiva Lazio Nuoto. Er dürfte ein langes Gesicht gemacht haben, als

er erfuhr, dass die Entscheidung für den Jungen schon gefallen war, von dem er so angetan und fasziniert berichtet hatte.
Und wie es das Schicksal so will, lief Mario im selben Sportverein noch ein weiterer Mann über den Weg, der in seinem Leben eine große Rolle spielen sollte und den ganz Italien bereits verehrte. Persönlich lernten sie sich dort noch nicht kennen, denn wie alle anderen hielt auch Mario vor Ehrfurcht die Luft an, wenn das große Idol das Bad betrat. Der Bursche, von dem hier die Rede ist, kam er manchmal rauchend zum Training, schwamm und spielte Wasserball für die italienische Nationalmannschaft, nahm an den Olympischen Spielen von Helsinki und Melbourne teil und ist in die Geschichte seines Landes eingegangen, weil er 100 Meter Freistil als erster Italiener unter einer Minute geschwommen ist: Carlo Pedersoli alias Bud Spencer.

Ein Schlingel als Mädchenschwarm

Der fulminante Frühstart als Schauspieler mit *Das große Ferienabenteuer* war auch für den jungen Mario selbst ein großes Abenteuer: Bis zu seinem Abitur sollte kein einziges Jahr mehr vergehen, in dem er nicht mindestens einen Film drehte, in dem er wenigstens eine Nebenrolle spielte. Bis zur Volljährigkeit stand er zehnmal vor der Kamera. Einmal mehr war es seine Mutter, die Mario entscheidende Impulse gab und somit den Weg für seine Karriere ebnete, denn ihr Sohn litt inzwischen unter ausgeprägter Schüchternheit und räumte sich trotz der länger werdenden Filmografie keine große Zukunft als Schauspieler ein. So sorgte Hildegard dafür, dass er neben der Schule, dem Schwimmen und den Dreharbeiten zusätzlich Englisch-, Reit- und Rezitationsunterricht bekam. Damit erwies sich ihr Sohn schon früh als ehrgeiziges Arbeitstier –

Dinge, die er einmal anpackt, möchte er auch passabel zu Ende bringen. Und Mario galt nicht nur beim Drehen als Perfektionist, sondern erfüllte auch sämtliche schulischen Erwartungen.

Einen kleinen Vorgeschmack auf die Welt des großen Kinos erhielt er während der Arbeiten zu seinem dritten Film, *Villa Borghese,* bei dem Vittorio de Sica Regie führte. Für den 1953 gedrehten Streifen mit dem deutschen Titel *Römischer Reigen* wurde der 14-Jährige zwar nur für eine der sechs Episoden angeheuert, doch er war Teil einer höchst illustren Riege von Schauspielern. Neben dem Regisseur war die hinreißende, passionierte Grande Dame des italienischen Kinos Anna Magnani ebenso mit von der Partie wie Jean Marais, Frankreichs bekanntester Mantel-und-Degen-Darsteller, dessen markante Erscheinung niemanden so sehr faszinierte wie dessen Lebensgefährten Jean Cocteau.

Ein Jahr später, 1954, bekam Mario eine kleine Rolle in einem Kriegsfilm: *Divisione Folgore,* in der deutschen Version *El Alamein* genannt. Darin spielte er nicht etwa einen Jungen in den Straßen Palermos, dem amerikanische Soldaten nach der Besatzung durch die Alliierten im Zweiten Weltkrieg Schokolade schenken, sondern einen Sanitäter bei einer Fallschirmspringereinheit, die es tatsächlich gegeben hat und die auf tragische Weise 1942 bei einer der Schlachten von El Alamein im heutigen Ägypten aufgerieben wurde. Die meisten anderen Schauspieler waren mindestens doppelt so alt wie er.

Doch so richtig gefordert vor der Kamera war Mario erst im Anschluss an die Dreharbeiten zu *El Alamein.* Denn in vier der fünf Filme, in denen er bis zu seinem 18. Geburtstag 1957 mitwirkte, warteten Hauptrollen auf ihn. In *La vena d'oro* – im deutschen Fernsehen (erstmals auf »DDR 2«) knapp 30 Jahre später als *Wandel des Herzens* zu sehen – spielte er 1955 den 17-jährigen Corrado, der eifersüchtig ist auf den Mann an der Seite seiner verwitweten Mutter, den sie durch Corrado selbst kennengelernt hat. Die Liebeskomödie wurde von der Kritik zwar als Werk von »beachtlicher Sorgfalt« gelobt, rief aber mit ihrer »fatal überholten« Handlung wenig Sympathie hervor, da der Stoff auf ein Schauspiel aus dem Jahr 1928 zurückgeht.[11] Auch in *Mamma sconosciuta* (zu Deutsch »die unbekannte Mutter«, wovon es jedoch keine deutsche Fassung gibt) stellte Mario 1956 einen Sohn dar, der wiederum in dem Liebesdrama zwischen die Fronten gerät, als sein Vater sich neu bindet.

Und schließlich entstand im selben Jahr *Guaglione*, ein neapolitanisches Wort, das so viel wie Junge oder Schlingel bedeutet; auch von diesem Film gibt es keine deutsche Fassung. Für dieses süßlich einfältige Drama schlüpfte Mario in die Rolle eines jungen Burschen namens Franco, bislang Mamas tadelloser Liebling. Dieser verliebt sich in eine hübsche Blondine, die ihm jedoch einen Korb gibt, weil sie bereits an einen reichen und reiferen Liebhaber gebunden ist. Selbst das dicke Bündel Geld, das Franco zuvor seinem Vater gemopst hat, beeindruckt sie nicht. Die italienische Liebesschnulze nimmt ihren gnadenlosen Lauf: Nachdem Franco sich am Ende des Films umbringen will und seiner zuvor ausgemusterten Schulliebe den Abschiedsbrief an seine Mutter gibt, kommen die Zuschauer neben dem herzhaft geknödelten, legendären Liedgut in höchster Vollendung auch um das Happy End zwischen Franco und seiner Schulliebe schließlich nicht mehr herum.

Mit *Guaglione* kristallisierte sich in der Karriere des noch immer blutjungen, 17-jährigen Mario Girotti ein erster bestimmter Rollentyp heraus, der ihm zu liegen schien: der des Mädchenschwarms. Mit seinem blendend guten Aussehen schienen ihm Figuren wie die des Corrado oder Franco auf den Leib geschneidert. *Guaglione* geht wie eine ganze Reihe anderer leichter Unterhaltungsfilme jener Zeit auf den Text eines gleichnamigen Schlagers zurück – der in diesem Fall von Aurelio Fierro stammt, einem beliebten neapolitanischen Sänger und Schauspieler. Im

Film interpretiert ihn nicht minder erfolgreich Fierros römischer Kollege Claudio Villa. Sogar im Ausland wurde das Lied ein Renner – und jenseits des Atlantiks nahezu zeitgleich von Dean Martin als *The man who plays the mandolino* vollkommen versülzt. Der Film kam beim Publikum derartig gut an, dass im Jahr darauf sogar eine Fortsetzung unter dem Titel *Non sono più guaglione* (»Ich bin kein Schlingel/Junge mehr«) gedreht wurde, allerdings mit völlig anderer Besetzung.

Kritiker brachten den ersten Filmen, in denen Mario alias Terence Hill mitgewirkt hat, eher wenig Sympathien entgegen, so wie er selbst kaum ein gutes Wort über diese frühe Schaffensperiode verliert. Auch Jahrzehnte später ätzen kritische Federn bei Wiederholungen, was das Zeug hält, und lassen kein gutes Haar an Filmen wie *Guaglione*: »In diesem frivolen, banalen und schmalzigen Märchen steckt genügend Sirup, um jede Sauerkirschenfabrik lahmzulegen.«[12]

Mario Girotti wurde das Image des Charmeurs jedenfalls so schnell nicht wieder los – was den Schauspieler indirekt zu einem Richtungswechsel veranlasste, von dem ganz besonders das deutschsprachige Publikum profitieren sollte.

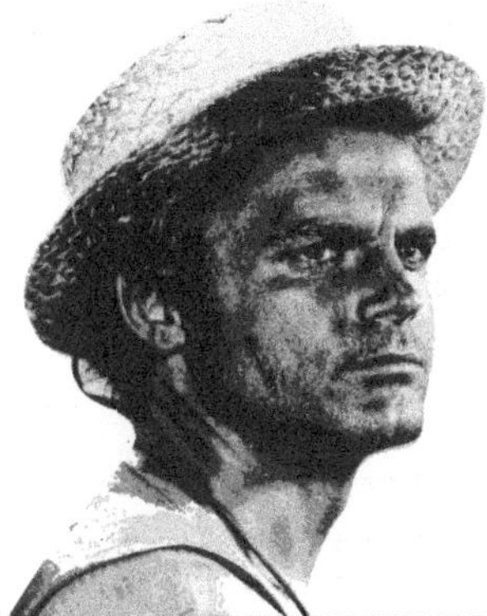

Erste Erfolge (1957–1962)

Ganz gleich, wie anspruchsvoll diese Filme nun sind oder nicht: Der schauspielerische Elan, den Mario in den Jahren 1956 und 1957 während seiner Abiturvorbereitung an den Tag legte, ist umso beeindruckender und ihm hoch anzurechnen, weil seine Mutter Anfang März 1956 im Alter von nur 48 Jahren verstarb. Diese Tragödie ereignete sich kurz vor seinem 17. Geburtstag und legte sich wie ein dunkler Schatten über das Leben seiner Familie und seinen Alltag.

Trotz erster Erfolge war Mario weiterhin skeptisch, ob die Bretter, die angeblich die Welt bedeuten, für ihn das richtige seien. Zudem konnten sich weder seine beiden Brüder Odoardo und Piero noch Vater Girolamo besonders für seine Karriere als Leinwandheld erwärmen. So war mit seiner Mutter das einzige Familienmitglied gestorben, das ganz fest an sein schauspielerisches Talent glaubte und ihn förderte.

Doch auch angesichts dieser traurigen Umstände überraschte der Junge: »Uns ging es damals ökonomisch nicht besonders gut. Und da meine

Mutter sehr jung starb, habe ich mich ein bisschen verantwortlich gefühlt. Allerdings habe ich auch deswegen weitergemacht, weil immer weiter neue Filmangebote reinkamen«,[13] erinnert sich der Schauspieler heute an diese schwierige Zeit.

In Film Nummer zehn, *La grande strada azzurra*, entstanden 1957, ist Mario Girotti erstmals in Farbe zu bewundern. Mit dieser Arbeit wurde der Akteur deutsch-italienischer Herkunft auch einem breiteren Publikum außerhalb Italiens bekannt. 1958 lief der Film in Frankreich an, 1959 in der wörtlichen Übersetzung unter *Die große blaue Straße* in der DDR und 1960 schließlich auch in der Bundesrepublik mit dem Titel *Das Leben ist ohne Gnade.* Dass Mario zum ersten Mal auch einen internationalen Erfolg für sich verbuchen konnte, wird unter anderem auch maßgeblich daran gelegen haben, dass er auf der Leinwand direkt mit einer großen Legende auftritt: Yves Montand. Der ursprünglich mit dem Namen Ivo Livi in der Toskana als Sohn eines Besenbinders geborene Franzose spielt in *La grande strada azzurra* den sizilianischen Fischer Squarcio, der mit seiner explosiven Fangmethode ein ganzes Dorf gegen sich aufbringt. Unter seinen Gegnern ist auch Renato, dargestellt vom jungen Mario Girotti, der sich in dessen Tochter verliebt hat. Die Frau von Squarcio spielt Alida Valli, eine der damals gefragtesten Schauspielerinnen Italiens, die schon in Hollywood Erfahrung gesammelt hatte. Wegen ihrer Rollen in Filmromanzen trug sie in ihrer Anfangszeit den Spitznamen *fidanzatina d'Italia* – »Italiens kleine Verlobte«. Diesmal fällt die Kritik schon deutlich wohlwollender aus. Die Rezensenten hoben den Film unter anderem hervor als »starkes, humanes Drama, meisterlich geführt, wenn auch hier und dort naiv und oberflächlich«.[14]

Apoll in Badehose

Nach diesem prestigemehrenden Ausflug in den Neorealismus kehrte Mario zurück in die Niederungen der Musikromanze – und brachte die Nation noch im selben Jahr zum Weinen als zunächst um die Liebe geprellter und später mit vielen statischen Küssen entschädigter Student in *Lazzarella*. Wie vorher *Guaglione* wurde auch dieser Film in Anlehnung an einen Gassenhauer produziert, der von Domenico Modugno stammt – dem Schreiber und ersten Interpreten des Welthits *Volare*, der ebenfalls in *Lazzarella* zu sehen ist.

Die Zeit danach war geprägt von weiteren zuckersüßen Stoffen ähnlichen Stils sowie einer Nebenrolle im Film *Anna von Brooklyn*, dessen Titel für die englische Fassung – *Fast and Sexy* – die Handlung knackig auf den Punkt bringt. Mario, der inzwischen die Herzen der Italienerinnen nolens volens im Sturm erobert hat und nun den Spitznamen *fidanzatino d'Italia* (»Italiens kleiner Verlobter«) hat, kam in dieser Produktion von 1958 als 19-Jähriger in den Genuss, mit Gina Lollobrigida (Anna) spielen zu dürfen. Schnell und sexy ist in diesem Film allerdings nur das Gerücht, die beiden hätten eine Affäre. In Wahrheit liebt Mario als Chiccillo im Film nämlich ein Hausmädchen und wird nur durch mehrere Verwechslungen in die Reihe von Annas Verehrern aufgenommen.

Was 1959 dann mit *Cerasella* als visueller Höhepunkt seiner Schürzenjägerkarriere in die Leinwandgeschichte einging – und der ihn trotz wachsenden Zuspruchs seitens des Publikums nach wie vor nicht von einer Zukunft als Schauspieler überzeugte –, wirkt ein halbes Jahrhundert später fast wie Bilder von einem anderen Planeten: Mario Girotti, mittlerweile 20 Jahre alt und in optischer Hinsicht bereits zu 100 Prozent Terence Hill, besticht als junger Apoll in Badehose. Der Film, von dem es keine deutsche Fassung gibt, ist eine Heiratskomödie, die es allein schon wegen des ausgereizten Genres schwer hat, sich von der unübersichtlichen Masse abzuheben. Einmal mehr spielte Mario den artig gescheitelten Sohn reicher Eltern, der zwischen zwei Mädchen hin- und hergerissen ist und durch Intrigen oder Fehleinschätzungen ungerecht behandelt wird. Die Kritiken fielen dementsprechend verhalten aus: »Eine schwache Geschichte trotziger Sentimentalitäten, die das Ende von Anfang an leicht vorhersehbar machen.«[15]

Doch die stechend klaren Schwarz-Weiß-Aufnahmen wirken heute im Zeitalter bunter Videoclips mit Schnitten, die in Sekundenbruchteilen gemessen werden, wie ein die Sinne reinigendes, optisches Feuerwerk. Dies knisterte übrigens formvollendet auch an Marios Seite – in Gestalt von Claudia Mori, einem sündhaft süßen und mit damals gerade einmal 15 Jahren nicht minder sündhaft jungen Mädchen, das später einmal Adriano Celentano heiraten würde. Die Kulisse aus Strand und Segelboot, in der Regisseur Raffaello Matarazzo seine märchenhaften Protagonisten wie Magneten wechselnder Polarität umhertanzen lässt, könnte hinreißender nicht sein. Sämtliche Szenen wurden im sonnendurchfluteten Oktober des Jahres 1959 an illustren Plätzen der Amalfiküste gedreht, die mit ihren üppig bewaldeten Hügeln und pittoresken Dörfern, die in den Golf von Salerno hineinzuwachsen scheinen, zu den schönsten Plätzen des gesamten Mittelmeerraums zählt.

Die Wende

1959 wirkte Mario Girotti in sechs Filmen mit – in keinem anderen Jahr hat er so oft vor der Kamera gestanden. Doch er blieb weiterhin zögerlich, da er seinem eigenen Können nicht ausreichend vertraute. Der Schauspielerei gab er sich immer noch nicht voll hin, sodass es schwierig war, jene Passion entwickeln zu können, die man in dem Metier braucht, um wirklich gut und erfolgreich zu sein. Sie war auch immer noch nicht sein einziges Standbein, denn Mario schrieb sich an der Universität von Rom ein und begann, klassische Literatur und Philosophie zu studieren. Die Schauspielerei sollte ihm dabei als Finanzierungsquelle dienen.

Doch auch wenn der Entschluss zu studieren eines Tages das Ende der Leinwandkarriere bedeuten könnte, begann ein neuer Abschnitt von Marios noch junger Karriere, der ihn in die Welt der Historien- und Abenteuerfilme entführte. Da passte die Rolle durchaus ins Bild, die er schon ein Jahr zuvor gespielt hatte, als er zum ersten Mal mit diesem neuen Genre in Berührung kam: Der Streifen *Kreuz und Schwert* (Originaltitel: *La spada e la croce*) erzählt die Geschichte von Maria Magdalena. Mario stellt darin Lazarus dar, der laut Johannesevangelium von Jesus, vier Tage nachdem eine Krankheit ihn dahingerafft hat, vom Tode auferweckt wird. Zwar peppte Regisseur Carlo Ludovico Bragaglia den Stoff pathetisch ein bisschen auf, indem er Lazarus auch noch zum Bruder von Maria Magdalena machte, die somit gleich bei zwei Wiederauferstehungen eine wichtige Rolle spielte. Für Mario Girotti jedenfalls war die historische Übertreibung kein schlechtes Omen. Filme wie *Karthago in Flammen (Cartagine in fiamme), Aladins Abenteuer (Le meraviglie di Aladino)* oder *Pirat der sieben Meere (Il dominatore dei sette mari),* die er im Anschluss an das Bibelepos drehte, sind der beste Beweis dafür. »Die Abenteuerfilme waren eine sorgenfreie Zeit, an wundervollen Plätzen in der Natur gedreht, harmonisch. Und im Vergleich zu heute gab es damals auch die nötige Zeit, um die Szenen sorgfältig zu drehen«,[16] blickt Terence Hill ein halbes Jahrhundert danach melancholisch zurück.

Bragaglia ist dann auch derjenige, der zumindest in einer Fußnote in jene Filmgeschichte eingehen wird, die Mario Girotti mit seinem künftigen langjährigen Leinwandpartner schreiben wird. Dessen Historienepos *Hannibal* von 1959 war nämlich die erste Produktion, in der neben Mario auch Carlo Pedersoli mitwirkte, obgleich sie sich während der gesamten Dreharbeiten nie begegneten, da sie bei keiner einzigen Szene gemeinsam vor der Kamera standen.

Der Film, der für den schauspielenden Literaturstudenten letztlich die große Wende bedeutete und ihm endlich Klarheit hinsichtlich seines weiteren beruflichen Werdegangs verschaffte, war *Der Leopard* (Originaltitel: *Il gattopardo*) unter der Regie von Luchino Visconti aus dem Jahr 1963. Passenderweise handelte es sich dabei um eine Literaturverfilmung – der gleichnamige Roman von Giuseppe Tomasi di Lampedusa zählt zur Weltliteratur des 20. Jahrhunderts. Der Autor erzählt in seinem Buch, das er 1954 innerhalb weniger Monate schrieb, aus sizilianischer Sicht den Niedergang des italienischen Adels zur Zeit des Risorgimentos in der ersten Hälfte des 19. Jahrhunderts. Tomasi stammte selbst aus einer adeligen Familie aus Palermo, sodass das Werk autobiografischen Charakter hat. Die Veröffentlichung des Buches geht übrigens auf einen anderen großen italienischen Schriftsteller zurück: Giorgio Bassani, Verfasser des Romans *Die Gärten der Finzi-Contini.* Der 1958 verstorbene Tomasi hatte für sein Manuskript keinen Verleger gefunden, sodass sein Kollege die Initiative ergriff und kurz nach dessen Tod dem Mailänder Verlag Feltrinelli empfahl, es zu publizieren.

Dass die Verfilmung des *Leoparden* ein Erfolg wurde, überrascht wenig, wenn man bedenkt, wer hinter dem Projekt steckte. Die Art und Weise jedoch, wie Visconti die Kapitel des Buches in dem dreistündigen Riemen arrangierte und die bürgerkriegsähnlichen Verhältnissen bildlich umsetzte, übertraf alle Erwartungen. Der Altmeister sicherte dem Werk einen Platz auf dem Olymp des Kinos, wo es mit Preisen überschüttet wurde.

Mario Girotti, inzwischen 24 Jahre alt und mit rötlich-blond gefärbtem Haar, bekleidete in dem opulenten Familien- und Historiendrama als Graf Cavriaghi nur eine Nebenrolle. Schauplätze sind das barocke Castello di Donnafugata nahe Ragusa, ein in die sanfte Hügellandschaft Südsiziliens eingebetteter, weitläufiger Adelslandsitz des 18. Jahrhunderts, sowie Palermo. Zur willkommenen Abwechslung durfte Mario endlich mal einen erfolglosen Verehrer mimen, der sich um Concetta bemüht, Tochter des Grafen Don Fabrizio Salina, der wichtigsten Hauptfigur, gespielt von Burt Lancaster. Er war nicht der einzige Akteur ersten Ranges, dessen Name in der Filmwelt bereits einen großen Klang hatte: So ist Mario auch an der Seite des blendend aufspielenden, vier Jahre älteren Alain Delon als Tancredi zu sehen. Im Film sind sie Kampfgefährten und ungewollte Nebenbuhler, denn Concetta ist immer noch in ihren Bruder Tancredi verliebt. Eine weitere Hauptrolle übernahm die atemberaubende Claudia Cardinale, die sich als Bürgermeistertochter in Tancredi verliebt.

Dass Mario im Garibaldiner-Gewand des Grafen Cavriaghi nach etwa zwei Dritteln des Monumentalfilms sang- und klanglos verschwindet, hielt ihn nicht davon ab, eine Grundsatzentscheidung zu treffen, die sein ganzes Leben verändern sollte. Beflügelt vom Applaus, den der klassische Stoff weltweit einheimst, beschloss er, sich fortan voll und ganz der Schauspielerei zu widmen, und hängte seinen Studentenrock an den Nagel.

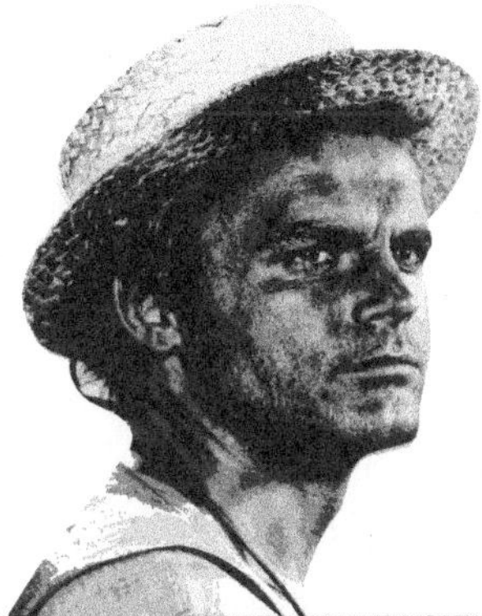

Rückkehr nach Deutschland (1964 – 1967)

Von außen betrachtet, gab es an seiner bisherigen Laufbahn nichts zu beanstanden. Doch nachdem Mario Girotti sich für die Schauspielerei entschieden hatte, machte er sich zunehmend Sorgen um sein Image: »Ich wollte das Klischee des jungen Liebhabers vergessen machen.«[17] Und wie es der Zufall so will: Genau in dieser Phase tauchte 1964 ein Mann bei ihm in Rom auf, der alle Fäden bei einer aufstrebenden Berliner Filmproduktions- und Verleihfirma zog: Horst Wendlandt, Produzent und Geschäftsführer der Rialto Film GmbH.

Wendlandt hat mächtig Bewegung in die deutsche Filmlandschaft gebracht, nachdem er bei der Rialto 1960 zum Produktionschef aufgestiegen war. Mit den Edgar-Wallace-Krimis landete er einen Erfolg nach dem anderen und zementierte damit auch die Popularität zahlreicher deutscher Schauspieler wie »Blacky« Fuchsberger, Klaus Kinski, Siegfried Lowitz, Heinz Drache, Karin Dor, Gert Fröbe oder Eddy Arent. 1962 hatte Wendlandt sich dann an die Bearbeitung eines Stoffs gemacht, der bereits seit Jahrzehnten einen festen Platz in den Bücherregalen zahlloser Kinderzimmer hatte. Der Autor dieser Werke ruhte zwar längst in den ewigen Jagdgründen, war jedoch schon zu Lebzeiten eine Legende: Karl May. Seine Erzählungen sind das Fundament eines weiteren Meilensteins deutscher Kinogeschichte.

Der Startschuss in den deutschen Filmtheatern fiel 1962 mit *Der Schatz im Silbersee.* Darin zu sehen ist an der Seite des einstigen Tarzan-Darstellers Lex Barker ein dem deutschen Publikum bis dahin gänzlich unbekannter Franzose namens Pierre Brice. Als Old Shatterhand und Winnetou galoppierten sie fortan gemeinsam durch Dalmatiens Wälder und Berge. 1963 folgte der erste Teil der Trilogie von *Winnetou,* ebenfalls ein gigantischer Kinoerfolg.

Wendlandt hatte der Rialto bereits nach dem *Schatz am Silbersee* alle Exklusivrechte an den Karl-May-Romanen gesichert. Für die dritte Produktion, *Winnetou II,* war er 1964 auf der Suche nach der geeigneten Besetzung einer der zentralen Rollen. In Rom schaute er schließlich in die stechend blauen Augen des 25-jährigen Mario Girotti, der ihm als Darsteller des Grafen Cavriaghi in Viscontis *Der Leopard* noch frisch in Erinnerung war. »Wenn ich meine Nase in den Wind halte – einen Film sehe, einem Schauspieler gegenüberstehe oder ein Kunstwerk betrachte –, und nichts kommt bei mir an, dann ist da auch nichts«, hat Wendlandt einmal gesagt.[18] Von dem jungen Wahlrömer muss jede Menge bei Wendlandt angekommen sein. Und seine Nase trog ihn auch dieses Mal nicht.

Die Entscheidung bei der ersten Begegnung mit Wendlandt fiel fast schneller, als Mario Girotti Zeit zum Luftholen blieb. Nach einem nur zehnminütigen Gespräch und ohne jegliche Probeaufnahmen engagierte der Berliner Filmproduzent den jungen Deutschitaliener vom Fleck weg.[19] Doch weder er noch sein junger Schützling ahnten auch nur im

Geringsten, welch glückliche und erfolgreiche Filmpartnerschaft dieses Blitz-Agreement in ein paar Jahren noch hervorbringen würde.

Volltreffer mit Winnetou

Der berufliche Einstand bei seiner Rückkehr nach Deutschland – knapp 20 Jahre nachdem Mario mit seiner Familie die Heimat seiner Mutter verlassen hatte – hätte für ihn jedenfalls kaum besser laufen können. Horst Wendlandt hatte Girotti für eine Schlüsselrolle ausgesucht: Im Film sollte er als Vermittler Leutnant Robert Merril den Krieg zwischen Rot und Weiß schlichten. Damit machte der geniale Produzent den in Deutschland bislang völlig unbekannten Girotti zum Bestandteil des beliebtesten Leinwandgespanns, das mit bisherigen Karl-May-Produktionen bereits einen Medienhype ungewöhnlichen Ausmaßes ausgelöst hatte: Pierre Brice und Lex Barker, die die Titelseiten zahlreicher Gazetten zierten. Dass in *Winnetou II* auch noch pausenlos Dauerbösewicht Klaus Kinski wie Rumpelstilzchen um Mario herumhüpft und sich die damals 26-jährige Karin Dor im Indianerkostüm an ihn schmiegt (deren Ehemann und Regisseur Harald Reinl sie dabei stets fest im Blick hatte), ließen das Debüt von Mario 1964 beim deutschsprachigen Publikum zu einem einzigen Werbefeuerwerk in eigener Sache werden.

Wer sich nach dem Kinobesuch den Namen Mario Girotti noch nicht merken konnte, weil dieser noch keine *Bravo*-Titelseite geziert hatte, dem brannte sich sein Gesicht dennoch ins Gedächtnis ein als das des Mannes, der Winnetou – Friede hin, Friede her – seine Ribanna (Karin Dor) abspenstig gemacht hat. Für eingefleischte Fans der Blutsbrüderschaft, die noch nicht mal den Tod Nscho-tschis verkraftet haben (und ganz besonders nicht das damit verbundene Verschwinden ihrer rehäugigen

Darstellerin Maria Versini), war das einfach zu viel des Schlechten. Denn die Hochzeit seiner Ribanna mit dem Leutnant (Karin Dor ist mit dieser Produktion als aparteste von einer Deutschen verkörperte Indianerin in die Leinwandannalen eingegangen, wobei sie sich fast selbst die Show mit einem Lippenstift in glühendstem Rotorange stahl) ist nun einmal für den armen Winnetou und seine zu tatenlosem Zusehen verdammten Anhänger der nur schwer zu verkraftende Kompromiss für Frieden.

»Von der Kassiererin bis hin zu den Schauspielerinnen gab es bei der Filmcrew keine Frau, die nicht sofort für Mario geschwärmt hätte. Alle waren total weg von seiner Schönheit und diesen blauen Augen«, erinnert sich Kätherose Derr, wie Karin Dor mit bürgerlichem Namen heißt. »Ich war ganz überrascht, als er mir sagte, dass er eine deutsche Mutter habe und er die Augenfarbe dennoch nicht von ihr, sondern von seinem italienischen Vater geerbt hätte.«

Besonders gut in Erinnerung geblieben sind der 1938 in Wiesbaden geborenen und heute in Südbayern am Inn lebenden Schauspielerin die »guten Manieren von Mario«. Die stellte er einmal seiner Kollegin, die unter anderem auch in zahllosen Edgar-Wallace-Filmen mitgewirkt hat, frühmorgens unter Beweis. Gemeinsam mit ihm sollte Karin Dor Pferde einreiten, die wenig später für den Dreh vorgesehen waren. »Ich hatte einen Schimmel, ein Kaskardeurpferd, und wir waren bereits in leichtem Galopp, als mein Pferd in lehmigem Untergrund auf die Hinterhand geriet und ich vom Pferd stürzte. Mario kam sofort zu mir und hat sich ganz rührend um mich gekümmert, bis mich später dann ein Sanitäter verarztete.«

Die sechswöchigen Dreharbeiten in Jugoslawien damals waren ziemlich anstrengend, wie die Aktrice erzählt, die 1967 international als Agentin an der Seite von »007-König« Sean Connery in *Man stirbt nur zweimal* für Furore sorgte (in der Rolle endet sie als das hübscheste Piranhamenü aller Zeiten). »Wir waren in einem fürchterlichen Hotel in der Nähe von Srebrenica untergebracht. Die Anreise zu den Drehplätzen dauerte jeden Morgen zwei Stunden, ich musste schon um vier Uhr aufstehen, um rechtzeitig geschminkt werden zu können.« Doch dafür seien die Abende umso geselliger gewesen. »Wir haben immer alle zusammengesessen, ich natürlich meistens mit Harald, Lex und Pierre, und manchmal war auch Mario dabei. Er war aber immer auffallend zurückhaltend und hat meistens auch so gut wie nichts getrunken.«

Nur an einem Abend, so Karin Dor, die noch heute vor der Kamera steht, habe er mal eine Ausnahme gemacht, und zwar bei der Geburtstagsparty für ihren Gatten Harald Reinl. »Mein Mann hatte ja im Juli Geburtstag, und da die Karl-May-Filme alle im Sommer gedreht wurden, haben wir ihn zwangsläufig sehr oft während der Dreharbeiten gefeiert. Ich hatte damals ein großes Fest organisiert, es gab tolles Essen, ein Lagerfeuer, es wurde Gitarre gespielt, und später wurde dann sogar noch ein Feuerwerk abgefackelt.« Karin Dor wusste damals nicht, dass Mario Girotti in Italien bereits eine Leinwandkarriere als junger Liebhaber hinter sich hatte. Doch es wundert sie nicht, dass er dieses Image ablegen wollte. »Als Frauenheld hat ihn am Set wirklich niemand wahrgenommen. Mario fiel vor allem deswegen auf, weil er still und sehr zurückhaltend war, ich würde fast sagen: richtig schüchtern. Das stand natürlich in ziemlich krassem Gegensatz zu seinem auffallenden Äußeren. Und weil er so bescheiden und so gut erzogen wirkte, haben auch alle gedacht, dass es dafür nur einen einzigen Grund geben kann – und zwar, dass Mario schwul ist. An diesem wunderbaren Sommerabend jedenfalls hatte er mal etwas mehr Rotwein getrunken, und irgendwann säuselte er dann auch schon sichtlich beschwipst zu mir: ›Ich weiß gar nich, was los is mit mir, ich fühl mich so komisch …‹ Als dann kurz darauf einige Frauen wieder anfingen, über ihn zu tuscheln, bin ich zu Harald gegangen und habe gesagt: ›Harald, ich muss jetzt rausfinden, ob Mario schwul ist.‹ Darauf bin ich zu Mario gegangen und habe ihn auf den Mund geküsst, was dieser stürmisch erwiderte. Kurz darauf habe ich gesagt: ›So, das reicht jetzt‹, drehte mich um, bin zur Gruppe zurück und erklärte: ›Seht ihr, er ist nicht schwul‹, und alle haben herzlich gelacht.«

Pierre Brice hingegen kann sich, obgleich keiner von der Karl-May-Truppe öfter mit Mario Girotti gedreht hat als er, »nur an sehr wenig« erinnern. »Natürlich haben wir uns oft gesehen, aber ich hatte äußerst wenig Kontakt mit Mario, meistens haben wir uns einfach nur kurz begrüßt. ›Hallo‹ und ›Tschüss‹, mehr nicht. Am meisten aufgefallen ist mir, dass er ein sehr, sehr liebenswerter, aber zugleich auch wahnsinnig schüchterner Mann gewesen ist. Meistens stand er in einem gewissen Abstand zum großen Geschehen.«

Der inzwischen über 80-jährige Brice, in seinen Rollen unumstrittener Mittelpunkt in Wendlandts Western, hat auch sich selbst nie zum Rudel der Partylöwen gezählt, von denen es an Filmsets selten mangelt. »In dieser Hinsicht habe ich mich Mario sogar durchaus verbunden gefühlt. Vielleicht war das der Grund, weswegen er einmal auch zu mir kam, um mich um einen Gefallen zu bitten. Es gab da nämlich am Set eine Frau, die hat ihm sehr gefallen. Er hat sich aber nicht getraut, sie anzusprechen. Ich habe ihm den Gefallen getan.«

Nach dem äußerst erfolgreichen Deutschlanddebüt in *Winnetou II* gab Horst Wendlandt Mario bis Ende 1965 noch dreimal die Gelegenheit, in einem Western mitzuwirken. Die Rollen fielen allerdings wesentlich kleiner aus. Immerhin arbeitete Girotti bei der Produktion von *Unter Geiern* mit anderen namhaften deutschen Schauspielern wie Götz George und Elke Sommer zusammen, die sich an ihn allerdings noch schlechter erinnern als Pierre Brice. Nur Dunja Rajter ist er besser im Gedächtnis geblieben. Insbesondere über seine bisherige Karriere in Italien war sie

damals ganz gut im Bilde: »In Kroatien, wo ich herkomme, wie auch im restlichen ehemaligen Jugoslawien waren seine Filme, die er bis dahin gemacht hatte, bekannt, was natürlich auch mit der Nähe zu Italien zusammenhing, wir liegen ja nur auf der anderen Seite der Adria.« Besser kennengelernt hat aber auch sie ihren italienischen Kollegen »mit diesen unglaublich blauen Augen« nicht: »Wir haben nur eine einzige Szene miteinander gedreht und hatten wenige Berührungspunkte. Mario war schüchtern und zurückgezogen, und das, obgleich alle Mädels in ihn verknallt waren. Da ich auch Italienisch spreche, sind viele kroatische und serbische Mädchen, die irgendeine Indianerin im Film spielten, zu mir gekommen und baten mich, ihnen ein paar Sätze auf Italienisch zu sagen, die sie auf Zettel schrieben und dann zu Mario sagten. Er hat dann immer gelacht. Die Mädels hatten aber keinen Erfolg.«
Bei den Dreharbeiten zu *Unter Geiern* traf Mario auch Dunjas Landsmann Gojko Mitic wieder. In der ehemaligen DDR avancierte er unter dem SED-Regime später zu einer Art kulturpolitischem Oberindianer der DEFA und wurde scherzhaft dann auch »Winnetou des Ostens« genannt. Neben Pierre Brice wirkte Mitic wie Arnold Schwarzenegger, was den kulturpropagandistischen Lenkern der Sozialistischen Einheitspartei wohl ganz besonders imponierte. Für Ostfans der Karl-May-Filme waren die DEFA-Produktionen mit Mitic allerdings nur ein schwacher Trost, denn in der DDR wurden die Wendlandt-Western – und damit auch das Deutschlanddebüt von Mario Girotti –, die allein schon wegen ihrer ersten vier Buchstaben bei den ideologischen Kontrollgremien des staatlichen »Film- und Lichtspielwesens« in Ungnade gefallen waren, bis zur Uraufführung in den Kinos der DDR rund 20 Jahre später unter Verschluss gehalten. Erst kurz vor der Wende wurden sie gezeigt.
Auch im *Ölprinz* hatte Girotti eine eher kleine Rolle. Das änderte sich 1965 mit dem ersten Teil von *Old Surehand*, dem vierten und letzten

Karl-May-Film, in dem er mitwirkte. An seiner Seite ist die kesse Letícia Román zu sehen, die wie Mario aus Italien kommt und fünf Jahre zuvor in *Café Europa* – mit Elvis Presley in der Hauptrolle! – im Kino debütierte. Diesmal war neben Pierre Brice auch der als Westernheld sichtlich in die Jahre gekommene Brite Stewart Granger dabei, der mit seiner Arroganz das halbe Set vergraulte und ansonsten vor allem dadurch auffiel, dass er sein Gewehr wie einen kaputten Regenschirm durch die Steppe trug.

Alpenglühen

Im Spätsommer desselben Jahres begannen in Österreich die Dreharbeiten für einen Film ganz besonderer Art: einen Heimatfilm, in dem Mario Girotti einen italienischen Gastarbeiter vor Ganghofer-Kulisse gab. *Ruf der Wälder* nimmt ein tragisches Ende in dunklem Tannen- und Fichtendickicht. Das Drehbuch stammt aus der Feder des bekannten Wiener Regisseurs und Produzenten Franz Antel. Die Handlung orientiert sich an dem auf einer wahren Begebenheit beruhenden Roman *Krambambuli* der Österreicherin Marie von Ebner-Eschenbach, einer der großen deutschsprachigen Erzählerinnen des 19. Jahrhunderts. Zu den anderthalb Monate dauernden Dreharbeiten reisten in das von Touristen noch gar nicht so richtig entdeckte Kaprun im Salzburger Land neben Mario Girotti auch der österreichische »Film-Dino« Paul Hörbiger, Wiens notorischer Heimatfilmschinken-Charmeur Gerhard Riedmann, die populäre Burgtheaterblondine Johanna Matz und ein gewisser Hans-Jürgen Bäumler an.

Bäumler, gerade einmal 23 Jahre jung, war zu diesem Zeitpunkt mit erst zwei Filmen das Greenhorn am Set, doch alles andere als unbekannt. 1942 in Dachau geboren, hatte der Bayer bereits Sportgeschichte geschrieben:

Im Eiskunstlaufen gewann er mit seiner Partnerin Marika Kilius alle Europameisterschaften von 1959 bis 1964, darüber hinaus zwei WM-Titel und zwei Silbermedaillen bei den Olympischen Winterspielen von Squaw Valley und Innsbruck. Und nun stand dieser junge Bursche, der in *Ruf der Wälder* an der Seite des Berufsgalans Riedmann einen übereifrigen Förstergehilfen spielen sollte, plötzlich vor Filmlegenden, deren Namen ihn schwindelig machten. »Das war der reine Wahnsinn – ich habe mich wie ein kleiner Goldfisch in einem Teich mitten zwischen kapitalen Karpfen gefühlt. Der Film war wirklich irrsinnig besetzt für damalige Zeiten. Allein die Hanna Matz – beim Eislaufen wäre das so, als wenn einem Anfänger als Partnerin sofort Kati Witt an die Seite gestellt würde!«

Die gesamte Crew sei stolz darauf gewesen, dass Mario dabei war, erinnert sich Bäumler heute: »Er war schon so etwas wie ein Star, obwohl er ja eigentlich noch gar nicht richtig bekannt war.« Der Schauspielneuling, der damals gerade erst als Leistungssportler zurückgetreten war und am Anfang einer erfolgreichen Karriere als Schauspieler, Sänger und Moderator stand, spart nicht mit Komplimenten: »Er war auch ein verdammt gut aussehender Bursche mit seinen blauen Augen. Ich kann mir nicht vorstellen, dass damals auch nur eine einzige Frau an ihm vorbeischauen konnte. Und das hat meiner Meinung nach auch für die Männer gegolten, was wirklich nichts mit Schwulsein zu tun hat. Mario war ein Naturbursche, den man einfach mögen musste, und er war trotzdem einfach und bescheiden. Einer der wenigen Menschen, die einem das Gefühl geben, ein richtiger Freund zu sein, obwohl man sich erst ein paar Tage kennt.«

Besonders beeindruckte Hans-Jürgen Bäumler, der heute ein gefragter Theaterschauspieler ist und mit seiner Familie in Nizza lebt, unter anderem, dass Girotti sich selbst für die wildesten Aufnahmen nicht doubeln ließ. »Bei der heikelsten Szene während der Dreharbeiten stürzte ein Lastwagen einen steilen, langen Abhang hinunter und wurde völlig zerstört. Mario, der einen Part im Kampf im Fahrerhaus des Lkws hatte, spielte die Szene selbst – und sprang kurz vor dem Absturz des Lasters aus dem fahrenden Fahrzeug heraus.«

Abenteuerlich seien die Dreharbeiten im schroffen Fels der Hohen Tauern in so mancherlei Hinsicht gewesen. »Es gab damals weder Straßen noch Zufahrtswege in den Bergen, und es gab an den Drehorten auch keine geschützten Gondeln oder Personenseilbahnen. Stattdessen wurden das gesamte Material und die Schauspieler in einem offenen Materiallift bergauf transportiert, der für den Bau des Stausees von Kaprun errichtet worden war und an dem noch immer gebaut wurde.« Einmal, so Bäumler, sei es frühmorgens nur Mario Girotti und Paul Hörbiger gelungen, sich zum Drehort hochtransportieren zu lassen, wobei der damals fast schon siebzigjährige Hörbiger aus Sicherheitsgründen sogar festgeschnallt wurde. »Dann kam Wind auf, und die Polizei, die da alles kontrollierte, ließ niemanden mehr hoch.« Als die Crew fünf Stunden später nachrückte, gab es oben eine lustige Überraschung: »Paul Hörbiger und Mario spielten Karten, und es war ganz offensichtlich schon viel Berggeist die Kehlen hinuntergeflossen. Als wir auf den sichtlich mitgenommenen Mario blickten, zuckte Hörbiger nur grinsend mit den Schultern und sagte: ›Die junge Leit' von heit' vertrog'n holt nix mehr …‹«

Die Atmosphäre von Kaprun werde er nie vergessen, sagt Bäumler, »denn in der Rolle des Organisators von Dreharbeiten war Franz Antel noch viel bekannter als in seiner Eigenschaft als Regisseur«. Dieses Urteil dürfe er sich erlauben, denn er habe immerhin sechs Filme mit Antel gedreht. »Die Schauspieler haben alle gemeinsam am Fuß der Hohen Tauern in einer Pension gewohnt, und nach dem Ende der Dreharbeiten hielt Antel die Runde jeden Abend regelmäßig mit Kegeln und Kartenspielen bei Laune.«

Als Förstergehilfe erobert Hans-Jürgen Bäumler in *Ruf der Wälder* am Ende des Films die »Flamme« von Mario Girotti, dargestellt von Johanna Matz. Dass es sich außerhalb des Scheinwerferlichts eher umgekehrt verhielt, steht für den Leinwandnebenbuhler völlig außer Frage: »Die beiden haben das sehr geschickt versteckt vor den anderen. Aber zwischen ihnen – da war was, und zwar von Anfang an, das konnten alle merken. Mario hat sich zwar allgemein auf alle Szenen sehr akribisch vorbereitet. Aber mit der Hanna, die im Film ja seine Freundin wird, hat er sich besonders intensiv vorbereitet, und zwar viel mehr, als es die Rolle erforderte! Ich erinnere mich, dass es während der Dreharbeiten sogar einmal ein extrem heftiges Unwetter gegeben hat, bei dem Teile des Dachs von der Pension, in der wir logierten, heruntergerissen wurden. So schnell, wie der Mario zur Hanna hochgeschossen ist, konnte man gar nicht gucken. Hanna Matz war eine ganz reizende, zierliche, blonde Frau, genau das Richtige für Mario. Als Eiskunstläufer im Paarlauf habe ich eine ganz besondere Nase dafür. Und man hat ihm das gegönnt. Denn er war schon damals jemand, der trotz seines Erfolgs ein total normaler Mensch geblieben ist, sympathisch und bescheiden dazu.«

Für Bäumler jedenfalls sei es eine »große Ehre« gewesen, gemeinsam mit Mario Girotti zu drehen, auch weil es ja nicht alle Tage passiert, dass man mit jemandem vor der Kamera steht, der später ein Weltstar wird. »Wenn alle so wären wie er, dann wäre das Leben toll«, ist sich Hans-Jürgen Bäumler sicher. Und schließlich verdanke er selbst Mario Girotti auch einen Teil seiner Anerkennung als Schauspieler, und zwar die seiner Familie. »Meine Kinder haben lange Zeit überhaupt nicht wahrgenommen, dass ihr Vater Schauspieler ist. Bis sie eines Tages dann im Fernsehen eine Wiederholung von *Ruf der Wälder* gesehen haben, worin Mario am Ende vom Förster erschossen wird, und ich stehe daneben. Meine Kinder kannten Mario nur als Terence Hill. Aber als sie den Film sahen, da sagten sie: ›Papa, das gibt's doch gar nicht … du warst dabei, als Terence Hill erschossen wurde …‹ Von jenem Augenblick an haben sie nie wieder vergessen, dass ihr Vater Schauspieler ist!«

Bevor die Ehe zwischen Karin Dor und Harald Reinl 1968 in die Brüche ging, drehte der Österreicher zunächst noch den Zweiteiler *Die Nibelungen*, bei dem Mario Girotti erneut mit Dor vor der Kamera stand. Sie spielte darin die isländische Königin Brunhild, Girotti hingegen gab den treuen Vasallen und Bruder von Burgunderkönig Gunther. Er ist zwar oft im Bild, agiert in der Rolle aber meist am Rande des Geschehens. Den Siegfried spielt Uwe Beyer, der bis dahin zwar über keine Erfahrung als Schauspieler verfügte, als Bronzemedaillengewinner im Hammerwerfen bei den Olympischen Spielen 1964 in Tokio aber über die richtige Statur verfügte.

Das monumental angelegte urdeutsche Heldenepos, das Mario Girotti während der Dreharbeiten außer nach Berlin auch nach Island, Jugoslawien und Spanien führte und als bislang teuerste Nachkriegsfilmproduktion in die deutsche Kinogeschichte einging, rief in der Presse nicht unbedingt euphorische Lobeshymnen hervor. Beim Publikum dagegen wurde er zum Renner. Wie auch schon *Winnetou 2, Der Ölprinz* und *Unter Geiern* spielen *Die Nibelungen* – die allerdings nicht von Horst Wendlandt, sondern von Artur Brauner produziert werden – die *Goldene Leinwand* ein, mit der der Hauptverband der deutschen Filmtheater seit 1964 Werke adelt, die in den ersten drei Jahren mehr als drei Millionen Zuschauer anlocken. Die erste Auszeichnung ging übrigens an *Der Schatz im Silbersee.*

Der Stolz der Prärie

Die Popularität von Mario Girotti als Schauspieler Mitte der 60er-Jahre hielt sich noch im Rahmen. Doch allein ein Blick auf die Titelseite von Deutschlands bekanntester Jugendzeitschrift *Bravo* macht deutlich, dass er hierzulande nun kein Unbekannter mehr war. Der erste Beitrag, der ihm gewidmet wurde, trug die Überschrift »Der Stolz der Prärie«. Fünf Mal zierte sein Gesicht zwischen Ende 1965 und Anfang 1967 das Cover. Damit steht Mario in einer Reihe mit Bravo-Stars wie Mick Jagger, James Dean, Rex Gildo und Roy Black.

Die Rollen, die Girotti in deutschen Produktionen annahm, waren noch immer nicht ganz genau das, wonach er suchte. Aber das Genre passte immerhin. Zu verdanken hatte er dies keinem anderen Menschen als seinem Entdecker Horst Wendlandt. »Horst hat mir damals einen Traum erfüllt. Ich durfte Cowboy sein, und er bot mir die Chance, Italien zu verlassen und mein Image zu verändern. Er war in meiner Karriere eine sehr entscheidende Figur«,[20] gestand er, nachdem der erfolgreichste deutsche Filmproduzent im Jahr 2002 verstorben war. »Horst und ich waren uns sehr tief verbunden. Wenn ich heute an ihn denke, frage ich mich manchmal, ob ich ihm nicht mehr hätte geben können. Aber irgendwie konnte ich ihm meine Zuneigung nie so richtig zeigen, weil ich ein sehr reservierter Mensch bin. Heute tut mir das sehr leid.«[21]

Die beiden Nibelungen-Verfilmungen waren die letzten von insgesamt neun Produktionen, die Mario Girotti während seiner drei Jahre in Deutschland drehte, bevor er dem Geburtsland seiner Mutter wieder den Rücken kehrte. Eine Zeit, die für ihn »eine glückliche Periode gewesen ist, da ich bereits zu einem Fossil in der Rolle des 18-jährigen Jugendlichen geworden war«.[22] Es schwingt unverkennbar auch ein bisschen Stolz in seinen Worten mit, als er sich fast vier Jahrzehnte später in Italien an diese kurze, aber wichtige Phase seiner Karriere mit Horst Wendlandt erinnerte: »[..] Die schöne Sache daran war, dass ich bei den ersten Western überhaupt dabei gewesen bin, die in Europa gedreht worden sind, denn die wurden von den Deutschen und nicht von den Italienern gemacht, was niemand weiß, weil diese Western von Karl May inspiriert sind«,[23] die in Italien natürlich längst nicht so bekannt sind wie in Deutschland.

Dass Mario Girotti am Ende dennoch wieder zurück nach Italien ging, hat auch etwas mit einem Freund Horst Wendlandt zu tun, mit dem Mario später einen seiner größten Triumphe erleben würde: Sergio Leone. Kennengelernt haben sich der deutsche Produzent und der italienische Regisseur 1964, als *Winnetou II* in Jugoslawien gedreht wurde. Leone tauchte damals am Set auf, denn er war auf der Suche nach geeigneten Drehorten. Der Regisseur aus Rom war maßgeblich an der Schöpfung eines neuen Kinofilmgenres beteiligt, des sogenannten Italowestern, auch geläufig unter der appetitlichen Bezeichnung Spaghetti-Western. Es war Leones Produktion *Für eine Handvoll Dollar* aus dem Jahr 1964, die dieses Metier so richtig in Gang brachte. Hauptdarsteller darin wie auch in den beiden Folgeproduktionen *Für ein paar Dollar mehr* und *Zwei glorreiche Halunken* war ein bis dahin in Europa unbekannter Mittdreißiger aus Kalifornien namens Clinton »Clint« Eastwood, den Leone schon mit seinem ersten Western zum Weltstar machte.

Der Titel *Für eine Handvoll Dollar* galt im übertragenen Sinne auch für den Film selbst, denn Leone hatte im Vergleich zu finanziell bestens gestellten Hollywoodregisseuren nur ein kleines Budget zur Verfügung. Und weil er sich aus genau diesem Grund keine großen Stars wie Charles Bronson, Henry Fonda oder James Coburn hatte leisten können, die für die Rolle auch im Gespräch waren, war er bei der Suche nach einem Ersatz auf den charismatischen Eastwood gestoßen, der bis dahin nur TV-Serien in den USA gedreht hatte und den Job für eine Gage von 15 000 US-Dollar unter anderem deswegen annahm, weil er Lust hatte, endlich einmal Europa kennenzulernen.

Lässige Charaktere ohne schwülstige Heldenallüren und saubere Manieren, weder im gebügelten Hemd mit Halstuch noch Lederweste, keine aufgeblasenen Handlungen, in denen unbedingt auch Indianer vorkommen müssen, sowie eine völlig neue Kameraführung, die harte Gesichter und gnadenlose Augen schräger Vögel formatfüllend auf der Leinwand zur vollen Wirkung bringt – das war das Kino, das Mario Girotti damals faszinierte. Bei der deutsch-jugoslawischen Produktion *Duell vor Sonnenuntergang* hatte er ja bereits 1965 die Chance bekommen, sich in einem Western als Revolverheld profilieren zu dürfen, während er vorher nur gutherzige Soldaten oder bekehrte Bösewichte mimen durfte. Doch obgleich man Mario bereits deutlich anmerkte, wie viel Energie in ihm steckte, der er freien Lauf lassen wollte, konnte er sie in *Duell vor Sonnenuntergang* nicht richtig entfalten. In der ersten Hälfte des Films durfte er noch die Rolle des Heißsporns übernehmen, verschwindet aber im Rest – das Ende ausgenommen – völlig aus dem Bild. Hölzerne Regie und über lange Strecken lustlose, wirre Dialoge haben aus diesem Duell trotz Sonnenuntergang ein russisches Roulette mit vollem Trommelmagazin gemacht. Da half es wenig, dass zu den Darstellern auch der gute Klaus Dahlen zählte, der hier bereits eine solide Referenz für die wenig später startende *Klimbim*-Sendung abgab. Auch Wolfgang Kieling, ein erfahrener Schauspieler und Synchronsprecher, war dabei. Doch die Regie setzte ihn eher wie den von Kieling gesprochenen Bert aus der Sesamstraße in Szene, anstatt von den Erfahrungen zu profitieren, die der Schauspieler beim Synchronisieren von Glenn Ford oder Robert Mitchum gesammelt hatte.

Neben Marios Wunsch, sich zu verändern, kam hinzu, dass sämtliche seiner Freunde ihm rieten, nach Italien zurückzukehren und zu versuchen, eine Rolle in einem der so enorm erfolgreichen Spaghetti-Western zu bekommen. So packte er 1967 nach drei Jahren in Deutschland erneut seine Koffer und kehrte in sein Geburtsland zurück – in der Hoffnung, die Erfolgswelle des Italowesterns halte noch ein wenig an. Die amerikanischen Vorgänger waren aus der Mode gekommen, und er fürchtete, den Anschluss bereits verpasst zu haben.

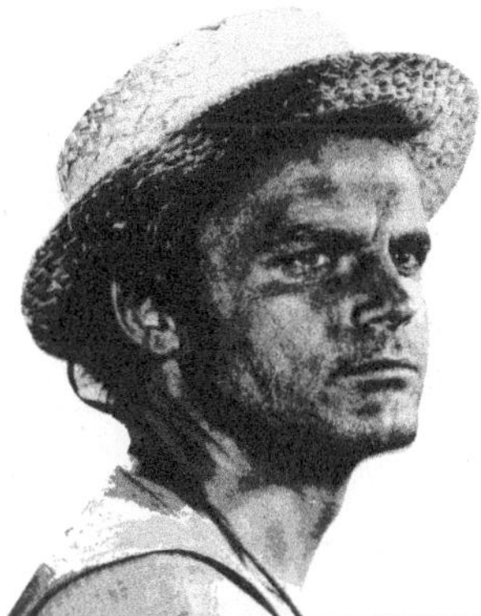

Der Durchbruch (1967–1970)

Kaum in Italien eingetroffen, fand Mario Girotti sich noch im selben Jahr genau dort wieder, wo er eigentlich nie mehr hinwollte – als Protagonist in einer Liebeskomödie. Sie trägt den entwaffnenden Titel *Io non protesto, io amo*, zu Deutsch »Ich hadere nicht, ich liebe«. Nach seiner Rolle als jugendlicher Liebhaber bei *Cerasella* kehrt er nun als Arzt nach Amalfi zurück, dessen Freundin, eine Lehrerin, lieber Sängerin werden möchte. In dem Film wird ziemlich viel gesungen, zu viel vielleicht, um eine deutsche Fassung auf den Weg zu bringen.

Die beiden nächsten Filme, in denen Mario mitwirkt, fanden hingegen den Weg in die deutschen Kinos – wenn auch erst Jahre später, als sein neuer Künstlername leichte Schmonzetten in finanzielle Erfolge umzumünzen verspricht: *Little Rita nel West* (deutscher Titel: *Blaue Bohnen für ein Halleluja*) und *La feldmarescialla: Rita fugge… lui corre… egli scapa* (deutscher Titel: *Etappenschweine*). Auch Marios Filmpartnerin wird dazu beigetragen haben: Rita Pavone. Die 1,49 Meter kleine Sängerin aus Turin landete in den 60er-Jahren nämlich auch eine ganze Reihe von Erfolgen in Deutschland, darunter Riesenhits wie *Mein Jack, der ist zwei Meter groß*, *Wenn ich ein Junge wär* oder *In der Bundesrepublik machen alle gern Musik*. In *Little Rita nel West* spielte auch ein gedrungener 24-jähriger Musiker mit, dessen Vollbart ihn doppelt so alt erscheinen ließ: Lucio Dalla, der am Anfang seiner glänzenden Karriere als einer der in Italien beliebtesten Liedermacher stand (er starb am 1. März 2012 an einem Herzinfarkt). Über die Mittelmäßigkeit dieser überkandidelten Westernklamotte hinweg tröstete zudem ein weiteres kleines, dafür aber umso feineres cineastisches Highlight. Denn Mario Girotti, der noch nicht wusste, dass dies sein letzter Film unter seinem bürgerlichen Namen sein würde, trat hier zum ersten Mal als Cowboy so auf, wie es später sein Markenzeichen werden sollte: in der Rolle des lässigen, geschmeidigen Desperado-Beaus mit diesem unverwechselbaren, Mädchenherzen schmelzenden Blick.

Der Verknüpfung einer Reihe ziemlich kurioser Zufälle war es zu verdanken, dass der Film mit Rita Pavone der letzte seiner Art war, in dem Mario Girotti mitwirkte und das Ende eines Karriereabschnitts markierte, der somit eine neue Ära für den Schauspieler selbst als auch für den Western einläutete. Die Arbeiten an *Little Rita nel West* – produziert von Manolo Bolognini und komplett in Italien gedreht – waren fast abgeschlossen, als sich der italienische Produzent, Regisseur und Drehbuchschreiber Giuseppe Colizzi unvorhergesehen nach einem Schauspielerersatz umsehen musste. Colizzi hatte im südlichen Spanien gerade erst mit den Aufnahmen für einen Spaghetti-Western begonnen, der den Titel *Un gatto, un cane e una volpe* tragen sollte – *Eine Katze, ein Hund und ein Fuchs*. Inspiriert hatten ihn dazu die Tierfabeln des griechischen Dichters Äsop. Eine der Hauptrollen wurde von dem Südtiroler Peter Martell verkörpert. Die Dreharbeiten liefen seit vier Tagen, als etwas Unvorhergesehenes geschah, das dem Film und auch Marios Zukunft eine entscheidende Wendung geben sollte, wie Mario später erfuhr: »Peter Martell, der die Katze spielte und der oft mit seiner Freundin stritt, geriet eines Abends mit ihr heftig aneinander und trat während des Streits nach ihr. Sie konnte ihm aber ausweichen, und so traf er die Wand und brach sich dabei den Fuß. Der Regisseur flog eiligst nach Rom, um eine neue Besetzung für die Rolle zu suchen.«[24]

Colizzi war völlig verzweifelt, es war sein erster Western. Und nun musste er in Spanien die ganze Truppe am Set zurücklassen und sich auf eine Reise begeben, die ein schier unmögliches Unterfangen zum Ziel zu haben schien. Jeder Tag, der verging, kostete die Produzenten viel Geld, und solange Colizzi keinen passenden Ersatz für Peter Martell fand, machte eine Fortsetzung der Dreharbeiten wenig Sinn. Er nahm daher sofort Kontakt mit einem alten Freund auf, wie er selbst ebenfalls Regisseur: Manolo Bolognini, der gerade dabei war, *Little Rita nel West* abzudrehen. Als die beiden miteinander sprachen, stand neben Bolognini zufällig Mario Girotti. Der berichtet, Bolognini habe, ohne zu zögern, Folgendes zu Colizzi gesagt: »›Schau, ich habe hier einen Typen mit blauen Augen, der, wenn du ihm einen schwarzen Hut aufsetzt, Franco Nero sehr ähnlich ist.‹ Auf diese Weise bin ich zu dieser Rolle gekommen.«[25]

Colizzi entschied sich schon nach einer kurzen Probe für Mario Girotti und nahm ihn umgehend mit nach Spanien. Dort führte die Reise gleich weiter an einen trockenen, heißen Ort, wo das Thermometer im Sommer an der 50-Grad-Marke kratzt und der sich etwa eine halbe Autostunde westlich der Küstenstadt Almeria befindet: die Wüste von Tabernas. Für den 28-jährigen Girotti war die Zeit dort in doppelter Hinsicht schweißtreibend. Zum einen befand er sich an einem mythischen Ort, von dem in den 60er-Jahren viele Schauspieler träumten, die Western drehen wollten. Zum anderen ist es die einzige Wüste Europas, die als Schauplatz von Western für Filmemacher diesseits des Atlantiks wegen ihrer frappierenden Ähnlichkeit mit den nordamerikanischen Prärien und Bergen schon damals eine beliebte, kostensparende Alternative war. Sergio Leone drehte hier den Urtyp aller Spaghetti-Western – *Für eine Handvoll Dollar* – und auch die meisten anderen seiner Cowboystreifen. An diesem unwirtlichen Ort stand in jener Zeit ein gutes Dutzend Filmdörfer, die in den folgenden Jahrzehnten für fast 300 Produktionen – darunter auch *Star Wars*, *Indiana Jones* und *James Bond* – als Kulisse dienten. Selbst Bully Herbig, der normalerweise alles durch den Kakao zieht, pilgerte viele Jahre später für *Schuh des Manitou* in die Wüste von Tabernas und verzichtete darauf, etwa mit dem Murnauer Moos auch noch die Westernlandschaft zu parodieren.

Viel Zeit, um Atmosphäre und Landschaft zu genießen, hatte Mario Girotti jedoch nicht. Colizzi drückte ihm nämlich sofort das Drehbuch und Westernklamotten in die Hand. Und dann ging es auch schon los.

Die Geburt von Terence Hill

Vorher warteten aber zwei weitere Überraschungen auf Mario Girotti. Die erste betraf seinen Namen. Da alle Spaghetti-Western für den internationalen Markt produziert wurden, erklärte ihm Colizzi, dass er sich einen Künstlernamen zulegen müsse. Die Produktion drückte ihm eine Liste mit 20 Vorschlägen in die Hand, von denen er sich innerhalb von 24 Stunden einen aussuchen sollte. »Ich habe mich für Terence Hill entschieden, weil er gut klingt und man ihn so liest, wie er geschrieben wird, und leicht auszusprechen ist. Außerdem war mir ins Auge gesprungen, dass er die gleichen Anfangsbuchstaben wie der Name meiner Mutter hat. Das schien mir ein gutes Omen.«[26] Und schließlich präsentierte ihm der Regisseur jenen Schauspieler, der eine Hauptrolle als sein Counterpart bekommen hatte und mit dem vor der Kamera ein bisschen wie Hund und Katze agieren sollte, am Set mit folgenden Worten vor: »Hier ist dein Hund, hier ist deine Katze.«[27] Die »Katze« Terence Hill blickte in die Augen eines fast 38-jährigen, hünenhaften, bärtigen und inzwischen etwas beleibten Mannes, und ihm war klar, dass er diesen »Hund« bereits im Rom der 50er-Jahre als bärenstarkes Sportidol verehrt hat, weil sie damals im selben Schwimmclub trainierten. Es war niemand anderes als Carlo Pedersoli, der sich ebenfalls gerade einen neuen Namen hatte zulegen müssen und nun Bud Spencer hieß.

So neu wie der Name war auch die Rolle, in die Terence Hill 1967 in der spanischen Wüste dank eines folgenreichen Fußtritts hineingestolpert ist. Der Mann, den sie einst Mario nannten, stand nun zum ersten Mal als Hauptfigur eines Westerns vor der Kamera, und zwar vom Anfang bis zum Ende.

Dass der Film noch im Herbst desselben Jahres in den italienischen Kinos und Anfang 1969 auch in den deutschen unerwartet erfolgreich werden würde, zeichnete sich während der Produktion kurioserweise weder für die Schauspieler noch für den Regisseur ab. Was sicher nicht zuletzt daran lag, dass sich Giuseppe Colizzi beim Drehbuch auffallend stark am letzten Teil der erfolgreichen Dollartrilogie von Sergio Leone orientierte – *Il buono, il brutto e il cattivo*, wörtlich übersetzt »der Gute, der Hässliche und der Böse«. In dem Streifen, der im deutschsprachigen Raum dann unter dem Titel *Zwei glorreiche Halunken* in die Kinos kam, geht es um drei Männer, die bei der Jagd nach einem vergrabenen Goldschatz versuchen, sich gegenseitig übers Ohr zu hauen. Aus zwei der Figuren werden schließlich Partner.[28] Warum Colizzi den Titel im letzten Augenblick änderte, ist nicht bekannt. Aber es wird ihn sicher nicht gestört haben, dass die inhaltlichen Ähnlichkeiten zumindest auf den ersten Blick weniger offensichtlich erschienen, nachdem er sich für *Dio perdona, io no* (wörtlich »Gott vergibt, ich nie«) entschied, woraus dann hierzulande *Gott vergibt, Django nie* wurde.

Terence Hill jedenfalls war nun endlich voll in seinem Element, zumindest was Genre und Rollenhierarchie betraf. Das machte sich auch gleich auf der Leinwand bemerkbar, wo er der von ihm verkörperten Figur eine dominante Präsenz verlieh. Den Eindruck, den er fortan als Schauspieler hinterließ, war im Vergleich zu vorher wesentlich nachhaltiger: Terence Hill bewegte sich anders, geschmeidig und setzte clever seine Kraft sparsam und effizient ein, sodass jede Anstrengung etwas ungeheuer Leichtes, Müheloses hatte. Gestik und Mimik des durchtrainierten, wendigen Mimen ähnelten tatsächlich der einer Katze.

Dies traf in besonderem Maße auf seine Art zu, wie er dem Geschehen folgte: nur mit seinen stahlblauen Augen, ohne den Kopf zu bewegen, als würde er lauern, ständig bereit zum Sprung. Eine Coolness, die Jungs und Männer beeindruckte und Mädchen und Frauen im Dunkel der Kinosäle Stoßseufzer entlockte. Terence Hill übte diesen Blick bis zur Perfektion, machte ihn sich zum Habitus – mit umwerfendem Effekt. Die Idee dazu stammte von Giuseppe Colizzi, wie Terence Hill selbst erklärte: »Er schickte mich in einen zoologischen Garten, wo ich die Art, wie Tiger schauen, studieren sollte. Genau hier ist dieser Blick geboren! Ich erinnere mich, dass er mir einmal während eines Abendessens sagte: ›Du musst genau auf jene Art blicken, wie das die Katzen tun. Du musst den Gegner angucken, aber dein Blick schaut ihn nicht an, sondern er durchdringt ihn.‹«[29]

Der Vorläufer der Prügelkomödie

Was dann in der Wüste von Tabernas folgte, war das übliche Alltagsgeschäft mit einer Vielzahl von Kleinigkeiten, die zu allen Dreharbeiten gehören und Aufgaben eines jeden Regisseurs und Schauspielers sind. Der besondere Unterschied bei *Gott vergibt, Django nie* aber war, dass sich bei dieser Truppe von Anfang an ein paar wichtige Eigenschaften und Neuerungen zwischen Drehbuch und Schauspielern auf magische Weise unbemerkt ineinanderfügten. Denn am Ende gaben sie dem Werk einen Dreh, der etwas Neues schaffte, das im Vergleich zu allen vorherigen Italowestern einen kleinen, aber feinen Unterschied machte und der Keim für den kometenhaften Aufstieg von Terence Hill und Bud Spencer als Team werden sollte.

Es fängt schon damit an, dass Giuseppe Colizzi ein ungeschriebenes Gesetz missachtete, das wie bei den Filmen von Sergio Leone bislang als Garant für den Erfolg eines Italowesterns galt: Je mehr Blut fließt und je mehr Tote es gibt, desto besser wird sich ein Film verkaufen lassen. Zwar sterben auch in *Gott vergibt, Django nie* die Figuren wie die Fliegen – gleich in der ersten Einstellung ist ein voll mit Leichen beladener Zug zu sehen. Doch in Colizzis Streifen wird Filmblut insgesamt nicht mehr maßlos vergossen, und Exzesse der Gewalt stehen nicht mehr so krass im Vordergrund der Handlung.

Colizzis Idee, den Filmfiguren Cat Stevens (Terence Hill) und Hutch Bessy (Bud Spencer) in ihrer Eigenschaft tierische Fabelwesen zugrunde zu legen, erwies sich darüber hinaus als genialer Einfall. Es nahm dem Italowestern seine Brutalität und verlieh ihm endlich eine Lockerheit, die als willkommene Abwechslung dankbar angenommen wurde. Colizzi ließ es sich nicht nehmen, jede Rolle bis ins noch so kleine Detail selbst abzustimmen – die Kostüme der Hauptfiguren eingeschlossen, erinnert sich Terence Hill: »Meine Sachen waren aus einem Samtstoff, die Farbe glich jener einer dreckigen, grünen Flasche, und mein Umhang sah so ähnlich aus wie Katzenfell«.[30] Der Bösewicht, gespielt vom altgedienten Westernstar Frank Wolff, musste sich für die Rolle des Fuchses Haar und Bart rot färben. Bud Spencer, der auch so schon füllig genug erschien, musste hingegen eine Jacke aus zotteligem Schafsfell tragen, in der er wie eine als Bobtail verkleidete Bulldogge aussah.

Die besondere Magie des Films aber entfaltet sich erst in jener Handvoll Szenen, in denen Colizzi Terence Hill und Bud Spencer mit den für tierische Fabelwesen typischen Eigenschaften frei kokettieren ließ. Wie etwa in der Mitte des Films, als die beiden vom Floß in den Fluss springen müssen und sich »Katze« Terence ob ihrer Wasserscheu widerwillig an »Hund« Buds starke Schultern klammert. Die schönste Szene ist jedoch die Prügelei direkt im Anschluss daran: Am Fuße eines abgestorbenen Baumes streiten die beiden darüber, was sie als Nächstes machen sollen. Terence erklimmt katzengleich einen Ast und wischt Bud wiederholt eins aus. Dann hüpft er wieder runter und kratzt Letzteren blitzschnell mit den Sporen, während Bud, langsam wie ein Hund, den Bewegungen nicht mal mit seinen Blicken folgen kann. Das Spielchen geht so lange, bis der Hund die Katze mit einem einzigen Schlag zu Boden streckt.

Laut Terence Hill war es sein Compagnon, der schon bei ihrem ersten gemeinsamen Film jenen speziellen Schlag entwickelte, der als »Taubenschlag« in die Geschichte des Duos eingehen würde. »Als wir die Szene mit der Prügelei drehen mussten, bei der ich oben auf dem Baum sitze, fragte ich: ›Und wie beenden wir dieses Duell?‹ Weil ich ja die *Katze* war und der *Hund* mich mit seiner Kraft niederstrecken musste, sagte Bud: ›Weißt du, was wir machen? Ich gebe dir einen Faustschlag auf den Kopf, und du …‹, woraufhin ich dann einfiel: ›Weißt du, was ich dann machen werde? Ich werde zu Boden fallen wie eine Taube, die von einer

Schrotladung getroffen ist.‹ Daraus wurde dann für uns und die Stuntmen der ›Taubenschlag‹, der daraus bestand, kurz in die Luft zu springen und dann aus der Höhe auf eine Seite zu Boden zu fallen.«[31] Diese Szene, erklärt Terence, verselbstständigte sich dann in den späteren Filmen zu einer der charakteristischen Bewegungen, die zum Erfolg ihrer Filme beigetragen haben, genauso wie es das Publikum nicht abwarten konnte, dass er seine Pistole schneller zog als jeder andere.

Die spielerische Komik, die das Duo in ihrer ausgereiften Form ein paar Jahre später weltberühmt machen sollte, geht also auf ihren ersten gemeinsamen Film zurück. Obwohl sie erst in der Wüste von Tabernas einander vorgestellt wurden und sich mit Beginn der Dreharbeiten erst kennenlernten, verstanden sich Terence Hill und Bud Spencer sofort. Dort, wo das Drehbuch es vorsieht, agierten sie mit großartiger Intuition, sie mussten sie nicht erst entdecken oder speziell entwickeln. Und ihre offensichtliche Unterschiedlichkeit im äußeren Erscheinungsbild parodierten sie jeweils mit einem gesunden Schuss Komik. Wahrscheinlich hätte sich ohne Giuseppe Colizzi diese spezielle Mischung nie ergeben. Dabei standen ihnen die Eigenschaften der Fabelwesen in der jeweiligen Rolle noch besser als ihre Kostüme: Sie verhielten sich wie ein Hund und eine Katze, die sich normalerweise nicht riechen können, jedoch die dicksten Freunde werden, falls sie miteinander aufwachsen, und nur dann miteinander balgen, wenn es darum geht, sich einen Knochen zu teilen, wie es Äsop in seinen Geschichten beschreibt.[32]

Dass die beiden Schauspieler in diesem Film mitwirkten, ist im Übrigen nicht nur jenem fatalen Fußtritt und der Freundschaft zweier Regisseure zu verdanken, sondern auch einer gehörigen Portion Glück, was Bud Spencer betrifft. Denn als Colizzi den damals als Schauspieler weitgehend unbekannten und unerfahrenen Carlo Pedersoli anrief und ihm für die Rolle 700 000 Lire anbot, ließ dieser den Regisseur zunächst mit den

Worten »Auf Wiedersehen!« abblitzen. »Einige Wochen später rief mich der Regisseur erneut an. Er hatte niemanden mit meiner Statur gefunden und sagte mir die geforderte Summe von vier Millionen Lire zu«, verrät Bud Spencer in seiner Autobiografie.[33]

Die Ungewöhnlichkeit der Zusammenarbeit, die die beiden Italiener noch in ungeahnte Ruhmeshöhen katapultieren würde, sprang aus nur einem einzigen Grund nicht sofort ins Auge: Die neuartigen Szenen waren einfach viel zu kurz, waren als filmbestimmendes Element ohnehin nicht gewollt und gingen auch aufgrund ihrer zu geringen Anzahl im gesamten Plot ziemlich unter, sodass die gewaltgeladene, brutale Machart auch dieses Spaghetti-Westerns trotz aller Neuerungen den Gesamteindruck beherrschte. Das Presseecho in Italien zu *Dio perdona – io no* im November 1967 fiel daher auch wenig schmeichelhaft aus. Die Turiner *La Stampa* schrieb von »einer der manieriertesten Imitationen des italienischen Westerngenres, eingepfercht in Motive von Gewalt und Sadismus, bis zur Bewusstlosigkeit genossen. Terence Hill passt sich an Zigarre und Eiseskälte von Clint Eastwood an. Und keine Sentimentalitäten, um Himmels willen, in einem Kontext, der nur aus Schießereien und Schlägereien besteht.« Der Mailänder *Corriere della Sera* attestierte dem »unbekannten Terence Hill den Biss, die seine finstere Figur erfordert, aber mehr noch hat ihn Frank Wolff«. Und *La Nazione* aus Florenz sprach dem Western von Colizzi sogar das ab, was ihn auszeichnet: »Ideen, um zu überleben und sich zu erneuern«.

Feinfühliger und mit dem richtigen Gespür für die Zukunft reagierte da schon das Publikum. »*Dio perdona, io no* hatte einen aufsehenerregenden Erfolg, obgleich die Ära der Western eigentlich schon am Ende war, wenn man bedenkt, dass etwa 300 von ihnen pro Jahr produziert wurden. Der Film aber war trotzdem erfolgreich, auch weil bereits eine Prise von Ironie vorhanden war und sich zufällig dieses sympathische

Feeling zwischen Bud Spencer und mir entwickelte«, blickt Terence Hill zurück.[34]

Das gute Omen, das ihm bei der Wahl seines neuen Namens mit Blick auf seine Mutter erschienen war, hat sich jedenfalls mehr als wahr erwiesen. »Das war auch der Grund, weswegen mir nicht mehr erlaubt wurde, nach diesem Film wieder meinen alten Namen anzunehmen, wie es eigentlich vertraglich festgelegt war, da ich inzwischen Erfolg hatte und als Terence Hill berühmt geworden bin.«[35]

Das Paar wächst zusammen

In den beiden Folgejahren spielten Terence Hill und Bud Spencer auch in den zwei Fortsetzungen von *Gott vergibt – Django nie* Seite an Seite. Bei der zweiten Colizzi-Produktion, die 1968 entstand und in Deutschland ein Jahr später unter dem Titel *Vier für ein Ave Maria* in die Kinos kam, konnten die Zuschauer erstmals so richtig die artistischen Fähigkeiten von Terence bewundern, der sich mit der Eleganz eines Turners auf Pferderücken, Mauern oder Balkonbalustraden schwingt. Auch in den Prügelszenen, denen Colizzi in diesem Streifen – die Originalfassung hat mehr als 130 Minuten – wesentlich mehr Raum gab, stellte er tänzelnd und hechtend seine Qualitäten als Allroundsportler unter Beweis. An den Rollen selbst hat sich nichts geändert, die Geschichte von *Gott vergibt – Django nie* wurde nahtlos weitererzählt. Der Gegenspieler und spätere Kumpane von Cat und Hutch wurde diesmal von Eli Wallach dargestellt, der kurz zuvor mit Clint Eastwood in Leones *Zwei glorreiche Halunken* berühmt geworden war.

Der US-Schauspieler war es auch, der wohl aus diesem Grund bei den Kritiken besser wegkam als das Duo, das sich erst langsam richtig warm spielte. Doch selbst wenn Hill und Spencer noch weit davon entfernt waren, die in ihnen schlummernden Potenziale voll entfalten zu können, schweißte allein die Tatsache, dass sie erneut gemeinsam drehten, die beiden stärker zusammen. Beim Publikum wiederum erzeugte es sogar einen ersten Aha-Effekt – ein klarer Verdienst des Regisseurs, wie Terence erklärt: »Colizzi sah sich den Film überall in Italien an und sagte mir: ›Mir ist aufgefallen, dass die Leute in all den Szenen, in denen ihr beide miteinander auftaucht, sehr wohlwollend reagieren und sich amüsieren.‹ In jenem Augenblick hat er beschlossen, uns zusammen zu lassen.«[36]

Terence Hill, der als begeisterter Sportler schon immer überzeugter Nichtraucher war, nahm billigend in Kauf, dass er sich ständig eine Zigarre in einen seiner Mundwinkel stecken musste – wie das Sergio Leone von Clint Eastwood verlangte, dem ikonografischen Vorbild für Terence' Rolle. Ganz ohne Lehrgeld lief das allerdings nicht ab: »In *Dio perdona – io no* musste ich während des Kartenspiels eine Toscano-Zigarre rauchen. Colizzi wollte den Rauch, um die Einstellung damit zu verschönern. An einem bestimmten Punkt begann sich mir plötzlich der Kopf zu drehen, und ich habe es nicht mehr geschafft, mich auf den Beinen zu halten … sie haben mich in ein kleines Zimmer gebracht und auf ein Bett gelegt, wo ich mich eine halbe Stunde erholen musste. Ich wäre fast bewusstlos geworden.«[37]

Dass die Fortsetzung der Geschichte von Cat Stevens und Hutch Bessy floppen würde, schien nach dem Publikumserfolg von Colizzis erstem Werk ziemlich unwahrscheinlich. Dennoch zeigten sich alle völlig überrascht, als *I quattro dell'Ave Maria* Ende 1968 in den italienischen Kinos anlief und zur Publikumssensation wurde: Von all den anderen zeitgenössischen Westernproduktionen wurde der Film nur noch von Sergio Leones *Spiel mir das Lied vom Tod* übertroffen, bei dem immerhin Leinwandschwergewichte wie Charles Bronson, Henry Fonda und Claudia Cardinale mitwirkten, die Erste Liga der Westerndarsteller.

Die italienische Filmkritik reagierte auf den Film, der fast komplett in Mexiko gedreht worden war, bereits wesentlich wohlwollender als auf seinen Vorgänger. Selbst die notorischen Nörgler unter ihnen bissen sich meist nur noch an der epischen Länge dieses Celluloidschinkens die Zähne aus. Vor allem das Renommee von Terence Hill erfuhr mit seinem zweiten Spaghetti-Western einen riesigen Schub nach vorn. Das bekam er auf nicht ganz so angenehme Art und Weise bei einer Vorpremiere im November 1968 in Bologna auch hautnah zu spüren: »Terence Hill ist von den weiblichen Bewunderern überfallen worden und ging ziemlich übel zugerichtet aus dem ›Zusammenstoß‹ hervor. Der Schauspieler machte trotzdem einen ziemlich glücklichen Eindruck, obgleich er einige Kratzer und irreparable Schäden an seinem Smoking davontrug. ›Das ist schon so in Ordnung‹, sagte er, ›ich habe wie ein Sklave für die Eroberung des Erfolgs gearbeitet, und jetzt, da ich ihn, wie mir scheint, erreicht habe, bin ich sehr zufrieden‹«,[38] vermerkte die Zeitschrift *Cinema d'oggi*.

Dass Regisseur Colizzi seine beiden Filmhelden bei ihrem Raubzug nun nicht mehr nur aus blindem Eigennutz durch die Wüste schickt, sondern als Geschädigte Großgrundbesitzer und Banken ins Visier nehmen lässt, die als Ausbeuter der Allgemeinheit darstellt werden, interpretierten Filmwissenschaftler später dann sogar als Sozialkritik an den gesellschaftlichen Verhältnissen im Italien der 60er-Jahre.[39]

Der letzte Teil der Trilogie, *La collina degli stivali* – dem deutschen Verleih war die direkte Übersetzung »Hügel der Stiefel« als Titel offenbar zu trocken, sodass daraus *Hügel der blutigen Stiefel* wurde –, fiel 1969 dann etwas aus der Reihe. Die Handlung des gesamten Films dreht sich um einen Zirkus, und Terence Hill alias Cat Stevens wird gleich zu Beginn von einer Kugel niedergestreckt. Optisch appetitlich für die Leinwand zurechtgemacht, erholt er sich auf einer Pritsche, bis dann Schießereien und Prügeleien, gewürzt mit einer Prise aus Witz und Ironie, als übliches Spaghetti-Western-Menü aus der Kinoküche von Colizzi serviert werden.

Ein bizarres Projekt

Ziemlich skurril hingegen sind die Spuren einer Produktion in der Hill'schen Filmografie, in der er bereits ein Jahr vor *Hügel der blutigen Stiefel* mitgewirkt hatte. Die Arbeit umweht etwas Mystisches, was schon sein Titel vermuten lässt: *Org*. Dieser Film ist – angefangen vom Dreh bis zum Endergebnis – das mit Abstand Bizarrste, woran Terence Hill jemals beteiligt war – anfangs nur als Schauspieler, später auch in finanzieller Hinsicht, nachdem die Mittel auszugehen drohten und die Produktion auf der Kippe stand. Das Ganze war so bizarr, dass Terence Hill die öffentliche Aufführung und den Vertrieb des Films jahrelang rechtlich untersagen ließ.[40]

So ist es auch fast eine kleine Sensation, dass *Org* 1992 auf dem European Art Festival in Osnabrück und der Filmwerkstatt Münster sowie 2010 auf dem Internationalen Filmfestival Innsbruck mit deutschen Untertiteln gezeigt wurde. Der Film ist im offiziellen Handel so gut wie unauffindbar, und selbst in manch renommiertem Filmarchiv hat er nichts als Luft hinterlassen. Sogar die für jedermann zugängliche Onlinedatenbank der ältesten und angesehenen italienischen Kinozeitschrift *Rivista del Cinematografo*, die seit 1928 gedruckt erscheint und deren Cine Data Base als reichhaltigstes internationales Filmarchiv Europas gilt, spuckt bei der Suche nach *Org* zwar Titel wie *Orgasmo, L'Orgia del Vampiro* oder *Erotic Sex Orgasm* aus, nicht aber *Org* – obgleich der neben dem flotten Dreier gar nicht so verkehrt stünde.

Die Handlung von *Org* muss dem ehemaligen Literaturstudenten Terence Hill 1968 auf alle Fälle wie eine große Herausforderung erschienen sein. Denn das Stück geht zurück auf *Die vertauschten Köpfe*, die Thomas Mann 1940 als seine längste Erzählung verfasste, die wiederum einer Tausende Jahre alten Hindu-Legende zugrunde liegt, bekannt unter dem Titel *Die 25 Geschichten des Vatala*. Auch der Regisseur war zumindest den Cineasten kein Unbekannter mehr: Fernando Birri, ein argentinischer Filmemacher und Sohn italienischer Auswanderer. Die Musik für den Film komponierte Enrico Rava, einer der besten Jazztrompeter Italiens.

Legende, Erzählung und Film drehen sich um eine frivole Dreiecksbeziehung zwischen zwei Männern und einer Frau. Die Männer enthaupten sich im Verlauf der Geschichte selbst, werden aber wieder zum Leben erweckt, weil die Frau, die sie beide begehren, ihnen die Köpfe wieder aufsetzen kann, diese dabei jedoch vertauscht. Birri bettete Manns Erzählung in das apokalyptische Szenario nach einem vernichtenden Atomkrieg ein. Die drei Figuren namens Zohomm, Grrr und Shuick gehören zu den wenigen Überlebenden.

Org ist ein Projekt, das inhaltlich durch und durch vom revolutionären Geist der Studentenbewegung der späten 60er-Jahre geprägt ist. Daneben muss es die Erzählung von Thomas Mann gewesen sein, die den Stoff für Terence Hill als Experimentierfeld so anziehend gemacht hat. Denn für *Org* entstanden die wohl einzigen Nacktaufnahmen des sonst eher zugeknöpft auftretenden Mannes. Im Film ist der junge Adonis – damals 29 Jahre alt – als Zohomm zu sehen. Dieser tollt unter freiem Himmel in einem futuristischen Riesenkissen herum – in leidenschaftlicher Umarmung mit Shuick, gespielt von der nicht minder statuesken, smaragdäugigen Jugoslawin Lidija Juracik.

Diese Szenen wurden von Birri im Nachhinein teilweise retuschiert, indem er jeweils einen der Darsteller für Sekundenbruchteile durch gezeichnete Kreaturen wie Wölfe, Affen oder monsterähnliche Wesen ersetzt. Doch auch der Rest der Produktion von *Org* ist ganz offenbar nicht im Sinne des literarisch noch immer interessierten Westernhelden verlaufen. Wobei hinzugefügt werden muss, dass von »Rest« bezogen auf Film eigentlich auch keine Rede mehr sein kann. Denn die Produktion von *Org* entwickelte sich im Laufe der Zeit für Birri zu einer manischen Besessenheit. Nach eigenen Angaben verbrachte er sage und schreibe elf Jahre lang jeden Tag bis zu zehn Stunden damit, dem utopischen Werk nachträglich Elemente wie historische Bilder, Filmsequenzen sowie grafische Impressionen hinzuzufügen und mit der Schneideschere zu experimentieren. Das für diesen Zeitraum mit 177 Minuten überraschend kurz ausfallende Endergebnis, das mehr als 26 000 Schnittstellen und 700 Tonspuren aufweist, hat natürlich nichts mehr mit einem normalen, zeitgenössischen Film zu tun, sondern ist vielmehr eine dadaistisch-surrealistische Collage. Birri selbst bezeichnete sein Werk als »Demontage« oder »Nichtfilm«: »Er entspricht jenem Windstoß der Verrücktheit, der die Welt 1968 zum Wanken brachte. Der Film entstand in einer Zeit zweier Krisen: einer Krise der Ideologien der Linken, deren Haltung ich immer vertreten habe, und auch einer Krise der Sprache des Kinos.«[41]

Nach der Uraufführung 1979 auf der Biennale von Venedig verschwand Birris »Nichtfilm« im Nichts, bis er 1985 erstmals wieder in Kuba auftauchte und in Havanna gezeigt wurde. Nach der Premiere von Venedig kursierten Gerüchte, dass Terence Hill von Beratern nahegelegt worden sei, den Film unter Verschluss zu halten, da er sich angeblich sonst schädlich auf seine Karriere auswirken könnte.

Optisch und akustisch ist *Org* auf ganzer Linie eine Provokation. Doch kann der Film heute durchaus auch als eine exaltierte Pop-Hymne auf die Utopien der 68er-Generation betrachtet werden, selbst wenn dies nie das eigentliche Ziel gewesen ist. Für Exotikliebhaber unter den Terence-Hill-

Fans ist der Streifen ein Muss, allein weil die Bilder, auf denen er zu sehen ist, in jeder Hinsicht einen enormen Seltenheitswert haben. Einmal ganz abgesehen von der ungewöhnlichen Freizügigkeit ist der Schauspieler hier nämlich – wenn auch nur kurz – in ästhetischen, wunderschönen Aufnahmen zu sehen, die durchaus ahnen lassen, in welchem Stil *Org* anfangs geplant war. In der Filmbranche gilt Birri jedenfalls als »Vater des Neuen Lateinamerikanischen Films« – eine Bezeichnung, die von keinem Geringeren geprägt wurde als von Nobelpreisträger Gabriel García Márquez.

Der blauäugige Bandit

Es gibt noch einen weiteren Film, in dem Terence Hill neben den Colizzi-Western mitwirkte und der wie *Org* nicht dem »normalen« Genre seiner Wahl zuzuordnen ist: *Barbagia.* Produziert wurde er von Dino De Laurentiis, der Carlo Lizzani als Regisseur verpflichtete. Der Film basiert auf einer wahren Begebenheit, die sich Mitte der 50er-Jahre zugetragen hat, und erzählt die Geschichte eines Banditen in der Barbagia, einer entlegenen Gebirgsregion im Nordosten Sardiniens. In den 50er- und 60er-Jahren machte die zweitgrößte Mittelmeerinsel, die auch heute noch zu den am dünnsten besiedelten Regionen Europas gehört und lange vom Festland sträflich vernachlässigt wurde, neben der touristischen Erschließung der Costa Smeralda vor allem durch blühendes Banditentum, Entführungen und blutige Familienfehden von sich reden. Allein 1956 wurden in nur einem Dorf der Barbagia mehr als 100 Menschen erschossen. In dieser einsamen, von zerklüfteten Granitfelsen dominierten Gegend hielten sich damals fast ausschließlich Schafhirten auf. Mit ihren ausgedehnten Korkeichenwäldern, Olivenhainen und undurchdringlichem

Mastixgestrüpp eignet sich das Gelände perfekt zum Untertauchen. Der Ort der Tragödien, um die es auch im Film geht, ist nicht weit von der Costa Smeralda entfernt.

Das von De Laurentis und Lizzani gemeinsam realisierte Projekt hat einen ausgesprochen starken dokumentarischen Charakter. Die Hauptfigur Graziano Cassitta, gespielt vom damals 30 Jahre alten Terence Hill, ist angelehnt an Graziano Mesina – einen der damals berüchtigtsten Banditen Italiens und nur drei Jahre jünger als sein Darsteller auf der Leinwand. Während der Filmaufnahmen 1969 auf Sardinien saß Mesina in einem nur wenige Kilometer von den Drehorten entfernten Gefängnis eine Haftstrafe wegen Mordes ab.

Lizzani hatte sich als sozialkritischer Filmemacher bereits einen Namen gemacht durch die Zusammenarbeiten mit Giuseppe de Santis beim Neorealismusklassiker *Bitterer Reis* oder mit Roberto Rossellini beim Nachkriegsdrama *Deutschland im Jahre Null.* Mit Terence Hill als Graziano Cassitta erzählt er die Geschichte eines Schäfers, der unter anderem durch Entführungen von Reichen hohe Lösegeldsummen erpresst, die er für den Aufbau einer Separatistenbewegung einsetzen will. Außerdem gelingen ihm mehrere spektakuläre Gefängnisausbrüche. Dass Cassitta immer wieder mit dem Gesetz in Konflikt gerät, sieht man ihm nach, denn die Menschen fühlen sich von der »Kolonialmacht« Rom vor allem im Stich gelassen, und so wird Graziano zu einem Volkshelden.

Terence Hill gefiel die Rolle des sardischen Robin Hood, die er an der Seite des gleichaltrigen Don Backy spielt, einem in Italien schon damals sehr bekannten Sänger, der später auch als Schauspieler erfolgreich war und als Sänger noch immer aktiv ist. Während der Dreharbeiten auf Sardinien verriet Terence damals einem Fernsehteam: »Ich bereite mich jeden Morgen mit einer halben Stunde Gymnastik auf die Rolle vor, um diese katzenhafte Beweglichkeit von Mesina zu bekommen. Die Leute halten hier in Sassari an und sagen: ›Sie ähneln Graziano ja wirklich sehr, Ihr Gesicht hat eine große Ähnlichkeit. Aber Graziano ist kleiner als Sie.‹ Wir legen viel Wert auf die Erscheinung, ich ziehe mich an wie er, kämme mich wie Graziano.«[42]

Er versuchte seinerzeit sogar, ein Treffen mit Graziano Mesina zu organisieren, das allerdings nie zustande kam, was nicht an Terence lag. »Die Aufführung des Films ist damals von der Justiz blockiert worden, weil gegen mich ein Verfahren wegen der zwei Carabinieri lief, die bei einer Schießerei starben. Von diesem Vorwurf wurde ich später freigesprochen. Der Film hat meine Geschichte nicht richtig erzählt, und Lizzani hatte nicht mein Einverständnis dafür. Allein in den ersten Tagen der Aufführung hat er 3 Milliarden Lire eingespielt«, ärgert sich Mesina noch heute. Nachdem *Barbagia* längst in den Archiven verschwunden war – in Deutschland kam er 1974 unter dem Titel *Der blauäugige Bandit* ins Kino –, gelang Graziano Mesina 1976 erneut die Flucht aus dem Gefängnis, wobei er in sein altes Muster fiel – Raub und Entführung. Ein knappes Jahr später wurde er erneut gefasst. 1992, er hatte Freigang und befand sich in seiner sardischen Heimat, übernahm er auf Bitten der Behörden die Rolle des Mediators in einem Entführungsfall, der international Aufsehen erregte. Die Kidnapper hatten ihrem Opfer – einem achtjährigen Jungen – ein Ohr abgeschnitten und es den Eltern geschickt. Durch Mesinas Hilfe kam der Junge frei. Im November 2004 wurde er vom damaligen Staatspräsidenten Carlo Azeglio Ciampi im Alter von 62 Jahren, von denen er 40 im Gefängnis verbracht hat, begnadigt. Den Film *Barbagia* mit Terence Hill als Graziano Cassitta habe er sich bis heute nicht angeschaut.

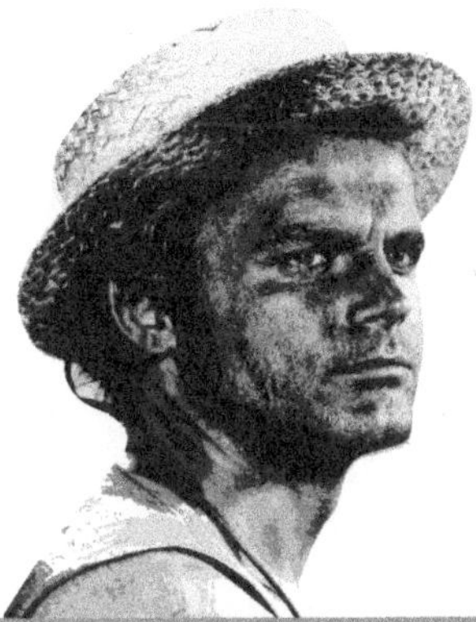

Auf dem Kino-Olymp (1970–1985)

Nach dem abgefahrenen Abstecher in die Welt klassischer Stoffe und Utopien sowie dem dokumentarisch angelehnten Banditenfilm zog es Terence Hill mit aller Kraft zum Western zurück. Es ist sein Lieblingssujet, zudem hat ihm Colizzis Django-Trilogie mit Bud Spencer seine ersten wirklich großen Erfolge beschert. Kein außergewöhnlicher Film, wohl aber ein optischer Leckerbissen ist *Der Teufel kennt kein Halleluja,* entstanden 1970 in Spanien. Der Hispanowestern unter italienischer Beteiligung spielt im Andalusien des 19. Jahrhunderts. Terence Hill, gerade 31 Jahre alt, spielt die Hauptrolle, einen Auftragskiller. Anders als die inzwischen verstaubten Django-Figuren, die Sergio Leone entworfen und Giuseppe Colizzi weiterentwickelt hat, erledigt dieser – in schwarzem Anzug, weißem Hemd und am Ende mit Schnauzer, eben ein echter Caballero – schlicht und elegant sein Handwerk, indem er raffgierigen Großgrundbesitzern den Krieg erklärt. Im Verlauf der Handlung wird der Bösewicht zu einer Art Zorro geläutert, der den Armen hilft.

Dennoch lässt ihn der Regisseur Mario Camus, der zuvor auch Drehbücher für Carlos Saura (*Carmen* u. a.) geschrieben hat, am Ende des Films ins Gras beißen.

Der Teufel kennt kein Halleluja stand jedoch von Anfang an im Schatten eines zweiten Western, den Terence Hill im selben Jahr mit einem anderen Regisseur gedreht hat – und mit Bud Spencer. Die italienische Konkurrenz kam beim Publikum so gut an, dass einige Verleihfirmen des Hispanowesterns eine neue Fassung in die Kinos brachten, obwohl dieser schon einige Zeit gelaufen war. Die Verleiher befürchteten nämlich, dass die Zuschauer es ihnen irgendwann nicht mehr verzeihen würden, dass ihr spanischer Held stirbt. Das Finale war plötzlich heldenuntauglich geworden. Und so wurde die Schlussszene, in der Marco (Terence Hill) aus dem Zug seiner neben dem Waggon reitenden Geliebten hinterherschaut und dabei hinterrücks von zwei ehemaligen Compagneros mit Blei durchsiebt wird, einfach herausgeschnitten, damit der italienische Zorro gewinnfördernd weiterleben konnte.[43]

Der Film, der für Terence Hill die erste echte Sternstunde seiner Karriere wurde, kam im Dezember 1970 in die italienischen Kinos, nur wenige Tage später als *Der Teufel kennt kein Halleluja.* Wie schon drei Jahre zuvor mit Giuseppe Colizzi war es auch diesmal der Zufall, der ihm und Bud Spencer als schlagkräftigem Duo weiterhalf. Auf der Suche nach dem passenden Filmprojekt waren sie damals nämlich gerade dabei, sämtliche in Rom ansässigen Produktionsgesellschaften abzuklappern. Sie hatten Glück: Zur richtigen Zeit trafen sie auf den richtigen Mann – Enzo Barboni.

Sowohl Terence als auch Bud hatten mit dem Regisseur bereits in anderen Filmen zusammengearbeitet, als er noch Kameramann war. Auch Barboni machte bei den Produzenten die Runde, um einen Interessenten für sein neues Drehbuch ins Boot zu holen. Es hat den Titel *Lo chiamavono*

Trinità, wörtlich übersetzt »Sie nannten ihn Trinità«. Die Reaktionen waren durch die Bank bescheiden, erzählt Terence Hill: »Die Produzenten warfen einen Blick darauf und sagten: ›Was sollen diese ganzen Dialoge? Gibt es denn keine Toten?‹«[44]

Nachdem er und Bud zuvor schon einige neue Drehbücher gelesen hatten, von denen ihnen keines zusagte, trafen sie bei Italo Zingarelli nun ausgerechnet ihren alten Bekannten wieder, als der gerade sein neues Projekt auf den Tisch legte. In seinem Skript war jedoch nur von einer Hauptfigur die Rede, Trinità. Doch das Schauspielergespann überzeugte Regisseur und Produzent im Handumdrehen, das Drehbuch um eine weitere Hauptrolle zu ergänzen. Danach ging alles ganz schnell, so Terence Hill: »Wir haben sofort beschlossen, diesen Film zu machen, den alle für ein Risiko hielten, einen sonderbaren Film mit komischen Witzen. Eigentlich hatte er schon zwei andere Schauspieler für die Rolle vorgesehen. Aber da wir sofort verfügbar waren, sagte er uns, dass er einverstanden sei und er den Film mit uns drehen würde.«[45]

Wie heißt es so schön? Man sieht sich immer zweimal im Leben, und das Glück des einen ist das Pech des anderen – die Rede ist von Peter Martell, der schon bei Colizzis Django-Western das Nachsehen hatte. Er war für eine der beiden Rollen bereits vorgesehen – und wieder war es Terence Hill, den man ihm bei der Besetzung zum zweiten Mal vorzog. »So ist das Leben, es gibt Schlimmeres, aber es gibt auch Besseres«,[46] kommentierte der Südtiroler, der 2010 verstorben ist. Schon damals bei Colizzi, so Martell, habe er gerochen, dass irgendeine neue, große Sache in der Luft lag. »Und dann haben sie einen jungen Kerl engagiert, hübsch, blond, mit blauen Augen, der Franco Nero ähnlich sah. Es war sein Moment. Der Moment von Terence Hill.«[47]

Der Moment, als Barboni und Zingarelli Terence Hill und Bud Spencer für ihren ersten Trinità-Western engagierten, war allerdings von weitaus größerer Bedeutung als die Begegnung mit Colizzi. Denn *Die rechte und die linke Hand des Teufels,* wie der Streifen auf Deutsch heißen sollte, leitete schlicht eine neue Ära des Films ein.

Backpfeifen statt Blut

Das neue Prinzip von Enzo Barboni, der sich fortan als Regisseur E. B. Clucher nennt, war ausgesprochen simpel: Er strich die abartige Gewalt, die bislang das Markenzeichen der Italowestern war, einfach aus dem Drehbuch und ersetzte sie durch witzige Dialoge. Wie bei den Comics für Kinder floss in seinen Filmen fortan kein Blut mehr, stattdessen hielt ein großes Arsenal von Backpfeifen, Faustschlägen und Hieben mit Bratpfannen und Brettern Einzug in die Handlung, wobei die meisten der niedergestreckten Figuren wenig später wieder aufstanden und weitermachten, als wäre nichts geschehen.
Trinità und Terence scheinen füreinander geschaffen. Barboni gelang es so, innerhalb der ersten zehn Filmminuten unmissverständlich klarzustellen, worum es sich handelte: um eine Komödie, die die alten Exzesse des Genres gehörig auf die Schippe nahm. Noch während der Vorspann des ersten Films über die Leinwand flimmert, wird darunter ein schlafender Terence Hill alias Trinità mit ins Gesicht geschobenem Hut von seinem Pferd auf einer Holzpritsche durch die Prärie gezogen. Colt und Stiefel qualmen nicht, sondern schleifen schon in der ersten Einstellung im Sand, sein ausgeleierter Pullover hat die Farbe eines ranzigen Emmentalers und ist wie dieser durchlöchert. Und aus den engen, zerschlissenen Hosenbeinen schauen zwei dreckige Füße heraus. Außer einigen Gähnern und halbherzigem Kratzen zeigt der Müde Joe, wie Trinità in der deutschsprachigen Fassung heißt, keinerlei Reaktionen.

Selbst als sein Gaul ihn auf der Pritsche durch einen Fluss zieht, rührt er sich nicht. Spätestens in der ersten großen Szene wird deutlich, dass in *Die rechte und die linke Hand des Teufels* alles anders ist: das staubaufwirbelnde Ausklopfen der Klamotten in der Bar, die Fressorgie, bei der der Müde Joe eine riesige Pfanne Bohnen mit Speck verdrückt (Terence Hill hatte zwei Tage vorher nichts gegessen) und das anschließende Ausschalten zweier Kopfgeldjäger, die ihn von hinten abknallen wollen, aber den Kürzeren ziehen, da der neue Held sogar Augen im Hinterkopf zu haben scheint und sich zum Schießen nicht mal umdrehen muss.

Barbonis Müder Joe war genau das, worauf das Publikum nach Jahrzehnten oft tragischer, pathosschwangerer und gnadenloser Westernepen gewartet hatte. Und er passte bestens zur Stimmung der ersten Nachkriegsgeneration, die mit dem alten Establishment brechen wollte, nach neuen Wertmaßstäben suchte und sich gern und hemmungslos ohne schlechtes Gewissen in entspannter Heiterkeit übte. So ist die Figur auch ein Hippie in der Welt des Westerns – ein träger, schräger Vogel, der in der Regel den Müßiggang bevorzugt und sich nicht gern bewegt. Ein schlagfertiger Antiheld, der sich vorlaut und frech einen Spaß daraus macht, sein Umfeld auf den Arm zu nehmen. Ein entfesselter Nihilist und Genussmensch, dessen Königreich zwischen zwei Flirts aus einem Teller weich gekochter Bohnen besteht, stets auf Sparflamme lebend wie eine dösende Katze vor dem warmen Ofen, aber augenblicklich mit raubtierhaften Reflexen zur Stelle, wenn es nötig ist. Der Müde Joe kann zwar auch grimmig gucken wie ein Westernheld, macht aber kurz darauf gute Miene zum bösen Spiel und schießt mit Worten nicht nur mindestens so flink wie mit Blei, sondern auch viel lieber. Kurzum: Enzo Barbonis neuer Held ist ein Schalk allererster Güte, der obendrein auch noch unverschämt hübsch und sehr athletisch ist. Wer Terence

Hill in dieser Rolle als Westernkomödienstar debütieren sieht und die Geschichte dahinter nicht kennt, wird glauben, sie sei nur für ihn geschrieben worden.

Der Kontrast des Müden Joe zu bisherigen Westernfiguren tritt noch deutlicher zutage durch sein Gegenstück, genannt der Kleine, gespielt vom hünenhaften und schon damals seit Jahren über 130 Kilo wiegenden Bud Spencer. Im Film sind der Müde Joe und der Kleine Brüder, und wie schon in Colizzis Western hat der Kleine das Gemüt einer Bulldogge. Die Figur zeichnet sich vor allem dadurch aus, dass sie schwer von Begriff ist, Reden für Silber, aber Schweigen für Gold hält und in seiner grummeligen Grundstimmung nur schwer aus der Reserve zu locken ist. Kommt er aber erst mal in Fahrt, kann ihn nichts und niemand mehr bremsen.

Die Handlung von *Die rechte und die linke Hand des Teufels* ist eine einfache Gaunergeschichte, die Barboni über fast zwei Stunden mit frohsinniger Lockerheit flott in Szene gesetzt hat. Der Kleine ist ein Pferdedieb und plant einen großen Coup, während der Müde Joe nur seinen Spaß haben will und alles Ergaunerte sofort an Bedürftige verteilt – in diesem Fall an einen Mormonenclan. Am Ende der Geschichte sind die Brüder durch dick und dünn gegangen, haben sich mit der halben Welt geprügelt und sind meist wieder genauso erkenntnis- und mittellos wie am Anfang. Gags und akrobatische Schlägereien, akustisch untermalt von überzogenen, an Comicverfilmungen erinnernden Kampfgeräuschen, wechseln sich in flotter Folge ab. Im Zentrum steht dabei allen voran Terence Hill, dessen Bestimmung es zu sein scheint, den frotzelnden Schelm zu geben. Und der besonders gern seinen herrlich miesepetrigen Kompagnon mit endlosem Ulk und galoppierender Hybris immer wieder aufs Neue zum Explodieren bringt, als erhitzte er einen Dampfkessel ohne Ventil. Als Müder Joe und der Kleine geben das Duo Hill und

Spencer eine moderne Variante von Cervantes' Don Quichotte und Sancho Panza ab – zwar mit etwas veränderten Proportionen und nicht ganz so subtilen Akzenten, aber im Geiste doch eng verwandt.

Der simple rote Faden von Enzo Barbonis Film folgte der Redensart ›Wie gewonnen, so zerronnen‹. Hinzu kam, dass Barboni seine Geschichte nicht wie Colizzi und vor allem Sergio Leone auf komplexen Handlungsinhalten aufbaute, sondern die Erzählung konsequent an seinen beiden Hauptfiguren ausrichtete. Das Ergebnis war so überzeugend, dass diese Art des Aufbaus und der Inszenierung stilbildend war für fast alle weiteren gemeinsamen Filme, die das Duo noch gemeinsam drehen würde.

Das Publikum war außer sich vor Begeisterung vom ersten Streich des Enzo Barboni, der im Gegensatz zu den Colizzi-Western nun endlich wie aus einem Guss wirkte.

Hinzu kam eine neue Art von Dialog, die das genaue Gegenteil dessen war, was bislang in Western geboten wurde: ein oft völlig sinn- und zweckfreier Austausch, dafür aber umso unterhaltsamer. Wie etwa dieser, nachdem das Duo ein Dutzend Halunken in einer Bar mit der Faust zu Boden gekeult hat:

Der Kleine: »Kann ich jetzt wieder schlafen gehen, oder hast du heut Nacht noch was auf dem Programm?« Müder Joe: »Was sollt ich denn machen – schließlich hat er unsere Mutter eine alte Hure genannt.« Der Kleine: »Aber das ist doch die Wahrheit …« Müder Joe: »Na, so alt ist sie nun auch wieder nicht …«

Oder nach einer Massenschlägerei im Lager der Mormonen, als zwei Schwestern, die den Müden Joe bereits mit den Verlockungen der Vielehe aus seinem ruhigen Rhythmus gebracht haben, mit ihren Rehaugen und schlüpfrig-frommen Sprüchen verwirren: die Schwestern, abwechselnd: »Die Heilige Schrift sagt: ›In meinem Leib findest du die Wärme, die dir das Blut erhitzt‹« – »›An meiner Brust trinkst du den Nektar, der deinen Durst stillt‹« – »›Und von meinen Lippen hörst du nur Worte, die dich dem Himmel nähern.‹« Mormone: »Das hat Ezechiel gesagt.« Müder Joe: »Hübsch hat er das gesagt!«

Freude durch die »Dreifaltigkeit«

Doch unabhängig davon, dass sich Terence Hill als Müder Joe im Stil eines Eberhard Giengers geschmeidig durch Saloons und Prärie schwang, alles flüssig zu laufen schien und Barboni seine beiden Protagonisten erstmals wirklich gezielt als Komikerduo einsetzte: Wie schon bei Colizzi haben weder Produzent, Regisseur noch die Schauspieler mit einem Erfolg gerechnet. Terence Hill erfuhr davon erstmals, als sich Barboni kurz nach der Premiere von *Die rechte und die linke Hand des Teufels* bei ihm meldete. »Irgendwann rief mich Enzo aus Mailand an und sagte: ›Hey, das kannst du dir nicht vorstellen: Die Leute toben im Kino vor Lachen, sie trampeln mit den Füßen auf den Boden, ich weiß nicht, was passiert ist …‹ – ›Wie‹, sagte ich, ›sie lachen …?‹ – ›Ja, wegen der Sachen, die du machst …‹ Ich hatte keine Ahnung, dass ich die Leute zum Lachen bringe! Ich dachte, dass ich subtile Dinge machen würde, ein bisschen Ironie … aber nicht solche Sachen.«[48]
Sämtliche Erwartungen wurden in jeglicher Hinsicht haushoch übertroffen: Sowohl in Italien als auch in Deutschland entwickelte sich *Die rechte und die linke Hand des Teufels* zu einem der erfolgreichsten aller in den 70er-Jahren gedrehten Filme – nur eine Handvoll kann mehr Zuschauer vorweisen. Allein in der Bundesrepublik zog er etwa sechs Millionen Menschen ins Kino. Dabei wurde die erste Westernkomödie wegen knapper Mittel sogar ausschließlich in Italien gedreht. Selbst die in Spanien entstehenden Kosten wären zu hoch gewesen, sodass man sich

für eine gut 70 Kilometer östlich von Rom gelegene Hochebene nahe des Ortes Camerata Nuova im Apennin entschied.

Für Terence Hill alias Trinità (Italienisch für Dreifaltigkeit) aber bedeutete dieser Film weit mehr als nur wirtschaftlichen Erfolg und den Durchbruch als Weltstar. Und wenn er den Grund dafür nennt, hat man fast das Gefühl, als wolle er sein Publikum auf den Arm nehmen: »Mir hat das Filmemachen keinen Spaß gemacht, bis ich *Trinità* gedreht habe. Es war jedes Mal eine Qual für mich, wenn ich meinen Auftritt hatte und sprechen musste. Ich fühlte mich sehr unwohl, habe Angst bekommen, Lampenfieber, selbst als ich den *Leoparden* drehte. Erst *Trinità* hat mir geholfen, eine Seite an mir zu entdecken, die ich bisher noch nicht kannte, und zwar dass auch ich viel Energie und Freude beim Drehen entwickeln kann. Und Bud hat mir dabei geholfen, denn wenn wir beide zusammen drehen, dann verändern wir uns. Zwischen uns gab es wirklich eine ganz besondere Verbindung, die von allein kam, einfach so.«[49]

Viel von seinem Erfolg, so Terence Hill, verdanke er auch der Teilnahme an Programmen des Actors Studio, jener US-Schauspielwerkstatt mit Sitz in New York und Hollywood, die Ende der 40er-Jahre gegründet und unter Lee Strasberg zur Legende wurde. Bis heute können Schauspieler dort ganz ohne kommerziellen Druck an ihrer Technik feilen. »Durch das Actors Studio kann jeder Schauspieler werden. Und wenn du dann noch etwas von dir selbst dazugeben kannst, etwas Persönliches, das über das erlernte Handwerk hinausgeht, dann wirst du ein außergewöhnlicher Schauspieler. Jedermann kann so Schauspieler werden, ob nun mit dem Actors Studio oder irgendeiner anderen Schauspielschule.«[50] Selbst Paul Newman, Marlon Brando, James Dean, Steve McQueen oder Marilyn Monroe haben einen guten Teil der Natürlichkeit und Intensität ihrer Schauspielkunst dem Actors Studio zu verdanken. Und auch bei

Terence Hill hat es vorzüglich funktioniert. Denn aus dem schüchternen, an chronischem Lampenfieber leidenden Jungen ist mittlerweile ein Komödiant geworden, der Millionen Menschen rund um den Globus zum Lachen bringt.

Dass der Erfolg tatsächlich auch auf sein komödiantisches Können zurückgeht und der erste Barboni-Film kein Glücksfall gewesen ist, bewies er in *Vier Fäuste für ein Halleluja*, der Fortsetzung von *Die rechte und die linke Hand des Teufels*. Denn während der humorfreie Abstecher mit Bud als *Freibeuter der Meere*, den er zwischendurch drehte, sofort sang- und klanglos in den Archiven verschwand, brach die zweite Westernkomödie mit Barboni sowohl in Italien als auch in Deutschland alle Kinorekorde. Nahezu Hymnisches verlieh dem zweiten Trinità-Abenteuer die Filmmusik, diesmal von Guido und Maurizio De Angelis geschrieben, die unter dem Namen Oliver Onions später auch die Charts in Deutschland mit Songs wie *Orzowei* oder *Santa Maria* erobern und wochenlang dominierten.

Wie wohl sich der blauäugige Strahlemann inzwischen in seiner Haut als Trinity fühlte (der Name der Figur wurde inzwischen an das italienische Original angepasst), wird an jener Stelle besonders schön deutlich, als er mit Bud Spencer, genannt Bambi, eine Farmerfamilie überfallen will, die mit ihrem Planwagen wegen eines gebrochenen Rades in der Steppe stecken geblieben ist: Hill sitzt auf seinem Gaul so lässig wie Dennis Hopper auf dem Chopper bei *Easy Rider*. Die Beine ausgestreckt und überm Sattel gekreuzt, der Rücken bequem an ein Gestell gelehnt – und natürlich wird gedöst, während der Dicke daneben in seinen Bart brummt.

Terence Hill geizt nicht mit seinem neuen, mimischen Repertoire und bezirzt in seiner Rolle mit dem Charme des ewig jungen Früchtchens die schöne Farmerstochter Perla, gespielt von der Finnin Yanti Somer. Ihre

Aufgabe ist es, dem ballernden Beau tief ins gletscherfarbene Geäug zu starren. Schnell turteln die beiden herum:

Trinity: »Na, was ist denn das …? Heh, Tagchen erst mal!«

Perla starrt still in Trinitys Augen.

Trintiy: »Ich sagte: Guten Tag!«

Perla: »… Ja … guten Tag … Sind Sie ein Bandit?«

Trinity: »Ein Ban… ein Ban… och nööhh … also … das würd ich nie … ich meine … na jaah … also … ich meine … ich glaub schon … ja …«

Perla: »Aber wir haben nicht das Geringste … wir sind ganz einfache Bauersleute …«

Trinity (langsam, den Kopf leicht schüttelnd): »Ihr seid nur Bauern …? Ooohhhh … wie find ich denn das, aber … na, das tut mir aber leid!«

Am Ende wird aus dem geplanten Überfall natürlich eine liebenswerte Hilfsaktion: Die beiden Rüpel haben ein goldenes Herz, sie reparieren (Bambi zähneknirschend) den Wagen und geben den Bauern sogar noch ein bisschen Geld für den kranken Sohn, der unüberhörbar an Flatulenz leidet.

Der komische Reiz der Wiederholung

In *Vier Fäuste für ein Halleluja* konnte Terence Hill aus seinem vollen Repertoire schöpfen, was für den Zuschauer umso schwerer zu erahnen ist, je müheloser es rüberkommt. Ein wichtiges Element sind dabei die bereits erwähnten Prügeleien, denen Barboni als Ersatz für die abartige Gewalt der alten Spaghetti-Western viel Raum ließ. Platz für spontane Improvisation blieb den Schauspielern weit weniger, als es den Anschein hat. Die trickfilmartigen Schlägereien, die Terence Hill neben den polternden Prankenhieben von Bud Spencer mit seinen turnerischen Tollkühnheiten artistisch akzentuiert, gleichen in ihrer Choreografie eher einem Ballett denn einer klassischen Keilerei.

Angeleitet wurden die Stuntmen, von denen viele aus der Zirkusbranche stammten, von Giorgio Ubaldi, der mit seiner Mannschaft genauso wie die Oliver Onions ebenfalls zum hohen Wiedererkennungswert der Filme beigetragen hat. »Wir hatten das Glück«, sagt Terence Hill, »dass wir eine sehr fähige Stuntman-Truppe hatten, und deshalb war es für uns ein großes Vergnügen, die Prügelszenen zu drehen. Das Publikum belohnte uns, denn es gefiel ihm offensichtlich, dass Bud und ich stets mittendrin waren, uns niemals doubeln ließen und natürlich auch versuchten, zu den Choreografien noch einen Schuss eigenen Humor beizusteuern.«[51]

Zudem sei es eine unglaublich langwierige Angelegenheit gewesen, diese ballettartigen Szenen in den Kasten zu bekommen, wie der hübsche Haudrauf bemerkt: »Für eine einzige Schlägerei gingen zehn volle Drehtage drauf, ein Tag Arbeit ergab am Ende eine Minute Prügelszene im Film. Ubaldi gab uns dabei wie bei einem Ballett zählend die Zeiten vor, und jedes Anzählen entsprach dabei einem ganz bestimmten Faustschlag oder Ausweichen. Er machte die Arbeit so gut, dass niemand im Publikum sich dieses Balletts bewusst wurde.«[52]

In höchster Vollendung sind diese Choreografien in *Vier Fäuste für ein Halleluja* unter anderem in einer Barszene sowie auch am Schluss des Films in einem Kloster zu sehen, wobei Karate- und Rugbyeinlagen, die sich Ubaldi und die Schauspieler selber ausgedacht haben, der Westerngroteske das krönende Sahnehäubchen aufsetzen. Und das verkappte Duell vor dem Bartresen mit dem schwarz behuteten Pokerspieler Wildcat Hendricks, der nicht zum Ziehen kommt, weil Trinity viel schneller ist als er und ihm abwechselnd rechts und links schallende Backpfeifen verpasst, stellt alle Revolverduelle von John Wayne bis zu Clint Eastwood endgültig in den Schatten.

»Ständige Wiederholung ist der wohl wichtigste Mechanismus von Komödien«, zeigt sich der Literaturwissenschaftler Maurice Charney überzeugt.[53] Enzo Barboni sah das genauso und machte es erfolgreich vor. Die Wiederholungen tauchten dabei nicht nur ständig in einem einzelnen Film auf, sondern entwickelten sich schnell zum Markenzeichen des Duos, allen voran, was Prügeleien, Zotenreißen und Fressorgien betraf. Auch bei Letzteren führt *Vier Fäuste für ein Halleluja* die Top-Ten-Liste klar an mit dem Gelage im »feinsten Fressladen zwischen hier und San Francisco«: Die beiden Banausen verhalten sich zu Tisch oscarreif außer Rand und Band, während die Kellner beim knallenden Entkorken von Weinflaschen, Flambieren von Crêpes Suzette oder dem Servieren übersichtlicher Fleischhäppchen Hiebe auf den Kopf oder Kugeln in den Bauch riskieren.

Das Erbe von Laurel und Hardy

Dass die Akteure in dieser Ur-Western-Komödie und danach wie Stan Laurel und Oliver Hardy zwei Bowler tragen, ist kein Zufall, sondern eine bewusste Hommage an ihre US-Kollegen, das Königsduo des Slapsticks. Doch keinesfalls nur die Melonen gehen auf Dick und Doof zurück. Auch die Pferdepritsche vom Müden Joe alias Trinity stammt aus dem Film *Zwei ritten nach Texas*. Ganz zu schweigen von der mimischen Ausdruckskraft und dem gestischen Repertoire der Amerikaner, die sowohl Terence Hill als auch Bud Spencer stets bewundert haben – und darüber hinaus genauestens studierten. Daran angelehnt ist zum Beispiel Trinitys betretener Blick wie der eines bei einer Dummheit ertappten

Lausebengels, nachdem er den Bogen mal wieder überspannt hat. Bud Spencer beispielsweise fasst sich verlegen hinters Ohr, wenn »er« mal wieder die Antwort auf selbst einfachste Fragen nicht weiß. [54]
Barboni überließ nichts dem Zufall. Nachdem die Entscheidung für Terence Hill und Bud Spencer gefallen und der Zuschnitt ihrer Rollen in *Die rechte und die linke Hand des Teufels* abgeschlossen war, mussten die beiden Darsteller zunächst erst mal in die Dunkelheit des Vorführraums statt gleich ins Rampenlicht vor die Kamera. Denn der Maestro unterzog die beiden Mimen endlose Stunden lang einer detaillierten Vorbereitung auf ihre Rollen – mit Filmen von Stan Laurel und Oliver Hardy. Barboni wollte mit seinen Hauptdarstellern sein eigenes, neues Comedy-Paar schaffen. Und dafür mussten sie die Dynamik der Slapstickeinlagen, die Mimik und die Gesten ihrer US-Kollegen, die für jede der einzelnen Figuren charakteristisch und damit für den Erfolg von ausschlaggebender Bedeutung sind, genauestens verstehen.[55] In ihrem Fall, so Bud Spencer, sollten die Rollen mit »umgekehrten Merkmalen« ausgestattet werden: »Terence spielte eine Art Ollie, der allerdings gut aussehend, schlank und gewitzt war, während ich einen 130 Kilo schweren Stan mimte, der alles mit den Fäusten wieder in Ordnung brachte – mithilfe von Terence, der es stets schaffte, mich ›aufzuziehen‹, als hätte ich eine Triebfeder in meinem Rücken.«[56]
Das zufällige Wiedersehen von Terence Hill und Bud Spencer mit Enzo Barboni ein Jahr zuvor in Rom erweist sich also einmal mehr als enormer Glücksfall für das Kino. Denn *Vier Fäuste für ein Halleluja* bricht alle Kassenrekorde. Den Vorgänger haben in Deutschland und Italien nur halb so viele Menschen gesehen. Mit 12 Millionen Besuchern wird sogar *Das Dschungelbuch* von Walt Disney, bislang der erfolgreichste aller in der Bundesrepublik gezeigten Filme, entthront.[57] Und Enzo Barboni ist es mit seinem zweiten Geniestreich 1971 endgültig gelungen, Terence Hill

und Bud Spencer, exakt 20 Jahre nachdem das bekannteste Slapstickduo der Kinogeschichte in den Ruhestand gegangen ist, als Erben von Stan Laurel und Oliver Hardy zu etablieren.

Der Anfang einer Mission

Noch heute wird Terence Hill immer wieder mal gerne gefragt, ob er sich nach all den Prügeleien, die er für seine Arbeit auf sich genommen hat, denn auch im wirklichen Leben mal geschlagen habe, und zwar so richtig. Nicht selten reagieren die, die es wissen wollen, zunächst einmal ziemlich verdutzt, wenn sie die Antwort hören. »Ja, das habe ich«, sagt Terence Hill dann. »Die schlimmste Situation hat sich ergeben, als wir damals aus Deutschland zurückgekommen waren. Die Sache passierte in Umbrien in der ersten Klasse der Grundschule, wo mich jemand *tedescaccio* genannt hat. Dafür habe ich ihm einen Schlag auf die Nase gegeben, die anschließend geblutet hat.«[58] (*Tedescaccio* bedeutet im Italienischen so viel wie »mieser Deutscher«.)

Mit dieser Replik lässt Terence Hill durchblicken, dass ihm jede Form von Gewalt innerlich zuwider ist. Tief geprägt hat ihn dabei schon in jungen Jahren zweifelsohne vor allem sein gläubiger Vater, der auch fernöstlichen Philosophien aufgeschlossen gegenüberstand und ein großer Yoga-Pionier in Italien war, wie Terence Hill gelegentlich in Interviews erwähnt. Die Erinnerungen an die Bombenangriffe auf Dresden, die er als Sechsjähriger erlebte, haben ebenfalls tiefe Spuren in seiner Psyche hinterlassen. Selbst die Rollen, die er bis Anfang der 70er-Jahre als Schauspieler annimmt, sind mit wenigen Ausnahmen Charaktere, die immer auf der Seite der Guten stehen. Diese Arbeitsphilosophie teilt er zudem voll und ganz mit seinem Dauerfilmpartner Bud Spencer, der in seiner

Autobiografie hervorhebt, dass dies nicht etwa nur eine »nette Nebensächlichkeit« war, sondern ein »zentraler Wert«. Der Begründung einiger Regisseure, übertriebene Gewalt in Filmen als bewusstes Stilmittel vor allem deswegen einzusetzen, um so vor der Gewalt selbst abzuschrecken, könne er überhaupt nicht folgen, sagte Terence einmal. Seiner Meinung nach trete dadurch eher das Gegenteil ein, weil die Zuschauer durch die Reizüberflutung eher weniger empfindlich für Gewalt würden. Und so kam es seinem durch und durch pazifistischen Wesen in jeder Hinsicht sehr entgegen, dass seine Zusammenarbeit mit Enzo Barboni seiner Laufbahn eine neue Richtung gab fernab von überholter, eingefahrener Darstellung von Gewalt, wie sie für das Genre üblich war und unterhaltsam parodiert ins Lächerliche gezogen wird.

Genau in dieser Phase seines Lebens – als frischgebackener Weltstar nach den ersten beiden Filmen mit Enzo Barboni – veranlassten Terence Hill eine Reihe von Begegnungen, eine grundsätzliche Entscheidung zu fällen, die seine Karriere fortan unter einen ganz besonderen Stern stellen sollte: »Ich wurde in dieser Zeit immer öfter von Müttern auf der Straße angehalten, die mir sagten: ›Hör nicht auf, solche Filme zu machen, denn so können wir mit unseren Kindern ins Kino gehen, ohne böse Überraschungen zu erleben.‹ Durch dieses Erlebnis habe ich gemerkt, dass ich Verantwortung habe und auf keinen Fall Rollen annehmen würde, mit denen ich die Zuschauer unangenehmen Gefühlen aussetzte.«[59]

Die Mutter aller Actionkomödien

Die erste Hälfte der 70er-Jahre wurde für Terence Hill zu einem wahren Karrierefeuerwerk – ein Eroberungssturm der Zuschauerherzen, wie es ihn bisher selten gegeben hat. Großen Anteil daran hatte auch ein guter

Bekannter: Giuseppe Colizzi. Der Regisseur, der ihn mit Bud Spencer zusammengebracht und die beiden mit seiner Westerntrilogie als Duo bekannt gemacht hat, war sich mit dem Produzenten Italo Zingarelli einig: Mit den beiden Darstellern sollte ein neues Experiment gewagt werden, das die erfolgreich wiedergeborene Slapstickkomödie aus dem engen Korsett des Westerns befreit. Das Ergebnis zählt zu den erfolgreichsten Filmen des Duos: *Zwei Himmelhunde auf dem Weg zur Hölle.*

Der 1972 produzierte Streifen, der sich allein schon wegen des ohrwurmartigen Titelsongs *Flying through the air* von den Oliver Onions ins kollektive Gedächtnis einer inzwischen mindestens drei Generationen umfassenden Fangemeinde eingebrannt hat, kam in Deutschland im Frühjahr 1973 in die Kinos und wurde zu einer Art Mutter aller modernen Actionkomödien. Als Genre ist sie seitdem nicht mehr aus der Szene des internationalen Films wegzudenken, sie hat zahlreiche jüngere Stars wie Eddy Murphy und Jackie Chan hervorgebracht und ist noch immer aktuell. Colizzi erzählt in *Zwei Himmelhunde auf dem Weg zur Hölle* die Geschichte von zwei sympathischen und schlagfertigen Betrügern namens Plata (Terence Hill) und Salud (Bud Spencer), die marode Flugzeuge über dem südamerikanischen Dschungel abstürzen lassen, um die Versicherungsprämie abzuzocken, und sich mit einem alten Smaragdschürfer im Urwald anfreunden, dessen geheim gehaltene Edelsteinader die beiden am Ende zu reichen Männern macht.

Schon die Eröffnungsszene ließ die Kinos vor Gelächter wackeln wie ein Erdbeben: Zu sehen ist ein zweimotoriges hellrosa Flugzeug, das in einem babyblauen Himmel mit brennendem Propellermotor durch die Lüfte trudelt. Gesteuert wird es von einem angespannt dreinblickenden, schwitzenden Salud, der – wie ein Kameraschwenk auf die Cockpitarmaturen dann enthüllt – nicht etwa seinem eigenen Ende entgegenschaut, sondern sich durch die Handlung eines Popeye-Comics fiebert, das er in einer Hand hält. Hinter ihm döst Plata seelenruhig mit nacktem Oberkörper. Wie vor ihm der Müde Joe ist auch Plata mit einer trägen Gelassenheit gesegnet – und schiebt seinen Hut nur kurz aus den Augen, um sich ein Bier zu öffnen.

Zwei Himmelhunde auf dem Weg zur Hölle ist der erste einer Reihe von Filmen, die Terence Hill und Bud Spencer auf die Südhalbkugel nach Lateinamerika und Afrika verschlagen. Als Hölle kann in diesem Fall auch die Organisation dieses Filmes selbst bezeichnet werden, denn er wurde in sage und schreibe 15 mittel- und südamerikanischen Ländern gedreht, wofür Colizzi mit seiner Crew dann auch volle drei Monate brauchte. Die Zuschauer bekamen davon natürlich nichts mit – und ergaben sich willig dem spitzbübischen Charme des Blondschopfs, der seinen bärbeißigen Kumpanen wie gewohnt piesackt, sich über einen »selbst gestrickten Dackel« (den Hund vom Smaragdschürfer Matto) und »eine Ansichtskarte aus Solingen« (das Klappmesser eines Angreifers) amüsiert oder einen Gegenspieler verspottet, dem er »'ne Beule in den Bart« beißen will, »bis dem die Hose wegfliegt«.

Sowohl Terence als auch sein bewährter Partner Bud versuchten zwischendurch immer wieder, auch ohne den anderen an die Erfolge als Komikerduo anzuknüpfen, das Enzo Barboni geschaffen hat. Wie schwierig dieses Unterfangen war, bewies zum Beispiel *Verdammt, verflucht und Halleluja*, den Terence 1972 drehte. Wieder handelte es sich um einen Western unter der Regie von Enzo Barboni, der zudem nur ein Jahr nach dem Riesenerfolg von *Vier Fäuste für ein Halleluja* entstanden ist. Doch abgesehen vom Wortspiel im Titel, mit dem eine inhaltliche Nähe zur inzwischen legendären Trinity-Figur suggeriert werden sollte, wies der Film so gut wie keine Gemeinsamkeiten mit den beiden Vorgängern auf. Daran änderte auch das Mitwirken der hübschen Yanti Somer nichts, die auch in der vorherigen Produktion mit von der Partie gewesen war. Zwar handelte es sich auch bei diesem Streifen um eine recht nette Westernkomödie, aber weder Enzo Barboni noch Terence Hill gelang es, das Fehlen von Bud Spencer durch eine schlagfertige Handlung und ähnliche Komik wettzumachen. Zudem war die Handlung auch noch eine Spur zu gespreizt, da Terence diesmal einen intellektuellen, dandyhaften Engländer spielt, der nur auf Wunsch seines Vaters in den Wilden Westen gereist ist, damit aus ihm ein echter Cowboy wird.

Showdown mit Sergio

Doch es gab einen Produzenten, der Terence Hill auch als Solisten unsterblich machen würde: Sergio Leone. Das Zustandekommen des Films *Mein Name ist Nobody*, der 1973 in New Mexiko und Spanien mit Terence und dem Altstar des Westerns, Henry Fonda, in den Hauptrollen gedreht wurde, ist an sich schon eine fantastische Geschichte. Diesmal war es jedoch kein Zufall, der dieser ungewöhnlichen Produktion den Weg geebnet hat, sondern knallhartes Kalkül. Leone, der Großmeister des Italowesterns, hatte von diesem Genre schon offiziell Abschied genommen nach den Klassikern *Spiel mir das Lied vom Tod* und *Todesmelodie* – jenen beiden ersten episch angelegten Teilen seiner Amerika-Trilogie, die er erst 1984 mit *Es war einmal in Amerika* zum Abschluss brachte.
Doch der sagenhafte Erfolg von *Vier Fäuste für ein Halleluja*, ließ Leone seine Einstellung zum endgültigen Abschied vom Western noch einmal überdenken. Denn die Einnahmen seines Films *Todesmelodie*, der zur selben Zeit in den Kinos lief, reichten bei Weitem nicht an den Kassenschlager von Barboni heran, obgleich für ihn gestandene Westernstars wie Charles Bronson und James Coburn vor der Kamera standen. Terence: »Er war noch immer sehr verliebt in dieses Genre, wollte aber, dass

die Westernphase im Kino zu Ende geht, das wusste ich ganz genau, denn ich war damals sehr oft mit zusammen. Und so konzipierte er einen Film, der sich an seine eigene Geschichte anlehnte. Er hat sich mit der Figur von Henry Fonda identifiziert, dem er eine neue Figur entgegensetzen wollte, die jene war, die von mir interpretiert wurde.«[60]

Das Thema »Neu ersetzt Alt«, das Leone selbst offensichtlich stark umgetrieben hat, reizte ihn zu sehr, um seinem geliebten Western nicht doch noch ein weiteres persönliches Denkmal zu setzen. Aus diesem Wunsch heraus bescherte er dem Publikum die wundervolle Geschichte des in die Jahre gekommenen Revolverhelden Jack Beauregard (Henry Fonda), der des Wilden Westens überdrüssig ist und sich in Europa zur Ruhe setzen will. Doch Nobody (Terence Hill) kommt ihm dabei in die Quere, er taucht ständig aus dem Nichts auf und verwirrt Jack Beauregard mit seinen kindischen Spielereien und doppeldeutigen Sprüchen, worüber dieser sich auch irritiert mokiert. Der Neue, für den der Alte seit Kindertagen ein Idol ist, mischt sich frech in das Leben von Beauregard ein, rettet es ihm sogar und stellt die Weichen für einen Showdown mit der Wilden Horde. Dadurch soll der Alte endgültig zur Legende werden und in die Annalen der Geschichte eingehen – genau so, wie Nobody es sich erträumt hat. Am Ende kann er ihn schließlich davon überzeugen, seinen Abgang aus dem Westen mit einem fingierten Duell so zu inszenieren, dass Nobody – Niemand – in die Fußstapfen von Beauregard treten kann und so reichlich Stoff für eine neue Legende besteht.

Mit *Mein Name ist Nobody* gelang Sergio Leone und Terence Hill eine spritzige Mischung aus *Spiel mir das Lied vom Tod* und *Vier Fäuste für ein Halleluja,* wobei die jeweils entlehnten und teilweise sehr unterschiedlichen Elemente gut miteinander harmonierten. Außerdem war der Film mit einer satten Prise zotiger Sprüche à la Trinity gepfeffert (mehr dazu im nächsten Kapitel). In die Figur des Nobody floss natürlich auch ein

Stück der persönlichen Geschichte als Schauspieler von Terence Hill ein – der neben dem großartigen Granden Henry Fonda glänzte. Harmonisch unterlegt wurde das Ganze mit Gänsehautmusik von Ennio Morricone, der die ungewöhnliche Verschmelzung dieser zwei Arten von Western mit den entsprechenden Kompositionen untermauerte: Wann immer die Wilde Horde zu Wagners *Walküre* galoppierend daherkommt, ist ein Autohupkonzert zu hören. Die Idee zur Wilden Horde hat Leone dem Westernklassiker *The Wild Bunch – Sie kannten kein Gesetz* entlehnt, den sein US-Kollege Sam Peckinpah 1969 gedreht hatte. Da dieser eine Zusammenarbeit mit Leone kurz zuvor abgelehnt hatte, »beerdigte« Leone ihn im Film, indem er Nobody auf einem Friedhof den Namen Sam Peckinpah von einem Grabkreuz ablesen lässt.

Dieses nicht risikolose Experiment gelang Sergio Leone mit dem Regisseur Tonino Valerii so vorzüglich, dass die Figur des Nobody für Terence Hill die Paraderolle seiner langen Schauspielerkarriere wurde und noch vor Trinity bis heute seine liebste und auch erfolgreichste ohne Bud an seiner Seite geblieben ist. »Trinity und Nobody sind mir sehr ans Herz gewachsen. Trinity, weil sie eine völlig spontane Erfahrung für mich war, Nobody hingegen, weil diese Rolle sehr sorgfältig aufgebaut und einstudiert ist.«[61] Die Zusammenarbeit mit Leone war fantastisch, erinnert sich Terence: »Er ist für mich wie ein Vater und Meister gewesen. Er kam zu mir und sagte: ›Ich möchte einen Film für dich machen‹, und er hat diesen Film auf mich zugeschnitten. Er wollte sogar, dass ich die Regie dabei übernehme. Ich war ständig mit ihm zusammen, er verriet mir die ganzen Geheimnisse seiner Arbeit.«[62] Besonders faszinierte ihn der Ansatz, mit dem Leone erzählt hat und die den Western schon vorher zu einem Genre von so starker Anziehungskraft werden ließen. »Er hat die Epik geliebt. Und wir alle, ganz gleich, ob nun studiert oder nicht, haben diese Epik in uns, in unserer DNA, die Epik von Odysseus, die

Epik der Helden und Mythen. Diese Mythen hat er in seinen Figuren versteckt.«[63]

Kurioserweise war es in der Planungsphase des Films lange Zeit alles andere als sicher, ob Terence Hill in der Rolle des Nobody an den schelmischen Sympathieträger Trinity aus den Barboni-Filmen anknüpfen sollte und am Ende als neuer Held in die Geschichte dieses Films eingehen oder eher als zu verspielter Verlierer einer neuen Westernvariante enden würde, die es mit der alten nicht aufnehmen konnte. Einerseits wollte sich Sergio Leone als Produzent mit *Mein Name ist Nobody* für die Schmach rächen, die ihm Barboni mit den Erfolgen der Trinity-Filme zugefügt hat. So glaubte er fest daran, dass er mit einem »echten« Westernstar vom Kaliber Henry Fondas noch erfolgreicher sein würde als sein Kollege. Andererseits fühlte er sich gegenüber dem Publikum sogar verantwortlich, weil er glaubte, die Trinity-Figur hätte es ohne seine eigenen Arbeiten im klassischen Bereich des Italowestern nie gegeben.[64]

Die Meinungen von Leone und Valerii gingen darüber jedenfalls zum Teil weit auseinander. Laut Drehbuch war zunächst sogar vorgesehen, Nobody direkt mit der Figur von Trinity zu verknüpfen, um sie mit ihren Blödeleien an der kraftvollen Epik eines echten Westernmythos zerschellen zu lassen, verkörpert vom nicht minder mythischen Henry Fonda. Doch schließlich setzten sich die wachsenden Bedenken von Meister Leone durch, der von Anfang an ohnehin mehr als Valerii auf den von Terence Hill verkörperten Protagonisten gebaut hatte. Ganz offenbar wuchs aber auch Leones Respekt vor einer kostspieligen Rache des Publikums. Denn Nobodys vorzeitiges Ende wäre einer Verspottung seines Darstellers gleichgekommen, der auch ohne den großen Leone schon zum großen Star geworden war.[65]

Die Produktion *Nobody ist der Größte* realisierte Leone ein Jahr darauf mit Damiano Damiani als Regisseur, Terence Hill bekam erneut die Hauptrolle. Der Film wurde vom Publikum allerdings schnell als Kuckucksei entlarvt. Natürlich übten die Namen des Produzenten und der seines Hauptdarstellers eine große Anziehungskraft aus. Doch die Geschichte selbst, die außerdem nur in der Optik der Figur von Terence Hill als Nobody entsprach, inhaltlich aber nichts mehr mit ihr zu tun hatte, geriet viel zu verfahren und unentschlossen. So lautet die Originalfassung denn auch *Un genio, un compare, un pollo,* übersetzt *Ein Genie, ein Kumpan, ein dummes Huhn*, und die von Hill dargestellte Figur heißt diesmal Joe Thanks. Die Wahl Miou-Mious für die weibliche Hauptrolle, die kurz vorher in *Die Ausgebufften* mit Gérard Depardieu und Patrick Dewaere nackt für Entzückung und Empörung gesorgt hatte, war sicher kein Nachteil. Daneben wurden von Leone Klaus Kinski, den Terence Hill durch die Zusammenarbeit mit Wendtlandt bei *Winnetou II* kannte, und Raimund Harmstorf verpflichtet. Doch einmal mehr begingen ein gestandener Regisseur und Produzent den Fehler, mit einer zu verspielten, komplizierten Handlung einen Erfolg wiederholen zu wollen. *Nobody ist der Größte* blieb daher weit hinter den Erwartungen zurück – und wurde vor allem eine große Enttäuschung für Produzent Leone und Regisseur Damiani, die sich für immer vom Western verabschiedeten.

Zwei sind nicht zu bremsen

Nach dem Erfolg von *Mein Name ist Nobody* war auch das Duo Terence Hill und Bud Spencer nicht mehr zu bremsen. Kaum ein Jahr verging, ohne dass irgendeine neue Prügelkomödie in die Kinos kam. Damit wurden die beiden insbesondere in Deutschland und im Italien der 70er- und 80er-Jahre so etwas wie zum Symbol des unbeschwerten, vergnüglichen Actionkinos mit viel Prügel und Klamauk. Den Slapstick à la Dick und Doof, den Enzo Barboni mit *Die rechte und die linke Hand des Teufels* weiterentwickelt und Giuseppe Colizzi vom Western in Actionkomödien transponiert hatte, behielten ausnahmslos alle Regisseure bei, die in den kommenden zehn Jahren mit dem Schauspielerduo drehten.

Zu einem Evergreen wurde 1974 *Zwei wie Pech und Schwefel*, für den die Oliver Onions mit *Dune Buggy* erneut einen Ohrwurmhit komponierten. Von der Fangemeinde wurde dieser Streifen, der vollgepackt ist mit waghalsigen Auto- und Motorradrennen, hoch geschätzt, auch wenn die Dialoge der deutschen Fassung der Action manchmal arg hinterherhinken – ganz gleich, was Synchronschreiber und -sprecher aus Skript und Kehlen zauberten. Im nächsten Film, *Zwei Missionare*, der Terence Hill und Bud Spencer erneut nach Südamerika (Kolumbien) führte, gab es zwar nicht ganz so viel Haue, dafür aber umso mehr zu lachen, wenn die beiden falschen Padres sich mal wieder in die Haare bekommen. Oder wenn Pater Blauauge, wie die von Terence verkörperte Figur in der deutschen Version heißt, zum Beispiel Geld vom Bischof erbittet: »Die lieben Padres wollen Kohle haben – von Keule Eminenz …« Als Keule Eminenz dies ablehnt, hakt Pater Blauauge nach: »Und wenn's wenigstens das Geld für die Glocke wäre?« Keule Eminenz verwehrt es auch diesmal. »Und für 'n kleines Glöckchen?« Keule Eminenz kommt auch dieser Bitte nicht nach. »Auch nicht für 'n Strauß Maiglöckchen …?«

Die *Zwei Missionare* fallen im Rückblick noch wegen zwei weiterer Besonderheiten auf, weil sie sich nachhaltig auf die Karriere der beiden Stars auswirkten, ganz besonders auf jene von Terence Hill. Nachdem sie sich erstmals für *Vier Fäuste für ein Halleluja* als Mönch verkleiden mussten, entdeckten sie das Priestergewand als passendes Requisit für kommende eigene Filmprojekte. Die Rolle des prügelnden Paters schien beiden ganz offensichtlich sehr gefallen zu haben, zumal sie ihnen mittlerweile besser steht als die Cowboykluft. Darüber hinaus zeichnete sich *Zwei Missionare* auch durch eine immer positivere Handlung aus, was in den folgenden Filmen noch gesteigert wurde. Somit entsprach auch der Inhalt der Arbeiten ihrem arbeitsphilosophischen Ansatz »kein Blut, kein Sex, nichts Vulgäres«, wie Bud ihn einmal für sich und Terence beschrieben hat. Der grassierende, urkomische Nihilismus der ersten gemeinsamen Jahre aus den Western, der bislang stets im Vordergrund stand, begann langsam immer zu mehr verblassen, während die Helden immer seltener harmlose und gutherzige Ganoven spielten. Dafür stellten sie immer öfter Handlungscharaktere dar, die zwar nach wie vor besonders mit den Fäusten schlagkräftig waren, aber von Anfang an eine positivere Ausstrahlung hatten und die Schwachen in der Gesellschaft stützten, ohne dabei allerdings zu sehr die Moralkeule zu schwingen.

Von 1974 bis 1985 drehte Terence Hill mit Bud Spencer insgesamt neun weitere Filme. *Das Krokodil und sein Nilpferd* aus dem Jahr 1979 markierte dabei für viele Fans den letzten wirklich großen Höhepunkt der insgesamt 17 gemeinsamen Projekte (*Hannibal* nicht mitgezählt), der an die großen Anfangserfolge der Westernkomödien anknüpfen konnte. Die Kritik war hier jedoch geteilter Meinung. Vielleicht kam der Film, der in Südafrika entstand, zumindest beim Publikum auch deswegen so gut an, weil er durch das ansatzweise Streifen sozialer Probleme wie Umwelt- und Tierschutz – und mehr ist es auch wirklich nicht – wenigstens eine kleine Abwechslung in die üblichen Prügelarien und Fressorgien brachte. Wie schon bei *Zwei Missionare* war dies ganz im Sinne der beiden Schauspieler, wenn sich der Inhalt nicht nur auf die üblichen Slapstickeinlagen beschränkte.

Die Regie von *Das Krokodil und sein Nilpferd* sollte eigentlich Giuseppe Colizzi übernehmen, doch er verstarb kurz vor den Dreharbeiten im Alter von nur 53 Jahren. Für ihn sprang Italo Zingarelli ein, der zuvor die Filme mit Enzo Barboni produziert und damit nicht unwesentlich zu ihrem Ruhm beigetragen hatte. »Unser Film«, schreibt Bud dazu in seiner Autobiografie, »stand für Umweltbewusstsein, er war eine Art Tierschutzmärchen.«[66] Der Müde Joe und der Kleine waren nun also doch erwachsen geworden, auch wenn sie nicht auf Schlägereien verzichten wollten. *Vier Fäuste allein gegen Rio* läutete 1984 dann das Ende ihrer Partnerschaft vor der Kamera ein. Dieser Film hätte der passende Schlusspunkt einer fast 20 Jahre dauernden Zusammenarbeit sein können, die die beiden zu einem der bekanntesten und erfolgreichsten Duos der Filmgeschichte gemacht hat – zumal sie in zweifacher Ausführung zu sehen sind, da sie ihre eigenen Doppelgänger spielen. Außerdem führte einmal mehr Enzo Barboni in altbewährter Manier Regie, dem es ein weiteres Mal mit dem Duo gelang, das Publikum zu begeistern. Doch ließen sich die beiden Schauspieler am Ende dazu hinreißen, 1985 noch *Miami Cops* auf ihre Karriere draufzusetzen, aus dem nichts weiter als eine nette Kinderklamotte wurde, die im Anschluss weder die beiden Akteure noch irgendeinen Produzenten dazu bewegen konnte, die gemeinsame Arbeit fortzusetzen. Zu gut wurden inzwischen auch die alten Brüller im Privatfernsehen angenommen, das sich einer rasant steigenden Zahl von Zuschauern erfreute und in Zeiten einer allgemeinen Kinokrise immer häufiger Filme mit produzierte. Und so beschlossen Terence Hill und Bud Spencer in aller Freundschaft, nicht länger als Filmduo vor der Kamera zu stehen.[67]

Kurzauftritt in Hollywood

Von den Auftritten ohne Bud, die Terence Hill in dieser Zeit immer mal wieder absolviert hat, stach nach *Mein Name ist Nobody* kein weiterer aus seiner Filmografie hervor. 1977 wagte er einen Ausflug nach Hollywood:

In der Actionkomödie *Mr. Billion* spielt er einen italienischen Erben namens Guido Falcone, der vor einer Handvoll Gauner, die ihm das Vermögen abjagen wollen, quer durch die Staaten flüchtet. Der Film, der in San Francisco entstand, kein Kassenschlager wurde und in Italien nie im Kino gelaufen ist, verdient in einer Hinsicht dennoch Beachtung: Er ist die einzige Produktion, in der Terence unter seinem Künstlernamen auftritt und in dem die andere Hauptrolle an der Seite eine Frau ist, und zwar die Texanerin Valerie Perrine. Rosie Jones, so der Name der Protagonistin, verliebt sich natürlich in das Blauauge und beschert der Kinowelt einen der raren heißeren Filmküsse von Terence. »Die Dreharbeiten haben etwa sechs Wochen gedauert. Aber privat habe ich Terence nicht kennengelernt, denn wir waren mit dem Drehen sehr beschäftigt, und Terence ist danach immer in sein Hotel gegangen.« Perrine hat im Vergleich zu Terence Hill in verhältnismäßig wenig Filmen mitgewirkt, dafür war die Zusammenarbeit jeweils sehr intensiv und setzte Experimentierfreudigkeit voraus. Sie drehte unter anderem mit Schauspielern wie Dustin Hoffman (*Lenny*), Jack Nicholson (*Grenzpatrouille*) oder Robert Redford (*Der elektrische Reiter*) und stellte zweimal die Freundin von Superman dar, gespielt von Christopher Reeve. Sie hat Terence in sehr guter Erinnerung behalten: »Das, was mich an ihm wirklich richtig beeindruckt hat, ist, dass er ein außergewöhnlich professioneller und eleganter Schauspieler ist, mit dem es sehr einfach war zu drehen.«
Marschier oder stirb war die zweite Hollywoodproduktion, in der Terence Hill 1977 mitgewirkt hat. Besonders interessant an dieser Arbeit, die im Marokko des Jahres 1918 spielt und von einem Kampf der Fremdenlegion handelt, sind zwei Aspekte. Erstens: Terence Hill bekleidete an der Seite von Gene Hackman, Catherine Deneuve und Max von Sydow eine der Hauptrollen – einen Dandy und Juwelendieb, der sich vor dem Zugriff der Justiz rettet, indem er sich freiwillig bei der Fremdenlegi-

on meldet. Und zweitens: Auch wenn die Kritik den Film wegen seiner bruchstückhaften Handlung wenig freundlich aufnahm, bescherte der Kameramann John Alcott – auf den auch *Uhrwerk Orange, Shining, Under Fire* oder *Barry Lyndon* (wofür er einen Oscar bekam) zurückgehen – dem Publikum wunderschöne und wirklich sehenswerte Bilder.

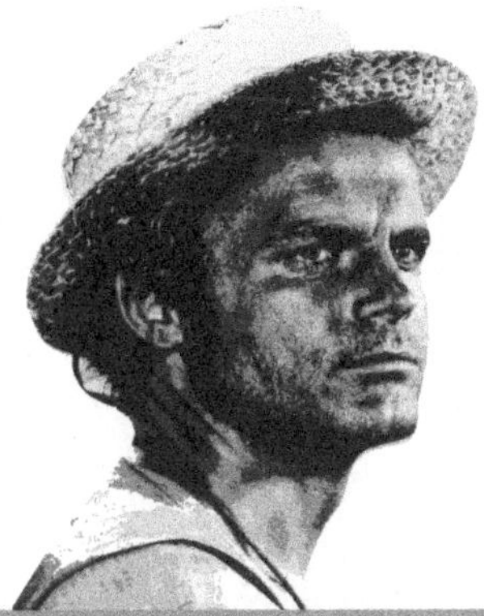

Das deutsche Dialogwunder

Die immer stärkere Ausrichtung vieler europäischer Filmproduktionen auf den internationalen Markt sorgte in den 60er- und 70er-Jahren nicht nur dafür, dass Schauspieler wie Mario Girotti sich einen englischen Künstlernamen zulegen mussten, damit sie sich leichter ins Gedächtnis des zahlenden Kinogängers einprägten, sondern dass die meisten Filme auch in englischer Sprache gedreht wurden. Ganz besonders gelte dies für italienische Werke, wie Bud Spencer einmal erklärte. Da Italienisch die einzige Sprache sei, in der so gut wie alle Wörter mit einem Vokal endeten, sei es viel schwieriger, italienische Filme gut und angemessen zu synchronisieren. Kaum habe ein italienischer Drehbuchautor den letzten Punkt im Manuskript gesetzt, würde es daher sofort ins Englische übertragen und den Schauspielern in die Hand gedrückt.[68]

Es war eine deutsche Schauspielerin, die 1970 noch während der Dreharbeiten von *Die rechte und die linke Hand des Teufels* als Erste das enorme Potenzial erfasste, das in der Westernkomödie um den Müden Joe im Hinblick auf den deutschen Markt steckte: Gisela Hahn. Die damals 27-Jährige, die unter anderem im Edgar-Wallace-Streifen *Neues vom Hexer* auftrat und später auch eine Rolle in *Cesar und Rosalie* mit Yves Montand und Romy Schneider bekam, spielte eine der beiden Mormonentöchter, in die sich der Müde Joe verliebt. »Ich habe damals dem Synchronregisseur Horst Sommer vom Adria Filmverleih eine Karte geschrieben und ihm erklärt, dass wir hier gerade einen sehr lustigen Western drehen, in dem kein einziger Tropfen Blut fließt, und dass es sich bestimmt lohne, sich um die Vertriebsrechte für Deutschland zu kümmern. Hans kam dann auch nach Rom und hat sie für 50 000 US-Dollar gekauft. Der Reinerlös, den der Film in Deutschland einspielte, belief sich auf sechs Millionen D-Mark, die Adria hatte damit das Geschäft ihres Lebens gemacht. Ich bekam dafür nicht mal einen Rosenstrauß.« Die Premiere des Films in Rom, erinnert sich Gisela Hahn, hat sie in einem Kino mit mehr als 1000 Zuschauerplätzen gesehen: »Es war der reine Wahnsinn – das Publikum ist total von den Socken gewesen und hat gekreischt und gejohlt.«

Ein Schnäppchen für eine Million

Als neben *Vier Fäuste für ein Halleluja,* der 1972 in den deutschen Kinos doppelt so erfolgreich war wie sein Vorgänger im selben Jahr, auch noch die erste Actionkomödie mit Terence Hill und Bud Spencer in Italien wie eine Bombe einschlug, bliesen die deutschen Filmverleiher zum Kampf. Einmal mehr war es eine der Sternstunden des Horst Wendlandt, der einen Mitarbeiter seiner gerade gegründeten Firma Tobis mit einem Scheck in Höhe von einer Million D-Mark nach Rom schickte mit dem Ziel, der Adria bei den Vertriebsrechten zuvorzukommen – die hatte sich im Bieterstreit als zu knauserig gezeigt.

Das Ergebnis dieses Schachzugs stellte hierzulande die gesamte Verleihbranche auf den Kopf. Denn der Rekordumsatz von über 32 Millionen D-Mark, den der Filmmagnat mit *Zwei Himmelhunde auf dem Weg zur Hölle* einfuhr, ermöglichte weit mehr: Mit den Firmen Rialto und Tobis, die sich auch die deutschen Rechte für die Folgefilme von Terence Hill und Bud Spencer sicherten, konnte Wendlandt schon bald jeden anderen Konkurrenten wie die Constantin, Herzog oder Gloria Film beim Erwerb von Filmrechten finanziell nach Belieben ausstechen.[69]

Neben diesem Deal erwies sich auch die Wahl für die Synchronisation der Filme mit Hill (und Spencer) als ausgesprochener Glücksfall. Denn Wendlandt beauftragte mit der Bearbeitung der Dialoge für den deutschsprachigen Markt einen Mann, der hierzulande bereits Kultstatus hatte: Rainer Brandt. Seine Stimme ist bestens bekannt, denn schon in den 60er-Jahren machte sie internationale Stars wie Marlon Brando, Jean-Paul Belmondo, Oliver Reed oder auch Elvis Presley unverwechselbar. Zum Synchronpapst aber wurde Brandt spätestens mit der im ZDF ausgestrahlten Serie *Die Zwei* mit Roger Moore und Tony Curtis. Darin lieh er Letzterem auch seine Stimme.

An der Serie *Die Zwei* wird deutlich, dass es beim Synchronisieren nicht nur auf eine markante Stimme und Intonation ankommt: Eine witzige Übertragung und Überarbeitung der Dialoge ist genauso wichtig. Bei dem englischen Original von *Die Zwei* nahm Brandt sich wie schon bei den Filmen mit Louis de Funès, den er ebenfalls selber sprach, jede Freiheit heraus, die er brauchte, um die eher lustlose Vorlage in eine verbale Gaudi zu verwandeln, die am Ende eine ganz andere Geschichte wurde. »Ich habe fast immer neue Drehbücher für das vorhandene Bildkorsett geschrieben«, sagt Brandt dazu.

Der Charme des Synchronpapsts

Ihren ganz besonderen Charme beziehen die hinreißend witzigen Dialoge, die Rainer Brandt für die deutsche Fassung der Terence-Hill-Filme geschrieben hat, aus Wortspielen und einer Kaskade von Kalauern, die bunt gemischt mit diversen Mundarten, Dialekten und Akzenten wie Jiddisch, Berlinerisch oder Rheinisch das eigentliche Idiom manchmal fast zum Verschwinden bringen. Zusätzlich aufgepeppt wird das Ganze mit Slangausdrücken verschiedenster Milieus, Sprachfehlern wie Stottern oder »Tuntensprache«. Die Sprache ist alles andere als literarisch, sondern es handelt sich um Alltagsjargon. »Schnodderdeutsch« nennt es Brandt. Ein weiteres spezielles Merkmal sind Bemerkungen oder Sätze, die im Original nicht enthalten, sprich vorgegeben sind. »Ich sehe mir den Film erst mit Ton an und dann noch mal ohne Ton. Und ich gucke mir genau die Bewegungen an und überlege mir, was man daraus machen kann. Auf die Bewegungen kann man ja noch und nöcher lustigen Text legen.«[70]

Sein Einstieg als Synchronsprecher gelang Rainer Brandt, der schon als Schauspieler für Theater und Kino gearbeitet hatte, als Roadmovies wie *Easy Rider* in Mode kamen und er eines Tages eine dieser Arbeiten mit einem Regisseur unter die Lupe nahm: »Ich sah mir den Schwachsinn an, der in den deutschen Büchern stand. Dann sagte ich zum Regisseur: ›Kamerad, was hier steht und was die da oben auf der Leinwand sagen, das sind zwei verschiedene Welten. Was die sprechen, ist kalifornischer Slang. Und wenn die von einer Matratze reden, dann reden die nicht vom Schlafen, sondern vom Bumsen, und die Matratze ist die Blondine.‹ Denn diese Filme waren ja ein Protest gegen das prüde Amerika und die ganzen Scheißer da oben.«[71] Seine ersten und maßgeblichen Erfahrungen auf dem Gebiet der Komödie hatte der extrem humorvolle Brandt bereits längst durch die Zusammenarbeit mit Wolfgang Neuss gesammelt, für den er die Gags schrieb und der in den 60er-Jahren zu den berühmtesten Kabarettisten in Deutschland zählte.[72]

Für *Zwei Himmelhunde auf dem Weg zur Hölle* schrieb Brandt 1972 nicht nur die Dialoge, sondern er sprach auch den Part von Terence Hill. Mit dem Film *Mein Name ist Nobody* setzte sich dann aber Thomas Danneberg als seine deutsche Stimme durch, der Terence schon bei dessen größtem Erfolg *Vier Fäuste für ein Halleluja* synchronisiert hatte. Dabei blieb es dann, egal, ob Terence nun mit Bud Spencer oder ohne ihn vor der Kamera stand, und ganz gleich, wer den Film produziert oder Regie geführt hat. Dannebergs Engagement ist Brandt höchstpersönlich zu verdanken, der ihn Horst Wendlandt wegen seines spitzbübischen Charmes empfohlen hatte – eine Wahl, die sich als Volltreffer erwies.[73] Thomas Danneberg, der auch John Cleese, John Travolta, Nick Nolte, Arnold Schwarzenegger und Silvester Stallone in deutschen Fassungen spricht, schaukelte sich mit seinem Partner Wolfgang Hess, der in vielen Filmen die Parts von Bud Spencer gesprochen hat, bei der Synchronisation mit viel Bier und Zigaretten in regelrechte Partylaune hoch. Manchmal legte er sogar auf die bereits auf die Spitze getriebenen Dialoge von Brandt noch eine Schippe drauf.

Dies alles trug und trägt noch heute durch die ständigen Wiederholungen der Filme wesentlich zu Terence Hills Image als schlagfertiger Spaßvogel beim deutschen Publikum bei. Und es betont den unterschiedlichen Charakter der von ihm verkörperten Figuren gegenüber jenen von Bud Spencer. Im Vergleich zu den trägen und vor allem wortkargen, immer etwas begriffsstutzigen Typen, die Bud darstellte, war Terence Hill stets gefordert, den Vorlauten zu geben, der sich überall einmischt, alle auf den Arm zu nehmen und damit als Kopf und Wortführer des Duos hervorzustechen.

Eine Sache blieb den meisten deutschsprachigen Zuschauern allerdings völlig verborgen: Selbst in Italien wurde Terence Hill während seiner gesamten Kinokarriere von italienischen Sprechern synchronisiert, da seine eigene Stimme – weich, ruhig, geschmeidig und in der Modulation zurückhaltend und sanftmütig wie sein Charakter – überhaupt nicht zu seinen Rollen in den Prügelkomödien passt. Und zwar so wenig, dass sich Schnodderexperte Brandt auf die Bitte, Terence Hills Stimme doch einmal zu beschreiben, ungewohnt wortkarg gibt: »Kein Kommentar, wir sind befreundet!« Die wenigen Male, die der Schauspieler in deutschen TV-Talkshows Kurzauftritte hatte, waren auch nicht sehr aufschlussreich, denn die nicht selten schwer zu bremsenden und nicht zufällig als »Talkmaster« bezeichneten Moderatoren ließen Terence Hill, der neben Italienisch auch fließend und fast akzentfrei Englisch und – soweit man ihm die Zeit lässt – noch immer gut Deutsch spricht, kaum zu Wort kommen.

Hemmungslos verulkt

Der Erfolg jedenfalls, der den Brandt'schen Dialogen und ihrer Umsetzung beschieden war, rief auf dem deutschen Markt noch ein anderes Phänomen hervor, das den Hype, der Anfang der 70er-Jahre in Deutschland um Terence Hill und seinen Partner ungehemmt einsetzte, auf kuriose Weise noch verstärkte. Während zum Beispiel in den skandinavischen Ländern und im Ostblock die Filme – wie bei ausländischen Produktionen üblich – nie in die jeweilige Landessprache übersetzt wurden und das englischsprachige Original mit Untertiteln gezeigt wurde, kramten die deutschen Filmverleiher – geschäftstüchtig, wie sie sind – zum Teil längst vergessene Schinken wieder hervor, synchronisierten sie neu und

brachten sie bisweilen sogar unter einem völlig neuen Titel mehrere Jahre nach der Uraufführung erneut ins Kino.
So wurde zum Beispiel aus *Gott vergibt, Django nie*, der in Deutschland 1969 Premiere hatte, 1981 eine neue Version mit dem Titel *Zwei vom Affen gebissen.* Auf die gleiche Art verfuhr man mit dem Film *Django und die Bande der Gehenkten* (Deutschlandpremiere 1968), in dem Terence mit Horst Frank zu sehen ist. Im Jahr 1979 kam er unter *Joe, der Galgenvogel* in die Kinos. Dasselbe gilt für die *Hügel der blutigen Stiefel* (1970 in Deutschland uraufgeführt), die acht Jahre später als *Zwei hau'n auf den Putz* in neuem Sprachkleid erscheinen. Und mit dem letzten Film *Little Rita nel West,* den Terence Hill 1967 noch unter seinem alten Namen drehte und der es trotz der Gesangseinlagen der auch Deutschland bekannten Rita Pavone bislang nicht über den Brenner geschafft hatte, wurde dem Publikum 1978 unter dem Titel *Blaue Bohnen für ein Halleluja* vorgegaukelt, dass es sich dabei um eine neue Westernkomödie mit Bud Spencer oder wenigstens im Stil von Trinity handelte. Das Einzige jedoch, was außer Terence daran erinnerte, war die mittlerweile vertraute Synchronstimme von Thomas Danneberg.
Der Kopierwahn der brandtschen Blödeleien kannte keine Grenzen – und ging gelegentlich auch voll nach hinten los. Bestes Beispiel: das sozialkritische Drama *Barbagia*, das 1969 in Italien erschien und zunächst von den Filmverleihern links liegen gelassen wurde. Bis 1974 einem von ihnen die Idee kam, eine Kalauerversion daraus zu machen, womit der ernste Filminhalt, der auf einer wahren Geschichte beruht und den Regisseur Carlo Lizzani in größtmöglicher, dokumentarischer Genauigkeit erzählte, auf plumpe Art komplett ad absurdum geführt wurde.
An den Doppelvarianten der Western von Terence Hill scheiden sich indes die Geister. Für die Puristen unter ihnen haben die Comedy-Versionen natürlich ein Sakrileg gebrochen und Schande über das raue und

todernste Genre gebracht, das ihrer Meinung nach keinen Klamauk verträgt. Aber nicht alle Western haben unbedingt durch die nachträgliche Bearbeitung verloren, was wohl vor allem für die Colizzi-Trilogie gilt, jene ersten drei Filme, in denen Terence Hill und Bud Spencer gemeinsam zu sehen sind. Denn zum einen finden sich in diesen Produktionen ohnehin Ansätze für Ironie und Witz, die dadurch noch stärker zur Geltung kamen. Zum anderen wurden im Rahmen der zweiten Synchronisation oftmals auch die brutalsten Gewaltszenen herausgeschnitten. Und somit entsprachen die Neubearbeitungen – selbst wenn dies nicht das Hauptanliegen der Verleiher gewesen ist – über weite Strecken plötzlich dem so erfolgreichen stilistischen Ansatz der Filme von Enzo Barboni, die schließlich den Ruhm von Terence und Bud als Westernkomödianten begründet hatten, weil in ihnen die blutige Gewalt durch komische Prügeleien und Wortwitz ersetzt wurde.

Darüber hinaus hat das deutsche »Dialogwunder« mit Sicherheit dazu beigetragen, dass Terence Hill und Bud Spencer in Deutschland eine Popularität genießen, die jener in ihrem Geburtsland Italien mindestens ebenbürtig ist. Auf der anderen Seite wiederum werden diese am Ende unüberschaubare Flut von Filmen mit ihren zahlreichen Wiederholungen sowie die Versuche der Filmbranche, das Duo Spencer/Hill in meist mäßig bis schlecht gemachten B-Produktionen zu imitieren, sicher dazu beigetragen haben, dass Mitte der 80er-Jahre die Begeisterung für neue Actionkomödien stark nachließ. Das Publikum war satt, es hatte genug gesehen, der Bedarf an neuen Filmen mit langsam älter werdenden Stars und stets gleich bleibenden Plots war gedeckt.

Das rechtfertigt jedoch noch lange nicht, in einer Terence-Hill-Biografie auf eine kurze Auswahl der schönsten Bonmots zu verzichten, die zu den herrlichsten Szenen seiner Filme zählen. Fast alle sind deutschen Erstfassungen entnommen. Am Ende folgt dann ein kleiner Vergleich von *Gott vergibt, Django nie* und der zweiten, neu synchronisierten Version des Films von Giuseppe Colizzi, der zwölf Jahre später unter dem Titel *Zwei vom Affen gebissen* noch einmal in die Kinos kam.

***

Mein Name ist Nobody

Filmanfang, Nobody sucht vor einem Stall ein Pferd:
Nobody: »Ich suche einen Gaul.«
Cowboy: »Häh ... was ...? Was heißt 'n das, 'n Gaul?«
Nobody: »Na ein Hotte-Hüh-Pferdchen, du Dumpfbacke.«

*

Kurz darauf, gleiche Szene, Nobody zum dämlichen Cowboy:
Nobody: »Wenn man sein Leben verlängern will, dann muss man alles dafür tun, um es nicht zu verkürzen, richtig?«
Cowboy, verwirrt: »Was ... wie .... was ist ..?«
Nobody: »Na, lass man gut sein, du bist ja kein Lateiner.«

*

Nobody zu seinem Pferd: »Hoppi, gib Gas, Grete!«

*

Nobody und Beauregard (Henry Fonda) auf einem Friedhof. Beauregard sucht einen Mann, mit dem er reden will, Terence errät dessen Namen:
Beauregard: »Weißt du, wo er ist?«
Nobody zeigt auf das Grab vor seinen Füßen: »Ja, er scheint hier sein Eigenheim zu haben.«

*

Nobody in einer Bar zu einem glatzköpfigen Revolverhelden, der schießbereit langsam auf ihn zukommt: »Du machst mir Angst, wenn du so bedeutsam läufst, Locke, ehrlich …«

*

Nobody zu Locke: »Du siehst gut aus, heute schon gekotzt?«

*

Eine Granate, die für Beauregard bestimmt war und gerade noch vor ihm auf einem Tisch stand, explodiert draußen, weil Nobody sie kurz vorher rauswirft:
Nobody: »Donnerwetter, mit der Dröhnung an der Uhrkette könntest du jetzt ganz frei durchatmen …«

*

Nobody bietet Beauregard einen Teller Bohnen an: »Willst du auch 'n Happen pappen?«

***

Vier Fäuste gegen Rio
Elliot Vance (Terence Hill) kündigt Greg Wonder (Bud Spencer) entsetzt ein Harfenkonzert an:
Greg Wonder: »Hafenkonzert?«
Elliot Vance: »Nicht Hafen…, Harfenkonzert! 'ne Harfe ist so 'n Gartenzaun, wo man reingrabscht, Mann, und hinterher gibt's noch 'n Vortrag. Klingt ziemlich gesalbt.«
Greg Wonder: »Was? Worüber geht der?«

Elliot Vance: »Über die Einwirkungen der Sonnenstrahlen auf das Liebesleben der Pflastersteine. Danach gibt's was zu happern.«

*

Elliot Vance: »Mir deucht, das schwirrt ein Geräuschli durch die Luft … oder hast du wieder deine Ost-Uhr um? Oder war das dein Herzschrittmacher?«

*

Elliot Vance im Restaurant zu Greg Wonder, auf ihre Teller blickend: »Das ist der Chefkoch, der sich hier offenbar aufn Teller übergeben hat. Es tut ihm sehr leid, und da hat er ein Blümchen gepflückt, da er gerade an einer öffentlichen Anlage vorbeikam, gelle? Ich bin der Meinung, teurer Vetter, wir sollten den Chefkoch überzeugen, mal seinen Gewürzprüfer in das Fressen zu hängen. Ein hochgeschossener Mensch, nur müssten wir ihn dazu bewegen, sich mal zu verneigen, damit er verkosten kann. Wenn er's nicht freiwillig tut, bleibt nur 'n Tritt in die Nüsse … Tritt mal nach vorne, du Bürstenbinder …«

*

Greg Wonder: »Junge, Junge, wir haben einen Roll Royce!«
Elliot Vance: »Das heißt Rolls-Royce. Darin wird man schon geboren!«

***

Vier Fäuste für ein Halleluja

Trinity (Terence Hill) zu Perla (Yanti Somer) nach dem Abendessen an einem Fluss. Sie kommen sich langsam näher, während Perla das Geschirr abwäscht (für die Romantiker unter den Lesern etwas ausführlicher – die Szene hat Seltenheitswert, nicht nur in Terence' Westernfilmen):

Trinity: »Ja … stimmt wirklich, Sie sind 'ne fabelhafte Köchin. Ich habe gekochte Bohnen noch nie so … wie soll ich sagen … so püriert am Stück genossen!«
Perla (lacht kurz): »Danke!«
Trinity (lehnt sich verstohlen nach hinten und begutachtet das Hinterteil von Perla und murmelt durch die Zähne): »Heh … na ja!«
Perla (schaut in den Himmel): »Ist das nicht fantastisch? So einen schönen Sternenhimmel hat man, glaube ich, sogar hier selten!«
Trinity: »Ja … das kann sein. Die großen sind schön, nicht, die kleineren nicht so.«
Perla: »Ja, das stimmt, ich hab noch nie darüber nachgedacht. Ihr Geheimagenten, ihr wisst aber auch alles!«
Trinity: »Tja, das is so … Wissen Sie, was noch ein absoluter Hammer ist? Dass die Flüsse immer in die gleiche Richtung fließen …«
Perla: »Das wusste ich nicht …«
Trinity (rückt näher): »Und wissen Sie auch, dass … ähh … ich meine, dass Sie und ich … dass wir … na ja, ich meine … wir könnten …«
Perla (erwartungsvoll): »Was?«
Trinity (rückt noch näher): »Ich meine … hmm … ich meine …« (Kuss)

*

Trinity (Terence Hill) springt von seinem Pferd auf den Bock einer Kutsche, dessen Pferde nicht lostraben wollen, und sagt zur Farmerstocher: »Und Hoppikowski … schon sitzt der Schelm … Halten Sie sich gut fest, wir spritzen gleich los wie vom Insekt gestochen …«

*

Bambi (Bud Spencer): »Weißt du, wer das ist? Das ist Wild Cat, ein Falschzockerprofi.«
Trinity: »Und du machst dir in die Hose und hast nur eine mit, he?«

*

Wild Cat fordert Trinity in einer Bar zum Duell:
Wild Cat: »Der Drink, den du brauchen wirst, der geht auf mich. Denn weißt du, Blei im Magen tut weniger weh, wenn es mit Whisky verbunden ist …«
Trinity: »Sieh man an! Gib mal dem Meister mit der schwarzen Krempe 'n Doppelten … dann spürst du gar nichts!«

*

Trinity und Bambi werden am Eingang eines Restaurants aufgehalten:
Türsteher: »Tut mir leid, Gentlemen, ich darf Sie nur reinlassen, wenn Sie Mitglied sind.«
Trinity: »Wir sind mit Glied, ohne hätten wir eine zu hohe Stimme … Versteht er sicher nicht …«

*

Anfangsszene mit vier Ganoven, einer lehnt am Fels und stöhnt vor sich hin:
Trinity: »Was hat er, zieht er Nebenluft? Hat er offene Socken?«
Cowboy: »Nein, er hat kürzlich was vor die Birne gekriegt, das ist ihm nicht bekommen.«
Trinity: »Von wem denn?«

Cowboy: »Ist mit 'ner Wildsau zusammengestoßen.«
Trinity: »Mmh … hat er so richtig was am Scheitel eingefangen, ja?«

***

Das Krokodil und sein Nilpferd
Das Krokodil (Terence Hill) empfängt in einer Holzbaracke an einem See einen Schlägertrupp.
Anführer: »Dieses Gebiet ist vom Staat für Mr Ormond zwangsenteignet worden.«
Das Krokodil: »Wenn du mich noch mal duzt, hau ich dir 'ne Delle in die Gewürzgurke …«

*

Das Krokodil (Terence Hill): »Ach, Mr Ormond, ich nehme an, die Kuverts liegen versehentlich hier drunter. Sicher 'n Pfändungsbescheid vom Gerichtsvollzieher.«
Das Nilpferd (Bud Spencer): »Was is 'n das, 'n Gerichtsvollzieher?«
Das Krokodil: »Das Gleiche wie 'n Korkenzieher. Der zieht nur keine Korken, sondern das Geld aus den Flaschen.«

***

Zwei Missionare
Pater Pedro de Leon (Bud Spencer): »Ich werd sie mal alle in Reih und Glied unter 'n Wasserfall stellen und taufen.«
Pater Blauauge (oder Pater G., Terence Hill): »Dann tauf deinen Bart gleich mit, damit der Gestank rausgeht.«

*

Mario Girotti als Giselher in *Die Nibelungen, Teil 1 – Siegfried* (1966) unter der Regie von Harald Reinl

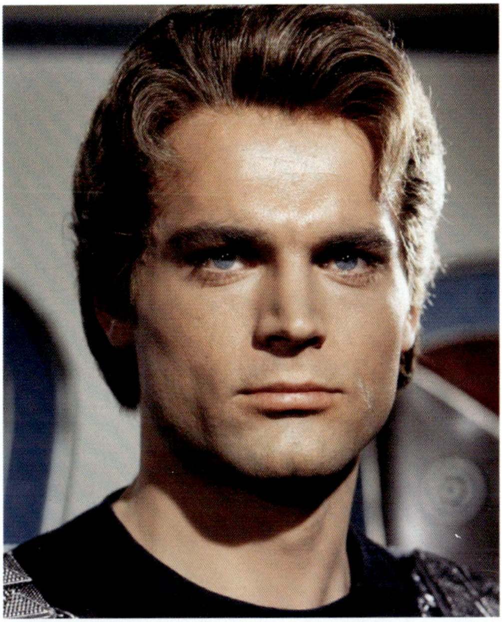

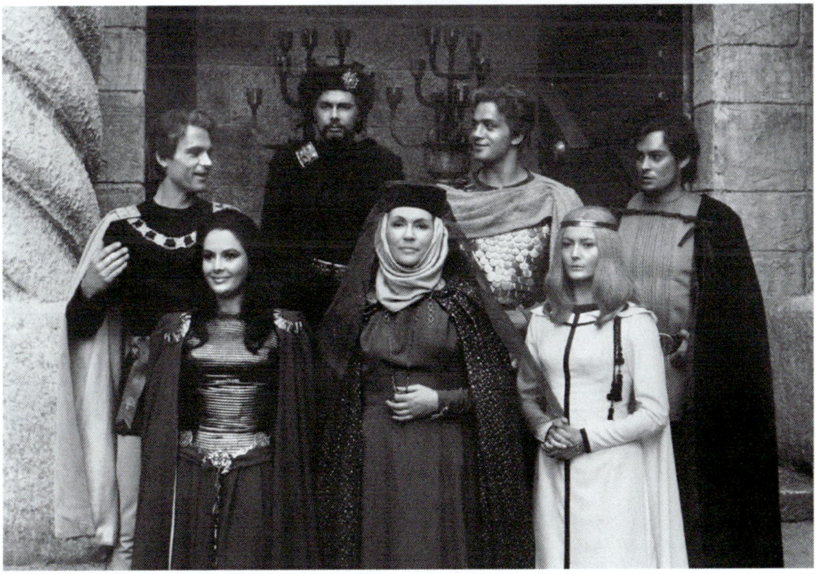

Die Besetzung von *Die Nibelungen, Teil 1 – Siegfried* (1966): Mario Girotti als Giselher, Karin Dor als Brunhild, Rolf Henniger als König Gunther, Hilde Weissner als Ute, Uwe Beyer als Siegfried, Maria Marlow als Kriemhild und Fred Williams als Gernot

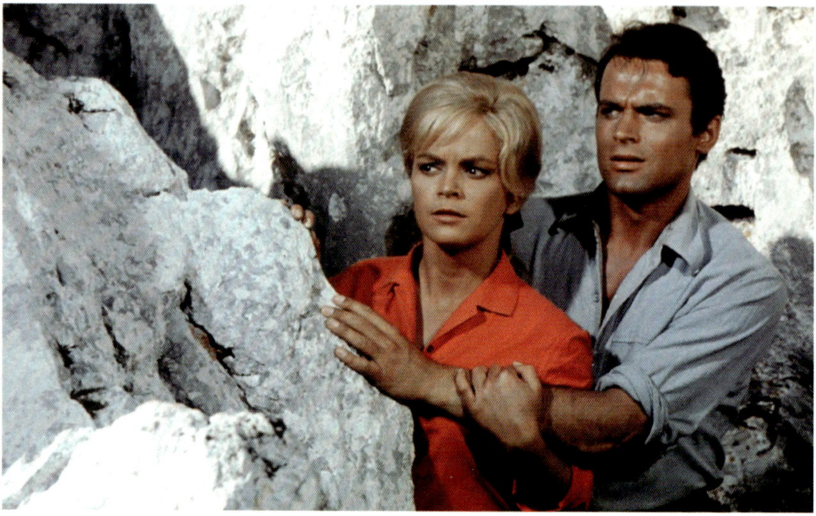

Mario Girotti mit Letítia Román in *Old Surehand* (1965, Regie: Alfred Vohrer), der Verfilmung des gleichnamigen Romans von Karl May

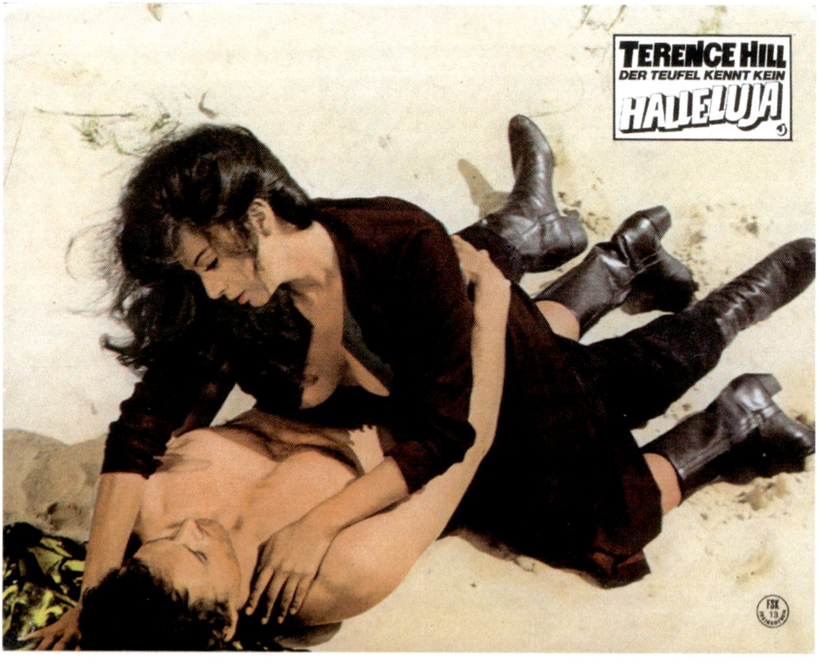

Mario Girotti als Marco in *Der Teufel kennt kein Halleluja* (1969, Regie: Mario Camus) mit Maria Grazia Buccella

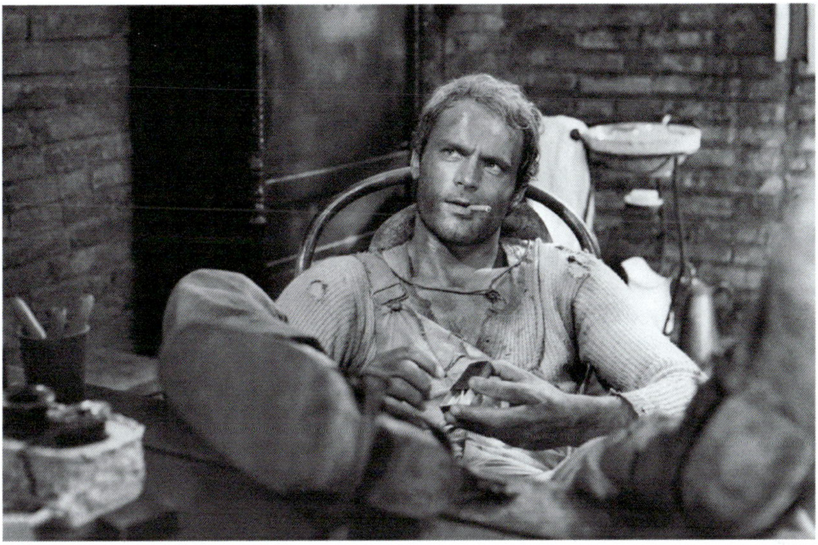

Mit dem neuen Namen kam auch der große Erfolg: Terence Hill in seiner Paraderolle als Trinity in *Vier Fäuste für ein Halleluja*. In diesem Film glänzte er bereits zum sechsten mal im Duo mit Bud Spencer

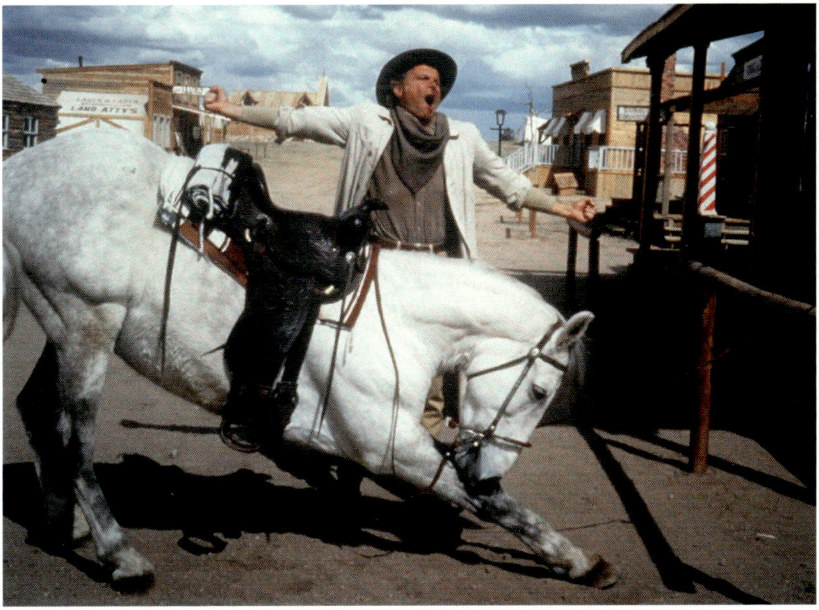

Hill als Lucky Luke im gleichnamigen Film aus dem Jahr 1991, bei dem er selbst Regie führte, mit seinem Pferd Jolly Jumper

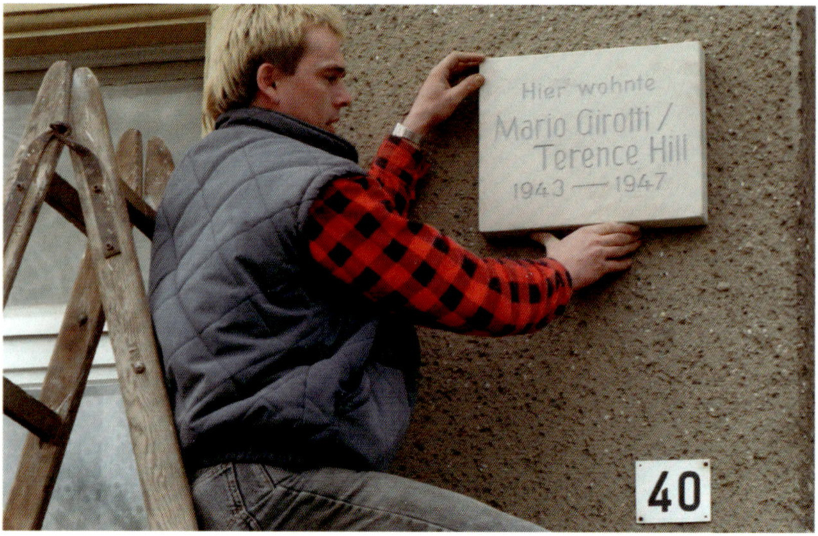

In Lommatzsch bei Dresden wird eine Gedenkplakette an einem Wohnhaus aufgehängt, die besagt, dass Terence Hill von 1943 bis 1947 dort gewohnt haben soll. In Wirklichkeit waren es aber zwei Jahre weniger: von 1943 bis 1945

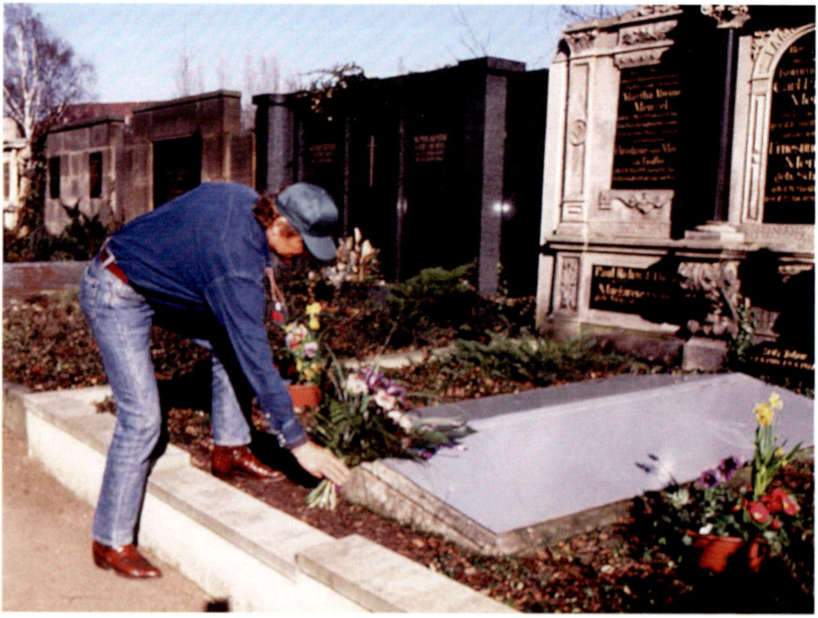

Terence Hill besucht 1995 in Lommatzsch das Grab seiner Großeltern

Terence Hill vor dem Ortsschild von Lommatzsch, wo er eine Stuntshow zu seinem Film *Die Troublemaker* (1994) gab, bei dem er auch Regie geführt hatte

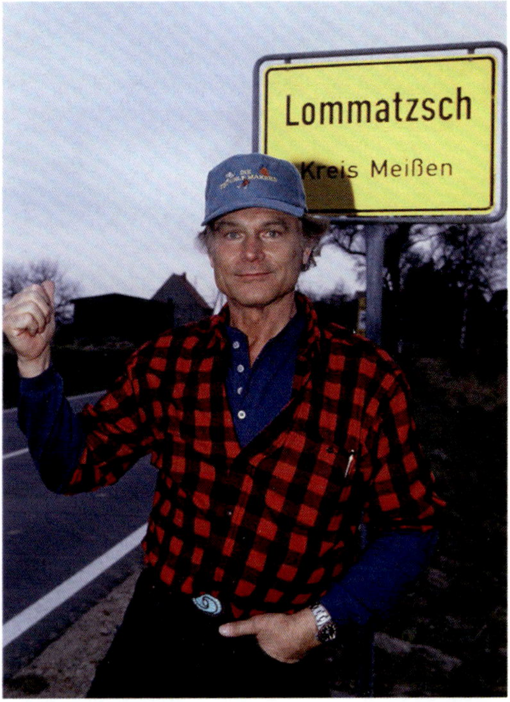

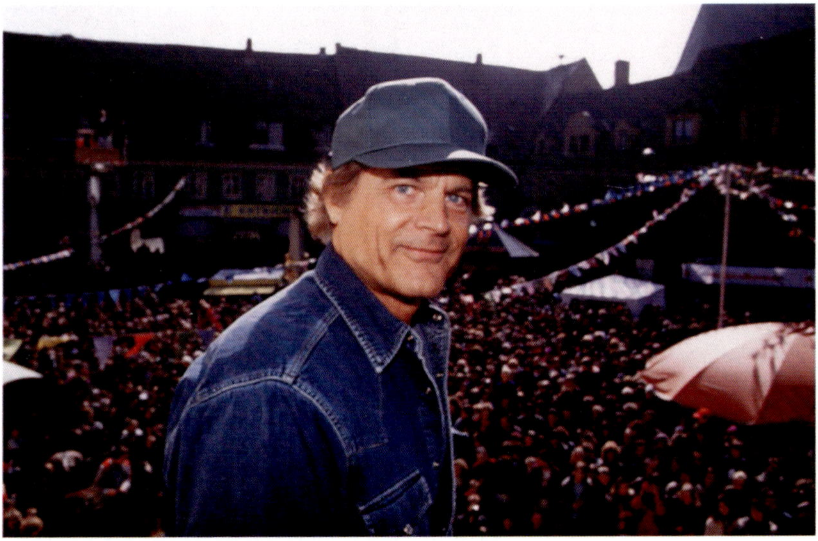

Hill 1995 vor seinen Fans in Lommatzsch

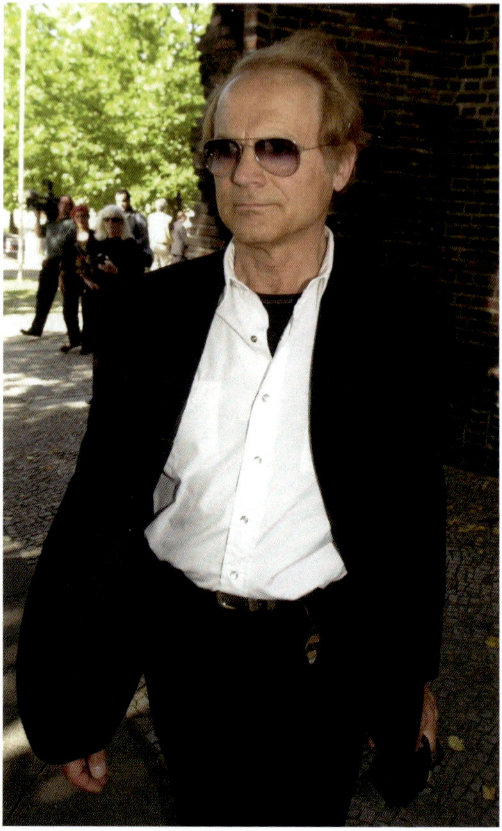

Terence Hill bei der Trauerfeier für seinen verstorbenen Freund und Produzenten Horst Wendlandt 2002 in Berlin

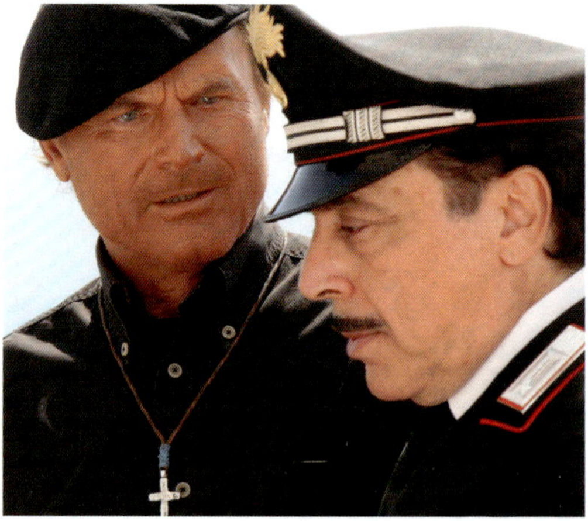

Hill 2009 als Pater Don Matteo in der gleichnamigen Erfolgsserie im italienischen Fernsehen

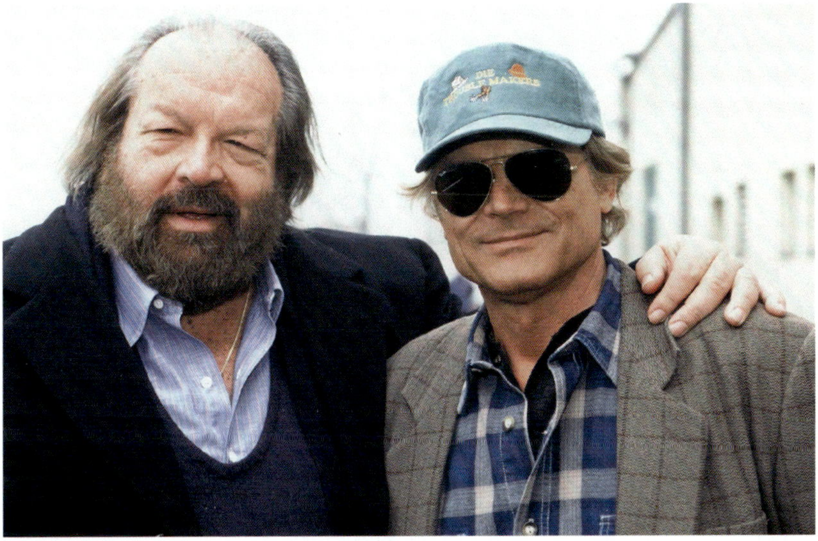

Das legendäre Prügelduo ganz privat: Bud Spencer und Terence Hill alias Carlo Pedersoli und Mario Girotti

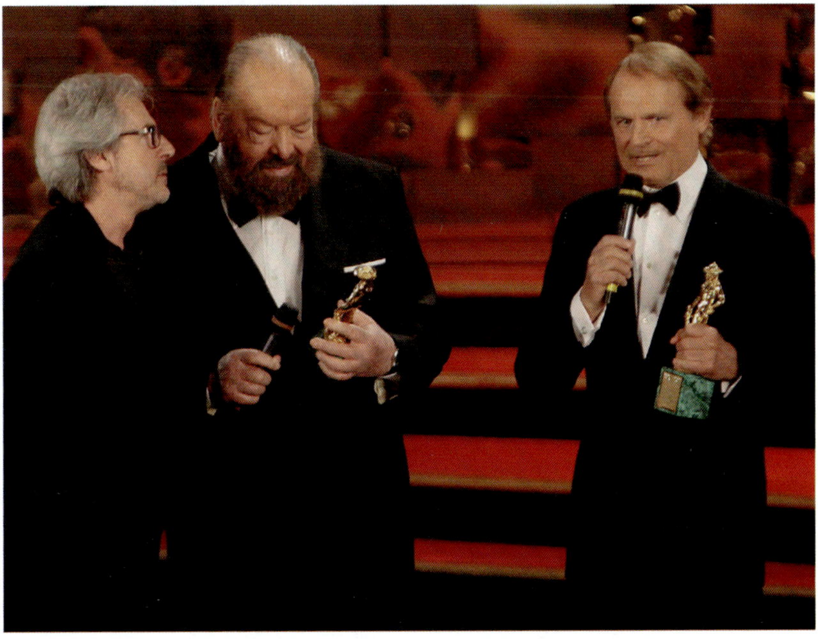

Spencer und Hill bei der Verleihung des italienischen Filmpreises David di Donatello 2010 in Rom mit Tullio Solenghi, dem Schauspieler und Komiker, der durch den Abend führte

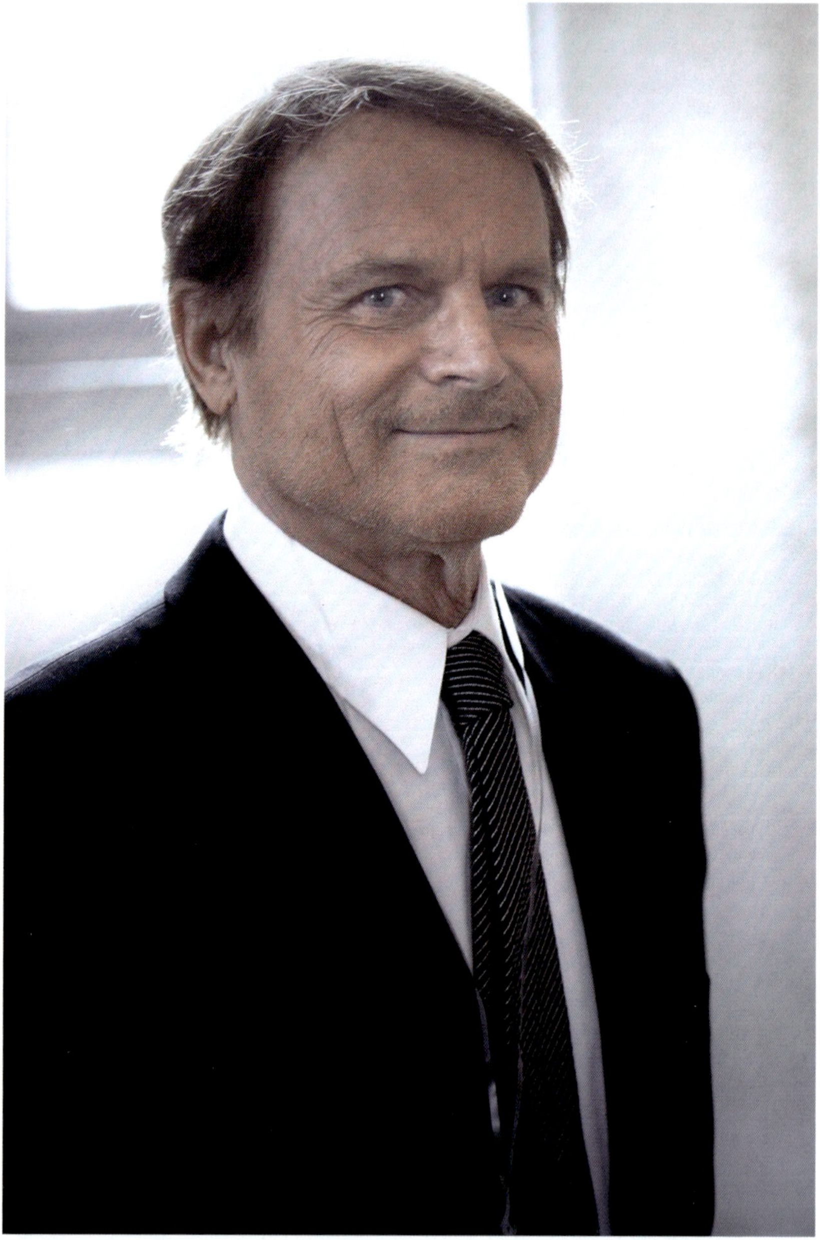

Kirche trifft Kunst: Papst Benedikt XVI. würdigt 2009 in der Sixtinischen Kapelle über 250 Künstler, darunter auch Terence Hill

Pater Blauauge holt bei einer Prügelei zum Schlag aus:
Pater Blauauge: »So, geh dahin mit einem fröhlichen Halle… na, wie hieß es noch …?«
Pater Pedro Leon: »Luja!«

*

Pater Blauauge: »Ehrwürdiger Vater, die Bullen kommen!«

*

Pater Blauauge (zu Bischof): »Man hatte uns gesagt, Eminenz, Sie hätten schon die Löffel abgegeben … ich meine … mit einem Bein im Grabe stehen … dabei seid Ihr das blühende Leben!«

*

Pater Blauauge zu Exsträfling im Dschungel: »Ach übrigens, 78 22, war das alles?«
Exsträfling: »Ja … das heißt: Nein. Ich behalte nur vierstellige Zahlen.«
Pater Blauauge: »Ist auch ’ne erstaunliche Leistung. Aber du sollst ja kein Mathematikprofessor werden.«
Exsträfling: »Warum nicht?«
Pater Blauauge: »Ich weiß nicht. Wenn mir was einfällt, schreib ich dir.«

***

Zwei vom Affen gebissen
Bill San Antonio (Frank Wolff) verrät Django (Terence Hill) kurz vor dem Finale ein Gold-Geheimnis:
Bill San Antonio: »Du bist der Einzige, dem ich es bisher erzählt habe. Möchtest du wissen, warum?«
Django: »Weil ich so schöne blaue Augen habe?«

Bill San Antonio: »Damit hat es auch was zu tun. Ich weiß, dass ich dir vertrauen kann.«
Django: »Über dieses dünne Brett würde ich nicht gehen.«
Bill San Antonio: »Warum nicht?«
Django: »Noch zehn Minuten weiter, und du wirst mich adoptieren, habe ich recht? Ich finde, ich war sehr geduldig, aber jetzt habe ich genug von dir. Wenn ich dir noch 'ne Weile zuhöre, dann bist du der Chef der Säckinger Adventisten – das sind nette Leute, die zu Ostern Marzipanschweine essen und andere kauen lassen.«

***

Zwei vom Affen gebissen (Synchronisationsvergleich)
Butch Bessy (Bud Spencer) trifft an einem Lagerfeuer in den Bergen seinen Freund Cat Stevens (Terence Hill), der auf einem Felsblock lauert, und wirft Geld auf ein offenbar allein begonnenes Kartenspiel (neue Fassung):
Butch: »Ich erhöhe um 2000.«
Cat: »Das könnte dir so passen, Halbfetti.«
Butch: »Ich bin nicht fett, ich bin stattlich. Ich habe 350 Gramm abgenommen.«
Cat: »Ja, in zwei Jahren ...«
Butch: »Spielt keiner mehr mit dir?«
Cat: »Nein, meinen Spielgefährten musste ich auf die Glocke hauen, die haben geschummelt.«
Butch: »Hab schon gehört, hat bis nach Frisco geläutet. Wenn du so weitermachst, werden nur noch die Schakale mit dir spielen.«
Cat: »Ha, nun zerbrich dir doch bloß nicht meine Birne.«
Butch: »Doch, doch, wenn du ein Pflegefall wirst, liegst du mir auf der Tasche.«

Cat: »Du hast Sorgen … ist ja richtig rührend … Na, mein Dickerchen, hat dich die Sehnsucht hierhergetrieben?«
Butch: »Nein, der Westwind.«
Cat: »Na, spuck schon aus …«

*

Gott vergibt, Django nie (Synchronisationsvergleich)
Dieselbe Szene wie oben, nur in der ursprünglichen deutschen Fassung:
Butch*:* »Und noch 1000.«
Cat*:* »Hast du gedacht.«
Butch schweigt.
Cat schweigt.
Butch: »Seit wann spielst du mir dir allein?«
Cat*:* »Was soll ich machen, ich hab keinen Partner.«
Butch: »Hast du was dagegen, wenn ich dir Gesellschaft leiste? Ich bin hundemüde, ich war den ganzen Tag im Sattel.«

***

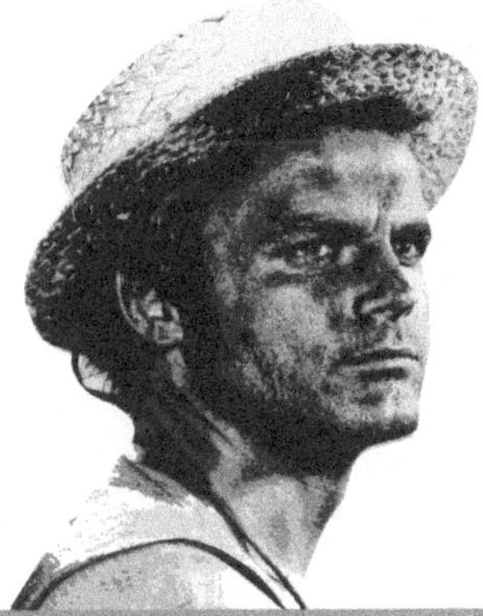

Diese blauen Augen

»Lieber Terence, deine blauen Augen machen mich so sentimental […]. Mit 12 Jahren hast du deinen ersten Film gedreht, und du stehst noch immer vor der Kamera. Für mich wirst du immer der Haudegen bleiben, mit ranzigem Hemd und blonden Haaren, in denen sich der Wildweststaub verfing. Deine Augen sahen noch schöner aus, wenn deine Haut dreckig war vom Ritt durch die Prärie. Damals, Mitte der 70er, als dein Name noch *Nobody* war, konnte man seinen Achselschweiß noch zur Schau tragen, und jeder fand es sexy. Ich fand es sexy. […] Meine Liebe für deine blauen Augen ist auch nach all den Jahren nicht verblasst. Ich hoffe, sie noch oft auf der Leinwand sehen zu dürfen, und es ist auch ganz egal, wie viele Falten um sie herumtanzen. […]«[74] Auszüge aus dem flammenden »Liebesbrief an einen Halbsachsen«, der anlässlich des 70. Geburtstags von Terence Hill Ende März 2009 in der *Frankfurter Rundschau* veröffentlicht wurde. Verfasst wurde er von einer Journalistin, die locker seine Tochter sein könnte.

Angesichts so offener und uneingeschränkter Zugewandtheit für einen staubigen Leinwand-Hallodri in ranziger Kluft kann Mann vor Neid nur erblassen – ganz gleich, ob nun blauäugig oder nicht. Und das umso mehr, weil Frauen in der Regel ihren Männern – wenn diese verdreckt und verschwitzt nach Hause kommen und sich dabei genauso herrlich cool fühlen wie Nobody – meist sofort gründlich den Kopf waschen, ohne dass dieser in irgendeiner Weise sauberer werden würde. Terence Hill hingegen scheint bisweilen eine Begeisterung auszulösen, die fast vermuten lässt, das zarte Geschlecht würde in Nobodys Schweiß gar freiwillig baden und womöglich am Ende auch noch glatt dafür bezahlen.
Es gibt viele faszinierende Typen, die mit ihren blauen Augen der Welt den Kopf verdreht haben – Paul Newman zum Beispiel, Steve McQueen, Robert Redford, Alain Delon, Jim Morrison, Sean Penn, Daniel Craig, Jake Gyllenhaal oder Jude Law, um nur die Spitze eines gewaltigen Eisbergs zu nennen. Aber es findet sich kaum einer darunter, dessen Augen so viel Aufmerksamkeit auf sich gezogen haben wie die von Terence Hill. So viele Jahre wurde so unendlich viel über Terence Hills Augen geredet und gemunkelt, dass bisweilen sogar niederträchtige Spekulationen und Vermutungen wie das Tragen farbiger Kontaktlinsen aufkamen.
Doch was macht nun ausgerechnet diese Seelenfenster so anziehend? Neben ihrer Farbe ist es mit Sicherheit der Blick der Figuren sowie dessen neuartige Inszenierung in den ersten großen Italowestern. Und bevor da von Terence Hill geredet wird, muss zuerst der Name Franco Nero fallen, den Regisseur Sergio Corbucci mit seinem Kinohit *Django* 1966 zum Superstar machte. »Sergio liebte meine blauen Augen. Er sagte immer: ›Leuchtet mir diese kleinen blauen Seen immer gut aus, die bringen mir eine Menge ein‹«,[75] verriet Nero auf einer Promotiontour mit Bud Spencer für den Film *Mord ist mein Geschäft, Liebling* 2009 in Deutschland. Franco Nero war ursprünglich auch der Schauspieler gewesen, der

von Enzo Barboni, der bei *Django* die Kamera führte, die Rolle des Müden Joe übernehmen sollte. Als Nero wegen anderer Verpflichtungen die Rolle bei *Die rechte und die linke Hand des Teufels* ausschlug, hatte Barboni zunächst an Peter Martell gedacht, dem dann ja Terence Hill erneut zuvorkam.

Nachdem Starregisseure der Italowestern wie Leone und Corbucci die Augen ihrer Helden mit der Kamera besonders ins Visier nehmen ließen, erkannte bei Terence Hill als Erster Giuseppe Colizzi das große Potenzial, das in ihnen steckte: ein Augenpaar, das, ohne mit der Wimper zu zucken, horizontal von einer 10 bis 15 Meter breiten und 5 Meter hohen Leinwand herunter ins Publikum schaut. Dass Terence Hill und seinem ernsten Blick schon in den ersten Western das Zornige eines Clint Eastwood, das Maschinenhafte eines Charles Bronson oder das Emotionslose eines Henry Fonda völlig abging, macht einen wesentlichen Unterschied zwischen den Schauspielern aus. Seinen drei Kollegen fehlte wiederum die ganz entscheidende Voraussetzung: aquamarinblaue Augen, die im Fall von Terence in den schummrigen Einstellungen der Italowestern unter seiner Hutkrempe inmitten eines wohlgebräunten, verführerisch mit Präriestaub gepuderten Gesichts zu zwei feurigen, funkelnden Aquamarinen werden, um die ihn jeder einfach nur beneiden kann.

Ein echter Peter Pan

Selbst in diesen damals noch wenig komödiantischen Western von Giuseppe Colizzi Ende der 60er-Jahre wiesen die kleinen Grübchen um die zwei brillanten Schmuckstücke schon überdeutlich auf das helle Gemüt des venezianischen Adonis mit deutschen Wurzeln hin, das später dann auch seine Rollen von Kopf bis Fuß ausstrahlen würde. Ihr Blick hat stets etwas Neckisches, Fröhliches und eine anziehende Leichtigkeit, manchmal auch vor Selbstbewusstsein Strotzendes und eine Eindringlichkeit, der jedoch jede Spur von unangenehmer Aufdringlichkeit fehlt. Die Frauen in den Filmen werden meist auf einem gewissen Mindestabstand gehalten, was den Reiz seiner Figuren aber eher noch erhöht. Dieser Blick ist es, der wie seine Augen zu einem Markenzeichen von Terence wurde.

Einige der schönsten bekannten Szenen, in denen all diese Eigenschaften versammelt sind und die sich uns über die Netzhaut ins Gedächtnis eingebrannt haben, entstanden 1971 in der zweiten Westernkomödie von Terence Hill und Bud Spencer: *Vier Fäuste für ein Halleluja.* Nicht nur die Damen bekommen weiche Knie bei den Turteleien zwischen Bandit und Farmerstochter im Planwagen, im staubigen Leinwand-Santa-Fe und in lauschiger Sommernacht am Fluss, denn an der Seite des damals 32-jährigen Schauspielers ist die ebenfalls ausgesprochen aparte Yanti Somer zu sehen. Die Finnin war zu dem Zeitpunkt Anfang 20, und ihre Augen können es fast mit denen von Terence Hill aufnehmen. Aber eben auch nur fast. Als Trinity hat der charmante Strahlemann sich und seinen Augen selbst ein Denkmal gesetzt. Und mit der Figur des Nobody hat er ohne Flirtfaktor durchblicken lassen, dass auch schon richtig große Jungs noch immer Spaß am Spielen haben können.

Nicht zufällig ist es Tonino Valerii gewesen, der Regisseur des ersten Leone-Hill-Streifens, der das Erscheinungsbild des Schauspielers treffend beschrieb. »Terence Hill ist Peter Pan, eine Figur, die nicht erwachsen werden will. Einer, der noch immer eng verbunden ist mit den Werten der Kindheit und ihren Märchen.«[76] Der Vergleich bezog sich zwar auf Terence Rolle in *Mein Name ist Nobody.* Doch scheint die Beschreibung so gut wie kaum eine andere auf die komödiantischen Figuren und auch auf den Schauspieler selbst zu passen.

Eine wunderschöne Szene aus dem wirklichen Leben Terence Hills, die dem deutschen Publikum hingegen vorenthalten blieb, ereignete sich in einem der extrem seltenen langen Interviews, das Hill 2009 in der italienischen Talkshow *L'era glaciale* (übersetzt »Die Eiszeit«) gab. Die Moderatorin Daria Bignardi, die vom Typ her Maybrit Illner ähnelt, fragte Hill, ob er glaube, dass sein Leben genauso verlaufen wäre, wenn er dunkle Augen hätte. Mit einem charmanten Kompliment brachte er die sonst so souveräne Moderatorin für einen Moment leicht aus der Fassung: »Ich glaube nicht, dass es von der Farbe der Augen abhängt, ob sie einem gefallen oder nicht, sondern wie man seine Rolle spielt. Beim Schauspielern denke ich sehr über die Dinge nach, bevor ich sie tue, und wenn man das gut macht, dann überträgt sich das über die Augen auf die anderen Schauspieler, mit denen man in einer Szene auftritt – und damit auch auf den Zuschauer. Eigentlich sollte ich das nicht sagen – aber Ihre Augen zum Beispiel sind braun und wunderschön, auch weil Sie sehr genau demjenigen zuhören, der Ihnen gegenübersitzt. Es gibt viele verschiedene Typen von Augen. Aber Ihre sind etwas ganz Besonderes.« Die Verwunderung kann man sich vorstellen, als die sonst so professionelle Moderatorin sich ein verlegenes Lächeln nicht verkneifen konnte und ihr sogar fast der falsche Name über die Lippen gekommen wäre: »Und das sagt mir Bud ... – Terence Hill ... wegen dieser Dinge lohnt es sich, diesen Beruf zu machen, weil dir dann solche Sachen passieren!«[77]

Fit wie ein Turnschuh

Zu den physischen Auffälligkeiten zählt zweifellos noch ein weiterer Punkt, der Terence von vielen seiner ähnlich berühmten Kollegen angenehm abhebt, weil die anderen meistens entweder zu viel oder zu wenig davon haben: seine Athletik. Szenen, die dies belegen, gibt es wie Sand am Meer. Eine aber sticht auf besonders nette Art und Weise unter all den anderen hervor. Am Anfang von *Das Krokodil und sein Nilpferd* turnt Terence mit der Leichtigkeit eines Florian Hambüchen am elefantenfußdicken Ast eines fetten Affenbrotbaums mitten in der kargen, flachen südafrikanischen Steppe. Schließlich schwingt er sich aus etwa 5 Meter Höhe von diesem metallicgrauen, walgroßen Ungetüm hinab und landet sicher auf dem Boden. Haltung: Bestnote.

Seine Physis hat er von seinem sportlichen Vater geerbt, wiegelt er bescheiden ab, wenn ihm für seine außergewöhnliche Konstitution ein Kompliment gemacht wird. Doch Sport spielte im Leben von Terence Hill immer eine besondere Rolle. Und zwar ganz sicher nicht in Form eines Personal Trainers, der ihm Eiweiß- und Vitamincocktails mixt oder mit extraweichen Frotteetüchern hinterherläuft. Er wird auch nicht in eines jener hochmodernen Fitnessstudios gehen, wo ihm immer wieder von Neuem erklärt wird, welche Muskeln er wie zu bewegen hat, um diesen oder jenen gewünschten Effekt zu erzielen. Sport ist für ihn eine sehr bodenständige und vielseitige Angelegenheit, aus Spaß an der Freude geboren. Ein elementarer und wichtiger Bestandteil seines Alltags, den er braucht, um sich richtig wohlzufühlen.

Seine ersten richtigen Schwimmzüge machte Terence Hill noch als Mario Girotti im sächsischen Lommatzsch während des Zweiten Weltkriegs an der Seite seines Bruders Odoardo. Dieser Bruder war es auch, der ihn später in Rom mit in die Società Sportiva Lazio Nuoto nahm. Dann kam Geräteturnen hinzu – Barren, Reck, Pferd und Ringe –, das volle Programm, das eisenharte Selbstdisziplin erfordert und als perfektes Training für einen ausgewogen athletischen Körper gilt. Geräteturnen ist damit auch jene Sportart, die Terence Hill mit Abstand am meisten für seine Rollen als Prügelkomödiant genutzt hat. Das Turnen hat seine kräftigen

Hände und Unterarme geformt und ihm eine drahtig-muskulöse Figur verliehen, die er sich trotz seiner mittlerweile deutlich über 70 Jahre bis heute bewahrt hat – und von der selbst junge Schauspielerinnen, die mit ihm zusammenarbeiten, immer wieder beeindruckt berichten. Bis er erwachsen war, kam darüber hinaus noch eine ganze Reihe anderer Sportarten hinzu: Fechten, Reiten, Kanufahren, Skilaufen und Joggen. Und an Drehtagen bereitet Terence Hill sich oft vor Arbeitsbeginn mit langen Yoga-Sitzungen auf seine Einsätze vor.

Terence Hill ist ein passionierter Sportler, dem eigentlich jede Art der körperlichen Betätigung gefällt. Doch nichts mag er so sehr wie das Reiten. Für ein eigenes Pferd, das regelmäßig bewegt und gepflegt werden will, hat die Zeit des Schauspielers jedoch nie ausgereicht. Insbesondere während seiner Jahre als gefeierter Kinostar jettete er oft für die Arbeit von einem Kontinent zum anderen. Doch durch die vielen Western, die er als junger Schauspieler drehte, kam er immer wieder mit Pferden in Berührung.

Wenn ihn jemand auf seine große Leidenschaft anspricht, erzählt er immer wieder gern von seinem schönsten Reiterlebnis, das er in den 60er-Jahren hatte, als er nach Deutschland zurückgelehrt war, um mit Horst Wendlandt die Karl-May-Filme zu drehen. In jene Zeit fielen auch die viermonatigen Aufnahmen für *Die Nibelungen* von Artur Brauner, die als Zweiteiler 1966 und 1967 im ehemaligen Jugoslawien unter der Regie von Harald Reinl entstanden. Hill hatte darin nur eine Nebenrolle und somit entsprechend viel Leerlauf, den er vor allem auf Pferderücken verbrachte. »Andere sagen mir, dass ich mich verwandele, wenn ich reite, und ich sage dann einfach: ›Ja, ich bin glücklich.‹ Ich habe angefangen zu reiten, als ich zwölf Jahre alt war. Bei den Dreharbeiten von *Die Nibelungen* war die jugoslawische Armee mit ihren Pferden dabei, und jeden Morgen mussten wir mehrere hundert Pferde in einem einstündigen Ritt

zum Drehort bringen. Wir mussten einen großen Angriff drehen, und ich erinnere mich, dass niemand mehr in der Lage war, die Pferde zu bremsen! So etwa wie bei *Krieg und Frieden* in dem berühmten Angriff von Rostow, der über viele, viele Seiten beschrieben wird«, erzählt der Schauspieler in der Talkshow von Daria Bignardi. Und vielleicht sind es ja deren braune Augen gewesen, die ihn bei der Beantwortung ihrer Frage, ob er lieber als Mensch oder als Pferd wiedergeboren werden würde, etwas zu lang zögern ließen, bevor er dem Menschen den Vorzug gab.
Die Beziehung zwischen Pferd und Mensch sei merkwürdig, sagt Terence: »Es gibt eine indianische Legende, die den Charakter der Pferde und ihre Verbindung zu den Menschen treffend beschreibt und die besagt, dass der Schöpfer den Menschen drei Haustiere gegeben hat: den Hund, die Katze und das Pferd. Die Funktion des Pferdes ist jene, dem Menschen Vertrauen zu geben. Ich glaube, dass Menschen, die schon von sich aus ein bisschen Vertrauen haben, die besondere Verbindung mit den Pferden spüren, weil das Pferd Vertrauen in den Menschen hat – es lässt ihn auf seinen Rücken, es lässt sich reiten. Seine Funktion ist, dass der Mensch sich mit ihm gehen lässt und Vertrauen hat.«[78] Die akrobatischen Sporteinlagen von Terence Hill beeindrucken nicht zuletzt auch deswegen mehr als die der meisten anderen Schauspieler, weil er sich wie Bud Spencer in der Regel für die meisten Actionszenen nicht doubeln lässt, auch nicht bei den Prügeleien.

Doch ganz gleich, wie lässig, vergnügt und locker er dabei wirkt und den Eindruck des kernigen Hippie-Cowboys erweckt, der mit allem und jedem machen kann, was er will: Wer glaubt, der Haudegen leere auch privat gern riesige Whiskygläser in einem Zug, ist auf dem Holzweg. Denn Whisky – wie er ihn sich für jene Barszene in *Mein Name ist Nobody* in vier Gläsern mit Wasser mischen ließ, damit es realistisch aussieht, wenn er eines nach dem anderen austrinkt, hinter sich wirft und zerschießt – gehört wie alle anderen alkoholischen Getränke zu den Dingen, die nicht auf seiner Genussliste stehen. Im wahren Leben ist Terence Hill eher ein Gesundheitsapostel, der sich aus nichts weniger macht als aus einem Glas Whisky. Er zieht es seit jeher vor, frühmorgens aufzustehen, joggen zu gehen und neben Alkohol auch auf Nikotin zu verzichten. Eine gesunde Ernährung ist ihm sehr wichtig, wobei er großen Wert auf die Einfachheit und Ursprünglichkeit der Lebensmittel legt.[79]

Die Girls aus Germany

Welche Wirkung Terence Hills Augen auf die Frauen während seines Schauspielengagements in Deutschland hatten, ist nur oberflächlich bekannt. Wer die Schilderungen von seinen Kollegen aus jenen Jahren kennt (siehe Kapitel »Rückkehr nach Deutschland«), wird seine Augenbrauen bei der Lektüre einer *Bravo*-Ausgabe von 1973 auf alle Fälle nach oben ziehen, denn dort wird breit über seine allgemeine Schwäche für Mädchen und noch breiter über seine besondere Schwäche für deutsche Mädchen berichtet. So habe er auch seine Filmküsse mit Karin Dor in *Die Nibelungen* und mit Elke Sommer in *Unter Geiern* »nie vergessen«. Jedenfalls sei Mario – wie er ja damals noch hieß – »oft in duften Diskotheken und Abendlokalen« gesehen worden. »Ich steh auf deutsche Mädchen. Sie sind für mich die hübschesten in ganz Europa. Lange Beine, blonde Haare. Am liebsten würde ich ein Girl aus Germany heiraten«,[80] notierte ein *Bravo*-Reporter Mitte der 60er.

Wenn es denn eine Reporterin war, die Terence Hill damals aus Anlass der Deutschlandpremiere von *Zwei Himmelhunde auf dem Weg zur Hölle* in München traf, müssen seine blauen Augen die Dame ganz schön durcheinandergebracht haben. Terence hat nämlich weder Karin Dor in

Die Nibelungen (und auch nicht bei *Winnetou 2,* zumindest nicht im Film) noch Elke Sommer in *Unter Geiern* geküsst. Letztere lebt heute in Los Angeles und ist nicht mal in einer einzigen Szene mit Terence Hill zu sehen, weswegen sie auch »leider keine besonderen Erinnerungen an Mario« habe. Vielleicht lag es ja auch daran, dass alles schon fast ein Jahrzehnt zurücklag, als der Bericht unter der Überschrift »Der müde Joe macht Mädchen munter« für das berühmte Jugendmagazin entstand.

Was die Echtheit der Augenfarbe von Mario Girotti alias Terence Hill betrifft, hatte zumindest Karin Dor niemals irgendwelche Zweifel. »Das, was ich allerdings nie verstanden habe, ist, warum er sich dann später seine schönen dunkelbraunen Haare hat blond färben lassen.« Augenfarbe hin, Haarfarbe her: Von der *Bravo*-Titelseite blinzelt der Boy aus Italy 1965, 1966 und 1967 dreimal mit dunkelbraunstem, fast schwarz erscheinendem Schopf, nur 1966 hat er blondes Haar, da er in jener Zeit den Bruder des Burgunderkönigs Gunter in *Die Nibelungen* gegeben hatte. Wenn also überhaupt irgendetwas nicht echt an Terence Hill sein sollte, dann ist es wohl die Farbe seiner Haarpracht, die auch heute trotz seiner fast 75 Jahre noch immer in auffallend jugendlichem Blond leuchtet.

Loris Augenblick

Zum Weihnachtsfest des Jahres 1966 gab es in Rom ein großes Verwandtentreffen, erinnert sich Henning von Birckhahn – jener Cousin, mit dessen Familie Terence 1945 die letzten zwei Kriegsmonate auf einem kleinen Bauernhof in der sächsischen Provinz vor den heranrückenden Russen Schutz suchte. »Eine Sache, an die ich mich noch genau erinnern kann, ist ein langer Rundgang, den wir Weihnachten von Kirche zu Kirche gemacht haben. Die Männer auf den Bänken saßen da und lasen alle Zeitung, während die Frauen Rosenkränze beteten und die Mädchen Hüpfekästchen spielten. Und ständig wogte eine Menge von Krippenspiel zu Krippenspiel.«

Es wurde ein besonders schönes Weihnachtsfest, die Stimmung war prächtig, denn die Familie hatte sich eine Menge Neuigkeiten zu erzählen. Terence, den sowohl seine Brüder als auch die Cousins und Cousinen noch heute Mario nennen, war gerade aus Deutschland zurückgekehrt, nachdem er die beiden Nibelungen-Filme zu Ende gedreht hatte, von denen der erste Teil kurz vor Weihnachten in den deutschen Kinos angelaufen war und der zweite Teil im März 1967 folgte. Mit dabei war auch die hochbetagte Mutter von Hills Vater, »die damals sogar noch für alle gekocht hat«, erzählt von Birckhahn. Und auch für Girolamo Girotti hatte sich inzwischen eine entscheidende Veränderung ergeben: Ein Jahr zuvor hatte Terence' Vater eine neue Frau kennengelernt, die nun an seiner Seite lebte. Die Dame war ebenfalls nicht nur Deutsche, sondern stammte wie seine 1956 so jung verstorbene Frau zufälligerweise auch aus dem Osten Deutschlands, genauer gesagt aus Thüringen. Und zufälligerweise hieß sie mit Vornamen auch Hildegard. Girolamo Girotti und Hildegard Schott heirateten dann auch zwei Jahre später.

Mit von der Partie war auch Henning von Birckhahns Schwester Sybille, die heute Görg mit Nachnamen heißt und nicht weit entfernt von ihrem Bruder bei Goslar ebenfalls am Harz lebt. »Ich hatte in jenem Sommer eine Urlaubstour nach Italien gemacht und bei der Gelegenheit einfach mal bei meinen Cousins vorbeigeschaut«, erinnert sich die Cousine von Terence. Engen Kontakt gab es bis zu jenem Zeitpunkt nicht, erzählt sie, und neben Odoardo und Piero sei Mario eben einfach »der berühmte Vetter in Italien« gewesen.

Der Besuch bei den Girotti-Brüdern in Rom entwickelte sich für Sybille ziemlich schnell zu einer unerwartet großen Überraschung – und dies lag keinesfalls an Terence. Denn Sybille von Birckhahn verliebte sich in den jüngsten ihrer drei Cousins, fand einen Job als Lehrerin an der deutschen Schule in der italienischen Hauptstadt und war mit Piero sechs Jahre lang verlobt, bevor sie 1973 allein wieder nach Deutschland zurückkehrte.
Oft hat sie Terence in jener Zeit nicht gesehen, er war ja ständig unterwegs bei irgendwelchen Drehs, weswegen sie ganz am Anfang auch bei ihrem Onkel Girolamo Girotti wohnte. Doch schon kurz nach ihrer Ankunft zog Sybille von Birckhahn in eine eigene Wohnung. Und dort organisierte sie mit Piero dann auch im Frühjahr 1967 ein Abendessen, das Terence' Leben für immer verändern sollte. »Zu jener Zeit wohnte bei mir seit zwei, drei Monaten eine Freundin, die ich über einen Freund von Piero kennengelernt hatte. Sie heißt Lori Zwicklbauer, eine Amerikanerin mit deutschen Wurzeln. Zu dem Abendessen haben wir dann auch Mario eingeladen. Und als die beiden sich dann in meiner Wohnung kennengelernt haben, da hat's sofort gefunkt zwischen ihnen. Es war Liebe auf den ersten Blick.«
Der Moment, in dem sich die beiden zum ersten Mal bei Sybille Görg begegneten, hat auch für seine Karriere einen ganz besonderen Stellenwert. Terence war nach seiner Rückkehr aus dem knapp dreijährigen »Schauspielerexil« in Deutschland sehr umtriebig und hatte bis Mitte 1967 schon drei Filme in Italien gemacht, zuletzt *Little Rita nel West*, wofür die Dreharbeiten gerade abgeschlossen waren. Die zwei Jahre jüngere Lori Zwicklbauer, geboren und aufgewachsen in den USA, lernte Terence genau zu der Zeit kennen, als seine Schauspielerkarriere den bislang kräftigsten Schub überhaupt bekam: Giuseppe Colizzi hatte ihn gerade erst für den Western *Gott vergibt – Django nie* engagiert, den ersten Film mit Bud Spencer als Partner. Kurz entschlossen nahm Terence Hill Lori als

seine englische Dialogtrainerin mit zum Set nach Spanien. Und in der andalusischen Sommerhitze der Wüste von Tabernas wurde schnell klar: Die zwei sind nicht zu bremsen. Nur zwei Monate später heiratete Terence Hill am 23. Juli 1967 Lori Zwicklbauer.

Dass ihr Cousin und Lori sich so wenig Zeit ließen und sofort heirateten, hat sie indes nicht überrascht, gesteht Sybille Görg. »Ganz im Gegenteil: Ich fand das toll! Mario hatte damals nur oberflächliche Freundschaften mit Frauen, Geschichten mit Schickimicki-Tanten, die sich auf Partys ergaben. Das war nichts Ernstes. Und außerdem suchte Mario sowieso etwas Solides, eher einen mütterlichen, intellektuellen Typ. Einen Typ wie Lori, warmherzig und humorvoll.« Die beiden haben von Anfang an gut zueinandergepasst, sagt die Cousine. »Mario ist zwar ein introvertierter Typ, der schon damals immer in Holzfällerhemden rumgelaufen ist. Aber er ist sehr sozial eingestellt, genauso wie sein Vater und seine beiden Brüder. Und auch Mario hatte schon immer sehr viel Humor. Früher in Amelia, als er Messdiener in einer Kirche war, hat er sogar Schabernack mit dem Priester getrieben und ihn während des Gottesdienstes an den Füßen gekitzelt.«

Auf diese Weise veränderte sich das Leben von Terence Hill in Windeseile komplett. Danach rückten seine blauen Augen in noch unerreichbarere Ferne für all jene weiblichen Verehrerinnen, die damals in ihn vernarrt waren.

Bayerische Familienwurzeln

Von diesem Augenblick an waren das bekannteste Blauauge der Welt und seine Angetraute unzertrennlich. Zwei Jahre später, am 7. November 1969, wurde Sohn Jess geboren. Vier weitere Jahre später erfüllten sich

Terence und Lori den lang gehegten Wunsch eines zweiten Kindes, das sie adoptierten – und zwar in Bayern. Die Adoption kam auf direkte Vermittlung von Filmproduzent Horst Wendlandt zustande, der seinerzeit gerade Sergio Leone bei den Dreharbeiten von *Mein Name ist Nobody* als Koproduzent finanziell unter die Arme griff. Für den Freundschaftsdienst für Terence indes nutzte er seine Verbindung zu einem jungen, aufstrebenden CSU-Politiker, der gerade in den Münchner Stadtrat gewählt worden war: Peter Gauweiler. Der damals 23-jährige angehende Anwalt, der bereits in der CSU-Landesleitung mitmischte, war vor allem für die Herstellung und Pflege von Kontakten zwischen Partei sowie der Medien- und Filmwelt zuständig. Mit Gauweilers Hilfe adoptierten Terence Hill und Lori Zwicklbauer einen Jungen aus Bayern und ließen ihn auf den Namen Ross taufen.[81]

Mit Lori hat Terence zwar eine Amerikanerin geheiratet, doch sein Wunsch, ein »Girl aus Germany« zu bekommen, ist trotzdem in Erfüllung gegangen. Denn Loris Eltern waren Deutsche mit bayerischen Wurzeln. Ihr Vater stammte aus der kleinen niederbayerischen Gemeinde Obergessenbach, einem Ortsteil der fünf Kilometer entfernten Stadt Osterhofen im Landkreis Deggendorf. In Obergessenbach leben auch heute noch ihre Cousine Margitta Moosauer und Cousin Georg Zwicklbauer, der eine Bäckerei betreibt. »Loris Vater ist der Bruder von meinem Vater«, erklärt dieser. »Ihre Eltern sind damals ausgewandert in die Staaten. Mein Onkel ist früh gestorben, die Mutter hat Lori allein großgezogen. In den 60er-Jahren ist sie dann nach Europa gekommen, um als Dolmetscherin zu arbeiten.«

Terence und Lori kommen auch immer wieder mal zu Besuch nach Niederbayern, berichtet Zwicklbauer. Zuletzt waren sie Weihnachten 2010 dort – mit Sohn Jess, dessen Frau und Kind. »Natürlich wissen die meisten hier in Obergessenbach, dass eine Tochter der Stadt Terence

Hill geheiratet hat. Aber im Großen und Ganzen verläuft alles ziemlich ruhig, wenn Terence und Lori hier sind.« Es spreche sich natürlich gleich schnell herum, wenn er da ist, und auch beim letzten Mal hätten ihn noch am Abend der Ankunft ein paar Autogrammjäger in dem Hotel aufgesucht, in dem er logierte. Ansonsten aber sei der Besuch von Terence »zwar eine wunderbare Sache, aber auch ein ganz normaler Verwandtenbesuch«, sagt Zwicklbauer. »Überhaupt ist der Terence ja ein ganz ruhiger, normaler Mensch geblieben, trotz seines großen Erfolgs, das ist schon beeindruckend. Einmal habe ich ihn beim letzten Treffen mit zu mir in die Backstube genommen und ihm gezeigt, wie ich Brezen backe. Das kennt der Terence ja überhaupt nicht, und es hat ihm wahnsinnig gut gefallen.«

Georgs Schwester Margitta Moosauer ist aus allen Wolken gefallen, als sie nach der Hochzeit, bei der sie nicht dabei sein konnte, erfuhr, wen ihre Cousine aus Amerika da eigentlich geheiratet hat. »Als eine meiner Tanten, die überhaupt alle in der Regel immer sehr gut informiert sind, aus Rom zurückkam, warf sie einfach eine *Bravo* bei mir daheim auf den Tisch und sagte nur kurz: ›Den hat sie geheiratet.‹ Das hat mich natürlich umgehauen, denn auf der Titelseite war Mario Girotti zu sehen. Ich kannte ihn selbstverständlich schon gut aus *Ruf der Wälder* und den Karl-May-Filmen.« Und wie bei der Verkündung einer besonderen Botschaft redet sie plötzlich bedächtig langsam und hebt bedeutungsvoll ihre Stimme: »Damals, am Anfang, da war er ja auch noch ein ganz schwarzhaariger Italiener …«

Dass es in dem kleinen niederbayerischen Flurflecken keinen großen Rummel gibt, wenn Terence zu Besuch kommt, hat er auch Margitta Moosauer zu verdanken: »Selbst die besten Freunde und Bekannten bekommen ihn nicht zu sehen. Das ist alles ganz privat. Natürlich war ich selber beim ersten Mal ganz schön aufgeregt, aber das hat sich schnell gelegt. Bei seinem ersten Besuch standen draußen irgendwann plötzlich lauter junge Leute vor der Tür. Und was hat Terence gemacht? Er ist einfach hingegangen, hat sich fotografieren lassen und ein bisschen mit ihnen gesprochen, das war's. Terence ist ein sehr, sehr herzlicher Mensch. Er hat uns immer sehr verwöhnt, und ich habe wirklich das Gefühl, dass er uns sehr mag. Wir freuen uns jedes Mal, wenn er kommt, er gehört zu unserer Familie.«

Einmal, erinnert sie sich, hatte sie frühmorgens im Haus aufgeregt für Ruhe sorgen müssen und gesagt, man solle doch leise sein, weil Terence noch schlafe. »Plötzlich klingelt's an der Tür, und ich denk: ›Herrschaftszeiten, das darf nicht wahr sein, ausgerechnet heute so früh …‹ Und als ich öffne, wer steht da vor der Tür? Terence. Er war einfach schon draußen ein bisschen über die Felder gelaufen.« In Bayern jedenfalls, so scheint es, schimmern die blauen Augen von Terence weißblau. Und das schon lange, weiß Margitta: »Als wir ihn und Lori damals das erste Mal vom Flughafen abholten und ich ihm auf dem Weg nach Hause ständig irgendwas erklärte, sagte Lori zu mir: ›Margitta, du musst Hochdeutsch reden, sonst versteht er dich nicht.‹ Worauf Terence antwortete: ›Lass sie nur reden, ich höre das so gern …‹«

Glückliche Ehe

Von Daria Bignardi danach gefragt, wie er sich denn in seinem Leben mit diesen blauen Augen vor anderen Frauen in Acht genommen habe, was vermutlich seine eigene für ihn übernommen hätte, antwortete Terence Hill mit einem amüsierten Lächeln: »Sie hat einen Zaun gezogen.« Schönen Frauen, sagte er mal bei einer anderen Gelegenheit, lächele er zu, mehr nicht. Doch die gemeinsam verbrachten Jahre sprechen für sich.

Denn seit 1967 ist Lori Zwicklbauer die Frau an Terence' Seite, und die beiden sind seit nunmehr fast 45 Jahren glücklich verheiratet. »Wir passen gut zueinander. Eine Sache, die uns dabei vielleicht geholfen, hat, ist, dass jeder seine eigenen Interessen hat. Ich habe einen Beruf, der mich zeitlich sehr beansprucht, und sie hat ihre eigenen Interessen, sie schreibt. So haben wir zwei Welten, die uns ein bisschen Autonomie lassen.«[82] 45 Jahre ist eine beeindruckende Zahl, vor allem wenn man bedenkt, wie groß die Verlockungen als Leinwandstar sein müssen. Und vor allem wenn man bedenkt, wie blau die Augen von Terence Hill sind.

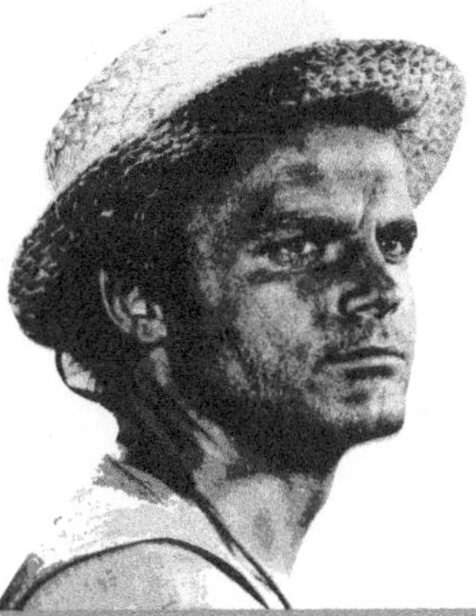

Umzug in den Wilden Westen (1974)

Auf dem Höhepunkt seiner Karriere Anfang der 70er-Jahre war es schwer zu sagen, an welchem Ort Terence eigentlich zu Hause war, denn er hielt sich nirgendwo länger auf. Rom war noch immer der offizielle Lebensmittelpunkt, doch am Tiber sah man ihn selten – es sei denn, er drehte zufällig gerade einen Film wie *Die rechte und die linke Hand des Teufels*, der gleich um die Ecke in den Tälern des Apennins entstand. Zu jener Zeit hatte die Familie Hill bereits ein Haus in Santa Fe – der Hauptstadt des US-Bundesstaats New Mexico, die auf über 2000 Meter Höhe am Ende der Südausläufer der Rocky Mountains liegt und Anfang der 70er-Jahre etwas mehr als 40 000 Einwohner zählte. Als er in dieser Gegend mit Sergio Leone und Horst Wendlandt *Mein Name ist Nobody* drehte, war er natürlich ständig dort. Doch ansonsten traf man ihn auch in Santa Fe selten an, denn die Filmprojekte mit Bud Spencer führten ihn fast um den ganzen Globus herum – von Europa in die USA durch fast alle Länder Südamerikas bis hin nach Afrika.

Das Leben von Terence Hill glich eher dem eines Nomaden. Diese ewigen Wanderer treffen ihre Entscheidung über die Wahl von Verweilorten nicht lange im Voraus und immer aus praktischen Erwägungen. Bei Terence kam ein weiterer Faktor hinzu, ein ziemlich abenteuerlicher sogar. Im Sommer des Jahres 1974 fand sich Terence Hill jedenfalls mit seiner Familie in Los Angeles wieder. Er war soeben aus Kolumbien zurückgekehrt, wo er in der stickigen, moskitoverseuchten Schwüle des Dschungels mit Bud Spencer *Zwei Missionare* gedreht hatte. In Italien waren Sommerferien, Schulen und Kindergärten drei Monate lang geschlossen, es gab also keine Verpflichtungen. Terence und Lori beschlossen daher, vor der Rückkehr nach Rom Zeit in Los Angeles, dem Mekka des Films, zu verbringen, um sich dort zu erholen.

Diese Wochen zählten zu den glücklichsten und sorglosesten, die Terence bislang erlebt hatte. Die Urlaubstage an der kalifornischen Pazifikküste, die unbeschwert begannen, fielen nämlich in eine Zeit, in der *Mein Name ist Nobody* bereits einige Monate in den Kinos zu sehen war und sich weltweit als Riesenerfolg entpuppt hatte. Die Karriere an der Seite von Bud lief auf Hochtouren, auch mit Sergio Leone hatte er schon einen weiteren Film im Auge. Terence genoss den Zenit seines Schaffens, der die Aufmerksamkeit namhafter Produzenten und Regisseure von Actionfilmen auf ihn lenkte, mit seiner jungen Familie in einem Ferienhaus mit Garten, das sie einfach kurzentschlossen in L.A. gemietet hatten. So lange, bis ein Telefonanruf diese Idylle zerstörte. »Ich hatte viele Angebote in jener Zeit. Eine Zeit, in der auch gerade *Ein Mann sieht rot* angelaufen war, in dem Charles Bronson einen Mann spielt, der durch Selbstjustiz den Mord an seiner Frau rächt. Eines Tages ruft mich dann plötzlich Freddy Fields an, der damals einer der mächtigsten Agenten und Produzenten von Los Angeles im Augenblick des größten Erfolges von Dino De Laurentiis war. Fields sagte zu mir: ›Wir wollen einen Film nur für

dich drehen, einen Film, in dem es nicht nur um Selbstjustiz und Gewalt geht, sondern auch um Sex. Und du sollst die Rolle des Vergewaltigers spielen‹«,[83] erklärte Terence Hill Daria Bignardi in dem Interview, das er ihr 2009 in deren Prominententalkshow *L'era glaciale* gegeben hatte.
Die Entscheidung für oder gegen diese Rolle fiel dem Superstar keinesfalls leicht. »Man muss bedenken, dass ich damals jung, unsicher und verwirrt war, und ich dachte: ›Vielleicht haben sie recht, ich sollte diese Rolle übernehmen.‹ Die beiden haben mich aus ihrem Rolls-Royce angerufen und gesagt: ›Komm zu uns, und lass uns diese Sache entscheiden.‹ Es wollte mir aber einfach nicht gelingen, eine Entscheidung auf die Schnelle zu fällen. Deswegen habe ich meine Familie genommen, sie frühmorgens in den kleinen Garten gesetzt und bin einfach abgehauen, ohne dass mich irgendjemand finden konnte.«[84] Die schöne Ruhe ist dahin, Terence und Lori packen zusammen, verstauen Klamotten und Kinder in ihrem Kombi und verlassen kurz darauf Los Angeles mit unbestimmtem Ziel. »Drei Tage später, als wir dann bereits in Nebraska waren, hat meine Frau zu mir gesagt: ›Ich glaube, ich kenne da einen Platz, der dir gefallen wird, ein abgelegener Platz, wo ich einmal in einer Schule unterrichtet habe.‹«[85] Und so kommt es, dass die Familie Hill Anfang Oktober des Jahres 1974 nach Stockbridge in Massachusetts gelangt, einer kleinen, 2000 Einwohner zählenden Stadt im Nirgendwo.
Die Reise von der Südwest- an die Nordostküste führte Terence, Lori und ihre beiden kleinen Söhne rund 5000 Kilometer quer durch die Vereinigten Staaten. Auf den einen oder anderen mag diese »Flucht« etwas zu überstürzt wirken. Doch trotz seiner Unsicherheit und der nicht unbeträchtlichen Verlockungen, die mit derartigen Angeboten verbunden waren, blieb Terence am Ende seiner durch und durch pazifistischen Überzeugung treu, als er die Rolle, die ihm Fields und De Laurentiis angeboten hatten, letztlich ablehnte, was er bis heute nie bereut hat. Wann

immer Terence darauf angesprochen wird, kommt er stets auf jene Mütter zurück, die ihn baten, beim Genre der Actionkomödie zu bleiben, um Familien beim gemeinsamen Kinobesuch unangenehme Überraschungen zu ersparen.

In einem Interview, das Terence Hill 2003 dem italienischen Wochenblatt *Famiglia Cristiana* gab, findet sich allerdings noch ein weiteres, äußerst interessantes Indiz dafür, warum der Schauspieler auf dem Höhepunkt seiner Karriere Los Angeles im Sommer 1974 so abrupt den Rücken gekehrt hatte. Namen nennt er darin zwar nicht. Aber vielleicht ist genau das der Grund, warum der fromme Filmstar bei der Beichte seiner Beweggründe der katholischen Zeitschrift gegenüber auch etwas konkreter wurde. Das Gespräch fand während der Dreharbeiten für die TV-Serie *Don Matteo* in Gubbio statt, bei dem die Journalistin Terence Hill über die Hintergründe der Reise nach Stockbridge Folgendes entlockte: »Als mich ein einflussreicher Produzent wegen der Rolle eines Vergewaltigers anrief und mir damit drohte, meine Karriere zu zerstören für den Fall, dass ich nicht akzeptieren würde, hatte ich verstanden, dass der Moment gekommen war fortzugehen. Schauspieler zu sein bedeutete mir viel, aber nur auf meine Art.«[86]

Die Rolle, die man ihm offensichtlich auf ziemlich dubiose und an Erpressung grenzende Art aufzwingen wollte, ist jedoch nicht die einzige, die Hill abgelehnt hat. »Es gab viele Angebote, die nicht zu meinem Anspruch passten.«[87] So schlug er ein paar Jahre später auch die Hauptrolle eines Films aus, der in den USA insbesondere von Veteranenverbänden heftig kritisiert worden ist, denn darin wird der Umgang mit Vietnamrückkehrern in ihre Heimat öffentlich thematisiert: *Rambo*. Dieser Film hat Geschichte geschrieben und gilt heute als Wegbereiter des neuen Actionkinos. Die Rolle riss sich schließlich Michael Sylvester Gardenzio Stallone unter den Nagel, so der bürgerliche Name von Sly. Der italoamerikanische Muskelmann beteiligte sich im weiteren Verlauf der Dreharbeiten auch an den Produktionskosten des legendären Streifens, der ihn endgültig zum Weltstar machte. Später entstanden dann noch zwei weitere völlig aus dem Ruder laufende Fortsetzungen, in denen ein martialischer Gewaltexzess nach dem anderen folgt.

Die Ruhe und Abgeschiedenheit von Stockbridge belohnen Terence Hill für seine Flucht vor den rauen Gesetzen Hollywoods jedenfalls doppelt und dreifach. Schon von Kindesbeinen an hat ihn die Natur begeistert, wobei ihn die endlosen Wälder und Weiten der Vereinigten Staaten sowie das dortige Klima, das dem europäischen sehr ähnlich ist, schon immer ganz besonders fasziniert haben – was wohl auch auf seine ausgeprägte Schwäche für Western zurückgeht.

Stockbridge, ein verschlafenes kleines Städtchen, liegt am Housatonic River, der sich wie eine Klapperschlange durch die knapp 1000 Meter hohen Berkshire Mountains windet. Kaum hat man die Ortsgrenze hinter sich gelassen, verschlucken einen auch schon die Wälder mit ihren etlichen Seen und Sümpfen. Die Landschaft ist traumhaft, im Winter verschmelzen die schneebedeckten Hügel farblich mit dem graublauweißen Himmel. »Ich mag die Stille, ich liebe die Berge«,[88] sagt Hill. Wie sein Vater Girolamo fährt auch er leidenschaftlich gern Ski. Binnen zwei, drei Stunden sind von Stockbridge aus gute Skigebiete zu erreichen, darunter Lake Placid am High Peak im Norden des Bundesstaates New York. Und wem wie Terence vor allem das Langlaufen Spaß macht, für den ist diese Ecke von Massachusetts das reine Paradies.

Eigentlich sollte die Reise in den Nordosten der USA nur ein Abstecher werden, nichts weiter als eine Zwischenstation auf dem Weg zurück nach Europa. Doch als er und seine Frau Lori eine Ranch samt 12 Hektar großem Anwesen in einem abseits von Stockbridge gelegenen Gebiet finden, in dem es außer Bäumen, Seen und Sümpfen nichts weiter gibt, wird die

Rückkehr auf zunächst unbestimmte Zeit verschoben. Und schließlich werden die Kinder in Stockbridge in den Kindergarten geschickt und eingeschult.

Terence, Lori, Jess und Ross leben sich sehr schnell ein. Stockbridge ist zwar ein kleiner und ruhiger Ort und dürfte jenseits der USA nur den wenigsten ein Begriff sein. Das Umland Berkshire County gehört aber wie auch Rhode Island und Maine zu jener Handvoll wunderschöner Gegenden der amerikanischen Ostküste, wohin sich die wohlhabendsten Familien aus Städten wie Boston oder New York zurückziehen oder einfach nur einen luxuriösen Landsitz gebaut haben, wo sie die Sommerfrische genießen. Der Ort ist auch bei Künstlern beliebt.

Berkshire County wird schon bald zum ersten Wohnsitz der Hills. Terence ist dort in seinem Element, und Stockbridge bietet ihm alles, was er braucht, um sich von seinem schönen, aber kräftezehrenden Beruf zu erholen und neue Energie zu tanken. Dass er wie auch Bud Spencer in den Staaten nie auch nur annährend denselben Bekanntheitsgrad erreicht hat wie in Europa, weil der dortige Markt einfach nicht auf ihre Filme reagiert, erweist sich rückblickend eher noch als Vorteil. Die stille Gegend, die unberührte Natur in Massachusetts sind wie Balsam für seine Seele, die Ruhe abseits vom großen Rummel kommt seinem Naturell sehr entgegen. In absoluter Zurückgezogenheit kann Terence sich jenen widmen, die ihm am teuersten sind – seinen beiden Kindern und seiner Frau. Für die Jungs schafft er ein Pony an und züchtet Kaninchen. Und er lässt sich aus Italien Pflanzensamen schicken, um sich in seinem Garten ein eigenes Stück mediterraner Heimat zu schaffen.

Dass es Leute gibt, die Terence Hill deswegen für verschroben oder für einen Einzelgänger halten, belastet ihn schlicht und einfach nicht. Die Rolle des Lonesome Cowboy im Wachsmantel, den er als Trinità oder Nobody getragen hat, steht ihm ganz sicher auch privat. Er schätze einen einfachen Lebensstil, wie der Schauspieler sagt: »Ich liebe das Landleben. Ich stehe um 6 Uhr auf, mache einen Spaziergang und anschließend das Frühstück. Aber ich würde mich deswegen nicht als Einsiedler bezeichnen.«[89]

Lediglich in einer Hinsicht wird Terence Hill enttäuscht, nachdem er – gerade angekommen in Massachusetts – den auch für diese Region typischen und besonders schönen Indian Summer erstmals erlebt hatte: »Einen Herbst wie diesen hatte ich noch nie zuvor gesehen, es war fantastisch. Erst später ist mir dann klar geworden, dass die Bäume ihre Blätter verlieren, dass es dort viel Regen und viel Schnee gibt, dass es dort sehr kalt wird und der Sommer in dieser Gegend eigentlich nie ankommt.«[90]

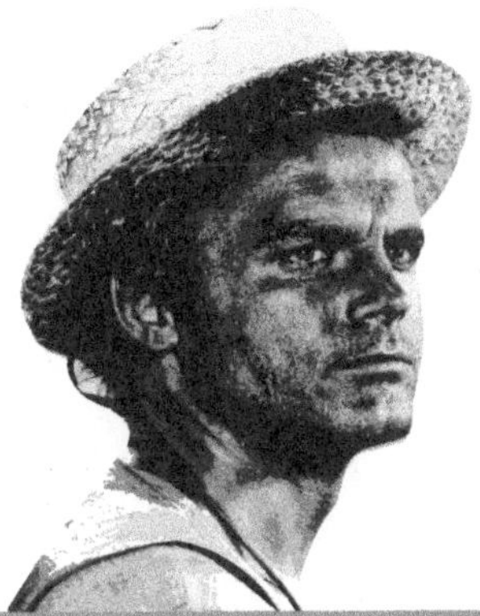

Abenteuer Regie

Anfang der 80er-Jahre wurde – wie bereits erwähnt – zunächst langsam, dann aber immer deutlicher klar, dass die Popularität des Filmpaars Terence Hill und Bud Spencer dabei war, ihren Zenit zu überschreiten. Mit den beiden Streifen *Zwei bärenstarke Typen* und *Vier Fäuste gegen Rio* nach fast zwei Jahrzehnten gemeinsamer Leinwandpräsenz punktete das Duo zwar noch einmal dank der bewährten Regie von Enzo Barboni. Die darauffolgenden Filme jedoch konnten nicht mehr an die letzten großen Publikumserfolge wie zum Beispiel *Das Krokodil und sein Nilpferd* aus dem Jahr 1979 anknüpfen. Und die zwei Produktionen von Sergio Corbucci – *Zwei Asse trumpfen auf* sowie *Der Supercop,* in dem Terence Hill ohne seinen mächtigen Partner auftritt – waren kein großer Wurf, worin sich Filmkritik und viele seiner Anhänger einig sind. Höchste Zeit also für etwas Neues – am besten aus eigener Hand.

Der Gedanke, bei einem Film irgendwann einmal nicht mehr nur vor der Kamera zu stehen, sondern es auch als Regisseur zu versuchen, war

Terence Hill schon früher gekommen. Die Idee geht zurück auf seine Zeit mit Sergio Leone und Horst Wendlandt, als er *Mein Name ist Nobody* drehte. Bereits Anfang der 70er-Jahre verband ihn mit dem großen deutschen Filmproduzenten eine besondere Freundschaft. Terence war immer mal wieder zu Gast auf Wendlandts Gut Rothsee in Oberbayern.[91] »Ich hatte damals die Absicht, Drehbücher zu schreiben und Regisseur zu werden, und er lud mich nach Rothsee ein, wo es ein kleines Kino gibt, in dem er mir gerne alte Buster-Keaton-Filme vorgeführt hat. Er hat uns auch zu Hause in den Staaten in Stockbridge, Massachusetts, besucht.«[92] Literarische Stoffe hatten nach wie vor eine große Anziehungskraft auf ihn. Einmal wollte er sogar seine Gage, die er für den Kinohit *Zwei Himmelhunde auf dem Weg zur Hölle* bekam, direkt für die Finanzierung einer Produktion mit ihm als Regisseur verwenden, deren Handlung auf einem Werk von Hermann Hesse beruhte[93]. Doch in diesem Fall blieb es bei der Idee. Der Stoff, den sich Terence Hill 1983 dann schließlich für sein Debüt als Regisseur aussuchte, führte ihn zurück in seine Heimat Italien, die ihm fehlte, nachdem er schon so lange im Ausland gelebt und gearbeitet hatte. Er entscheidet sich für eine Komödie, was sicher wenig überrascht, nachdem dieses Genre seit mehr als zehn Jahren die Basis seines Erfolges war. Der Film musste sich jedoch mit einem sehr berühmten Original messen: Es ist die Geschichte von Don Camillo und Peppone, den beiden Romanhelden des italienischen Schriftstellers Giovannino Guareschi. Der grandiose Fernandel als Priester Don Camillo und Gino Cervi in der Rolle des kommunistischen Bürgermeisters Peppone hatten die beiden Figuren schon 30 Jahre zuvor zu unsterblichen Legenden gemacht. Terence band bei seiner ersten Regiearbeit mit dem Titel *Keiner haut wie Don Camillo* auch noch fast seine ganze Familie mit ein: Er selbst spielte Don Camillo, das Drehbuch schrieb seine Frau Lori, sein knapp elfjähriger Sohn Ross bekam die Nebenrolle des kleinen Lausejungen Magrino (was auf Deutsch so viel bedeutet wie Dünnerchen), der sich im Lauf der Handlung mit Don Camillo anfreundet, und Jess, der Ältere, war immerhin Statist, er gab einen Fußballspieler.

Gedreht wurde in einem kleinen lombardischen Dorf namens Pomponesco an der Grenze zur Emilia Romagna. Es liegt inmitten der malerischen Poebene, direkt am Fluss auf halber Strecke zwischen Mantua und Parma. »Western hatte ich schon gemacht und auch anderes. Guareschi gefiel mir sehr, ebenso wie die Idee, eine Sache zu realisieren, die in Italien spielt. Die Figur des Don Camillo schien mir zudem nicht weit weg von jenen Figuren, die ich schon interpretiert hatte. Mir gefällt die Hingabe für das, was er tut, und auch der Kontrast zu Peppone. Aber vor allem empfinde ich eine große Liebe für das Werk von Guareschi«,[94] beschreibt Terence seine Beweggründe für die Entscheidung.

Die Idee zur Neuauflage des Klassikers um Don Camillo traf in seinem Umfeld keinesfalls auf ungeteilte Zustimmung: »In der Tat musste ich sehr darauf beharren, diesen Film zu realisieren, weil niemand ihn mich machen lassen wollte. Alle fragten, was denn ein Cowboy als Don Camillo in der Emilia Romagna macht. Aber ich habe mich nicht kleinkriegen lassen und ihn dann selbst produziert. Obwohl ich dann auch noch einen Regisseur fand, entschied ich mich am Ende, alles selbst zu machen – ich hing einfach zu sehr an dem Film.«[95]

Doch die flammende Begeisterung für sein neues Metier übertrug sich jedoch nicht von Terence Hill auf das breite Publikum, als der Film 1984 in die Kinos kam. Daran änderte auch der bekannte nordirische Schauspieler Colin Blakely (bekannt aus u. a. *Mord im Orientexpress, Der kleine Lord, Mit Schirm, Charme und Melone*) in der Rolle des Peppone nichts – »hoffnungslos englisch«, witzelte das italienische *Magazine tv*. Man kann dem ersten Gehversuch von Terence Hill als Regisseur noch so wohlwollend begegnen: Dieser blonde, blauäugige Priester, der mit einem Geländemotorrad Wheelies macht, damit zur Jagd fährt, in Rollschuhen über den Boden seiner Kirche kachelt, in der er obendrein einen amerikanischen Chor singen lässt, um dann auch noch in einer von Cheerleadern flankierten Fußballpartie die gegnerischen Spieler bar jeder Situationskomik umzuhauen, haut im Vergleich zu seinen früheren Komödien auch deutlich weniger Zuschauer von den Kinositzen.

Und so verhallte Terence Hills Regiedebüt ohne großes Aufsehen, was zum einen daran liegen mag, dass er mit den köstlichen Kapriolen in *Zwei Missionare* Erwartungen geweckt hatte, denen er nicht gerecht wurde. Zum anderen hat er aber wohl auch die übermächtige, nur schwer zu überbietende Originalität eines Fernandel unterschätzt. »Ein grobmaschiger, grellbunter Film, nicht in allen Belangen überzeugend, als anspruchslose Unterhaltung aber annehmbar«, lautet das lakonische Fazit im *Lexikon des Internationalen Films.*

Die Tragödie

Noch ruhiger wurde es um Terence Hill in der zweiten Hälfte der 80er-Jahre. Nach *Miami Cops,* seinem letzten, 1985 mit Bud gedrehten Film, ging Terence nur noch ein weiteres Filmprojekt an, für das er zwar nicht die Regie übernahm, aber immerhin am Drehbuch beteiligt war: *Renegade.* Zum letzten Mal arbeitete er dabei mit dem Regisseur Enzo Barboni zusammen, seinem großen Mentor und Schmied des Welterfolgs aus der Zeit mit Bud. Doch selbst Barbonis Erfahrung und die traumhafte Landschaft von Arizona reichten nicht aus, das Roadmovie im Westernstil automatisch zu einem richtigen Erfolg werden zu lassen. *Renegade* kommt im Vergleich zu den Arbeiten der 70er-Jahre entschieden zu nett daher und wirkt wie eine artige Abenteuergeschichte für Kinder und Jugendliche. Zumindest bei ihnen kam der Film gut an. Auch bei dieser Produktion war erneut ein Familienmitglied dabei – und zwar erstmals in einer Hauptrolle: Terence' Sohn Ross, mittlerweile 14 Jahre alt, spielte an der Seite seines Vaters und von Robert Vaughn. Insgesamt waren damit die 80er-Jahre bis zu diesem Zeitpunkt die mit Abstand unproduktivste Zeit in der Laufbahn von Terence Hill, seit er 1951 als Zwölfjähriger das erste Mal vor der Kamera gestanden hatte.

Das sollte sich jedoch mit Beginn des neuen Jahrzehnts ändern. Den Fall der Mauer im Herbst 1989, der die politische Weltkarte und das Leben von Millionen Menschen verändert hat, erlebte auch Terence Hill aus einem sehr familiären Blickwinkel, obwohl er sich damals kaum in Europa aufgehalten hat. Erinnerungen wurden wach an sein Elternhaus und seine Mutter aus Lommatzsch, die, als sie starb, nur zwei Jahre jünger war als er nun selbst. Die historischen Ereignisse waren für den 50-Jährigen ein bewegender Moment, weil er im Osten Deutschlands mit seinen Eltern, Brüdern und den Großeltern Paul und Emma Thieme die letzten beiden Kriegsjahre in dem kleinen sächsischen Städtchen verbracht hatte, das er nach 1945 nie wiedergesehen hat. Vor allem aber in beruflicher Hinsicht versprach der Jahreswechsel 1989/90 eine persönliche Wende zu werden, die wieder Schwung in seine stagnierende berufliche Laufbahn bringen sollte. Denn auf Terence wartete eine neue Aufgabe als Regisseur, die ein weiteres Mal die gesamte Familie involvieren sollte: *Lucky Luke.*

Auch Jess Hill hatte mittlerweile in der Filmbranche Fuß gefasst. Doch zog der ältere Sohn von Terence es vor, hinter der Kamera oder im Schnittraum zu arbeiten und so nicht im direkten Rampenlicht zu stehen. Sein vier Jahre jüngerer Bruder war da ganz anders: Ross, inzwischen 16 Jahre alt, galt als ausgesprochen selbstständig und selbstbewusst. Wie sein Vater war auch er eine Sportskanone, spielte Football und fuhr Kanu. Er besuchte das Middlesex College in einer Kleinstadt vor den Toren Bostons, an dem nur Schüler mit sehr guten Noten zugelassen wurden.[96] Daneben ließ er sich als Schauspieler ausbilden, angespornt durch seine ersten beiden Rollen in *Keiner haut wie Don Camillo* und *Renegade.* Bisweilen, so hieß es, soll das Ego von Ross so ausgeprägt gewesen sein, dass von Borniertheit gesprochen wurde. Am Set habe er die Ratschläge seines Vaters nicht akzeptiert, weswegen Terence andere Möglichkeiten suchen musste, ihn zu unterstützen und unbemerkt zu lenken. War dies beim Dreh unerlässlich, soll er den indirekten Weg zum Beispiel über Angehörige der Filmcrew gewählt haben, um zu Ross durchzudringen, damit dieser seine Anweisungen und Tipps auch beherzigte. Wegen des störrischen Verhaltens soll sich der Junior auch den Spitznamen »Ross the boss« erworben haben. Wie dem auch sei: Die große Entschlossenheit und das ausgeprägte Selbstbewusstsein müssen auf den Vater, dessen schüchterner Charakter eher das genaue Gegenteil ist, großen Eindruck gemacht haben. Vater und Sohn sollen zudem eine besondere Abmachung getroffen haben: Terence würde Ross bei einem neuem Film mitspielen lassen – vorausgesetzt, er besuche weiterhin das College und erziele dort gute Noten. Und schließlich sei es auch die Vorliebe von Ross für die Figur Lucky Luke gewesen, die die Familie überhaupt erst auf die Idee brachte, eines der Werke des belgischen Comiczeichners Maurice de Bévère alias Morris zu verfilmen. Terence wollte Regie führen und Lucky Luke spielen, Ross bekam die Rolle als Billy the Kid, Jess die Regieassistenz, während Mutter Lori das Drehbuch schrieb. Sie entschieden sich für den Band *Daisy Town,* der 1971 bereits als belgisch-französische Koproduktion als Zeichentrickfilm in den Kinos gelaufen war. Geplant war eine 13-teilige Serie.

Die ersten Dreharbeiten für *Lucky Luke* hatten in New Mexico bereits begonnen, als Ross Ende Januar 1990 ein Wochenende auf der Ranch seiner Eltern in Stockbridge verbrachte. Gemeinsam mit seinem Freund

Kevin Lehmann machte er sich im Auto zurück auf den Weg zum College im 200 Kilometer entfernten Concord kurz vor Boston. Es war Dienstag, der 30. Januar. Doch die beiden Jungs haben ihr Ziel nie erreicht. Denn noch in Stockbridge gerieten sie auf eine vereiste Straße, Ross verlor die Kontrolle über das Fahrzeug. Der Wagen schleuderte 20 Meter über den Asphalt und prallte mit voller Wucht gegen einen Baum. Als die Rettungskräfte am Unfallort eintrafen, war bereits jede Hilfe für die Freunde zu spät. Ross war sofort tot, Kevin Lehmann erlag wenig später im Krankenhaus seinen Verletzungen.[97]

Die Tragödie stellte das Leben der Familie Hill vollkommen auf den Kopf. Eben noch glücklich vereint, ein gemeinsames Projekt in Arbeit und mit großer Zuversicht in das neue Jahr blickend, ereilte sie dieser schwere Verlust von einer Sekunde auf die andere. Die Nachricht erreichte Europa erst zwei Wochen später. Terence zog sich komplett zurück und igelte sich ein. Über viele Jahre machte er sich Vorwürfe und war verzweifelt, wie Matthias Wendlandt erzählt. Der Sohn von Horst Wendlandt hatte 1973 die Aufnahmen von *Mein Name ist Nobody* in New Mexiko geleitet und kannte Terence seit jener Zeit. »Er konnte es sich einfach nicht verzeihen, dass er Ross schon so jung ans Steuer gelassen hat«, berichtet Matthias Wendlandt. Über seine Trauer drang nicht viel in die Öffentlichkeit, denn Terence sprach nicht darüber, was Medienvertreter in der Regel auch akzeptierten und somit gar nicht erst danach fragten. Das Einzige, was hin und wieder kolportiert wurde, war eine tiefe Krise, derentwegen er seine Arbeit hinwerfen wollte.

Trotz dieses schweren Schicksalsschlags gelang es Terence noch im selben Jahr, den ersten Teil von *Lucky Luke* fertigzustellen. Die Rolle von Billy the Kid, die Ross hätte übernehmen sollen, strich er ersatzlos. Als Pilotfilm kam der erste Teil ein Jahr später, 1991, in Deutschland ins Kino. In Italien hingegen schaffte das Werk, das aufgrund seiner Handlung einmal mehr ein sehr junges Publikum anspricht, den Sprung auf die Leinwand nicht. Stattdessen wurde es 1992 im Privatfernsehen gezeigt. Die übrigen zwölf geplanten Folgen schmolzen am Ende auf acht zusammen und liefen in mehreren Ländern im Fernsehen. Terence Hill gab die Regie dafür allerdings an zwei Kollegen ab. Dann verschwand er von der Bildfläche, und für längere Zeit sollte es sehr still um ihn werden.

Ein Lichtblick

1994 sind fast zehn Jahre ins Land gegangen, seit Terence Hill und Bud Spencer zusammen vor der Kamera standen. Die letzten gemeinsamen Projekte haben das alte Gespann vorsichtig werden lassen. Doch das bedeutete nicht, dass sie nicht ab und an wieder über neue Ideen gesprochen hätten. Immer wieder tauchten dabei zwei Titel auf: *Dr. Jekyll und Mr. Hyde* sowie *Don Quichotte.* »Ich hätte eigentlich lieber ein Remake von *Don Quichotte* gedreht, mit mir als Sancho Panza und Terence in der Titelrolle«,[98] erinnert sich Bud. Der Text lag sogar überarbeitet vor, Furio Scarpelli, in Italien ein bekannter Drehbuchautor und Zeichner, hatte schon für eine geeignete Grundlage gesorgt. »Die Eröffnungsszene hätte im alten Spanien gespielt, wie es uns Cervantes überliefert hat. Terence wollte aber auf Nummer sicher gehen und ging zurück zu unseren Wurzeln: zum Western«.[99]

Der Film, den Terence plante, sollte *Die Troublemaker* (Originaltitel: *Botte di natale*) heißen und war regelrecht eine Hommage an all jene, die die beiden in ihrer Zeit als Duo über 30 Jahre begleitet haben – alte Bekannte und Familienmitglieder von Terence und Bud. »Terence hat uns das Drehbuch geschickt, das sein Sohn Jess geschrieben hat, und wir fanden die Story über zwei ältere Cowboys, die sich an Weihnachten auf den

Weg zu ihrer Mutter machen und sich miteinander versöhnen, so gut, dass wir uns entschlossen, den Film zu produzieren«,[100] erzählt Matthias Wendlandt, der die Dreharbeiten in New Mexico gemeinsam mit Giuseppe Pedersoli, dem ältesten Sohn von Bud, als ausführender Produzent begleitete. Für Terence, der Regie führte, wurde es die 17. Zusammenarbeit mit Bud Spencer – den Historienfilm *Hannibal* aus dem Jahr 1959 nicht mitgezählt, da sie sich noch nicht persönlich kannten und in keiner gemeinsamen Szenen zu sehen sind. »Mir gefiel die Idee, einen Film zu machen, der eine Art finaler Western mit Bud werden könnte. Er nimmt unsere Geschichte dort wieder auf, wo wir sie verlassen hatten«,[101] erklärte er später in einem Interview.

In *Die Troublemaker* verliebt sich Terence als Travis in eine aparte blonde Tierärztin namens Bridget, gespielt von der Berliner Schauspielerin Anne Kasprik, Tochter des renommierten DEFA-Regisseurs und Drehbuchautors Hans-Joachim Kasprzik (sic!). Für sie war diese Rolle ihr erstes Engagement in einem größeren Film: »Als mich meine Agentin anrief und mir sagte, dass Terence Hill mich umgehend bei einem Casting sehen wolle, dachte ich: ›Veräppeln kann ich mich selbst.‹ Aber als ich dann merkte, dass das kein Witz war, konnte ich es kaum glauben.« Statt alles fallen und stehen und liegen zu lassen, wie es wohl »jede andere« gemacht hätte, gab Anne Kasprik Terence erst mal einen Korb: »Ich war damals in Köln und konnte nicht vor Freitag nach Berlin kommen. Deswegen habe ich gesagt: ›Vor Freitag geht nicht.‹«

Anne Kasprik hatte Glück, man kam ihr entgegen, und am Freitag saß sie dann in Berlin in den Räumen der Rialto mit Horst Wendlandt, Terence Hill und einigen Regieassistenten. »Ich war hypernervös. Und was dann kam, war völlig unwirklich: Nach einem kurzen Gespräch und ohne auch nur einen einzigen Text vorgesprochen zu haben, war das Einzige, worum Terence mich dann noch bat, doch einmal kurz aufzustehen.

Dann war die Sache perfekt. Später habe ich dann rausgekriegt, dass sie sehen wollten, ob meine Beine für die Reitszenen lang genug waren …«

Die Dreharbeiten fanden 1994 zu einem Großteil auf der Bonanza Creek Ranch ein paar Kilometer südlich von Santa Fe statt – einer Rinderfarm, die seit den 80er-Jahren für Westernfilmproduktionen ausgebaut worden ist. Auch Terence Hills *Lucky Luke* wurde dort über einen Zeitraum von mehr als zwei Jahren gedreht. Für die damals 31-jährige Anne Kasprik war die Zusammenarbeit mit Terence ein Karrierehöhepunkt mit »paradiesischen Zuständen«, wie sie sagt: »Allein für die Dreharbeiten waren drei Monate angesetzt. Terence wollte außerdem, dass wir schon 14 Tage vorher dort hinkommen, damit wir uns an die Gegend gewöhnen können. Es war eine total familiäre Atmosphäre. Die Drehbedingungen waren luxuriös, wir hatten allein fünf Regieassistenten! So etwas habe ich weder vor- noch nachher wieder erlebt.«

Vor allem die Begegnung mit Terence selbst war ein großes Erlebnis, erzählt sie weiter: »Ich war natürlich auch unheimlich aufgeregt, als ich dort angekommen bin. Aber Terence hat mir diese Angst sofort genommen. Er ist ein wahnsinnig positiver Mensch, der mir und auch den anderen Schauspielern viel mehr Freiheiten bei ihren Rollen gelassen hat, als ich mir das hätte vorstellen können. Wenn mal irgendwas nicht so lief, wie er sich das vorstellte, dann hat er das nie direkt gesagt, sondern kam zu mir und sagte: ›Das war schon sehr schön … aber könnten wir das nicht noch einmal probieren auf eine etwas andere Art?‹«

Nachdem sie sich vor der Abreise nach New Mexico all seine Filme, die sie bekommen konnte und von denen sie die meisten bis dahin gar nicht kannte, angeschaut hatte, zeigte sie sich am Set dann »ziemlich überrascht, dass dieser Schauspieler ein ganz sensibler Mensch ist und zudem auch noch viel leiser spricht und viel stiller ist, vollkommen anders, als ich dachte«.

Vom Tod seines Sohnes Ross, der damals gerade etwas mehr als vier Jahre zurücklag und für alle, die Terence schon länger kannten, allgegenwärtig war (ganz besonders an diesem Ort, wo Ross eigentlich *Lucky Luke* hätte drehen sollen), wusste Anne Kasprik zu diesem Zeitpunkt noch nichts. Entsprechend irritiert reagierte sie, als es zu folgender Szene kam: »An einer Stelle bringt man mir einen Jungen, der von einer Schlange gebissen wurde. Im Verlauf dieser Szene sieht man ihn dann im Fieber schweißnass auf dem Bett liegen und zitternd mit dem Tod ringen. Bud spielt seinen Vater, dessen besorgter Blick auf ihm ruht, Terence steht daneben. Und plötzlich merke ich, dass Terence sich ganz komisch und merkwürdig benimmt, er ist auf einmal ganz ernst geworden. Und dann füllen sich seine Augen langsam mit Tränen. Für mich war das eine total eigenartige Stimmung, weil ich von Ross' Schicksal einfach vorher nie etwas gehört hatte. Außerdem kam es mir dann auch noch total komisch vor, dass niemand sonst am Set von dieser Stimmung Notiz zu nehmen schien oder irgendetwas machte. Ich bin deshalb nach dem Drehen der Szene einfach nach draußen gegangen, hab eine Blume gepflückt und sie ihm dann mit den Worten ›Mach dir keine Sorgen, das Leben ist schön, genieße es einfach‹ gegeben, worauf er mir antwortete: ›Wahrscheinlich hast du recht.‹«

Die Troublemaker war der letzte gemeinsame Film von Terence Hill und Bud Spencer. Stilistisch blieb er auf derselben Linie wie ihre vorherigen Arbeiten und ging mit seiner großen familiären Versöhnung zu Weihnachten in der Filmografie des Duos als besinnlich-heitere Abschiedsproduktion ein. Allerdings liefen Handlung und Dreharbeiten wesentlich ruhiger ab als in früheren Zeiten. Und einmal mehr war auch die immer vorsichtigere Regie von Terence Hill zu spüren, die den Film, für den Sohn Jess das Drehbuch geschrieben hatte, insbesondere auf das jüngere Publikum abstimmte. Aus dem Alter Kapriolen schlagender Cowboys waren die beiden Protagonisten ohnehin längst raus: Bud war am Ende der Dreharbeiten 65, Terence 55 Jahre alt. Als der Film schließlich im März 1995 in Deutschland in die Kinos kam, fielen die Reaktionen des Publikums jedoch deutlich verhaltener aus als allgemein erhofft, wie Anne Kasprik selber sagt: »Der Film lief nicht so gut wie erwartet. Es war ja auch noch geplant, eine Fortsetzung zu drehen. Mein Vater meinte: ›Na ja, Anne, Tiefenpsychologie ist das nicht gerade.‹ Doch stolz war er natürlich trotzdem.«

Auf der Suche nach mehr Substanz

Klamaukrollen, räumte Terence noch während der Premiere von *Die Troublemaker* ein, würden ihm nach wie vor gefallen, doch dabei sollte es nicht bleiben: »In Zukunft werde ich mehr als Regisseur arbeiten. Ich möchte gerne Filme mit mehr Substanz drehen.«[102] Zwei Jahre später schloss er dann in einem Interview auch nicht aus, sogar noch mal einen Western zu produzieren, jedoch nur unter der Voraussetzung, dass dieser frei von Klamauk und Gewalt sei. Erneut betonte er, wie schwierig es sei, Filme ohne Sex und Gewalt zu drehen, die sich die ganze Familie anschauen könnte.

Doch einmal abgesehen davon, dass er ein paar Jahre später ein völlig neues Mammutprojekt als Schauspieler begann, von dem später noch zu berichten sein wird, spricht es bei diesem ehrgeizigen Ansatz für sich, dass bis zu seiner nächsten Arbeit als Regisseur noch fast anderthalb Jahrzehnte vergehen sollten. Und dann war es auch tatsächlich wieder ein Western, den er 2008 wiederum in New Mexico drehte. Die Regie teilte er sich mit Giulio Base, einem Kollegen, mit dem er für das italienische Fernsehen zusammenarbeitete, die Hauptrolle übernahm er selbst: *Doc West.*

Terence blieb seinen Prinzipien bei dieser Produktion mit missionarischem Eifer noch kompromissloser treu als bei der letzten Arbeit mit Bud – vor allem was die Arrangements um Witz und Prügeleien anging. Die Geschichte, die als Zweiteiler produziert wurde und ansatzweise autobiografische Züge erkennen lässt, was menschliche Schicksalsschläge betrifft, ist selbst im Vergleich zu *Die Troublemaker* nur noch eine Lightversion vorheriger Filme. In *Doc West* spielt Terence einen Arzt, der das Pokerspiel zwar perfekt beherrscht, es aber nur noch für einen guten Zweck einsetzt statt aus reiner Spielfreude. Er will so viel Geld wie möglich machen, um ein mexikanisches Mädchen zu unterstützen, dessen Mutter starb, nur weil er zu betrunken und nicht in der Lage war zu operieren, als sie mit einer Kugel im Körper seine Hilfe brauchte. Von Schuldgefühlen zerfressen, hängt er schließlich seinen Beruf an den Nagel. Nebenbei schlichtet er noch eine Fehde zwischen Ranchern, indem er schulmeisterlich ein paar Jungs im Faustkampf unterrichtet, und einem Jungen das Leben rettet, nachdem dieser sich vor ihn geworfen hatte, als man ihn erschießen wollte. Anders als bei der Mutter des Mädchens holt er dem Jungen die Kugel aus dem Leib und lässt sich am Ende auch noch seine geliebten Bohnen samt Pfanne von einem Hund klauen. *Doc West* wurde im italienischen Privatfernsehen erstmals 2009 gezeigt, in Deutschland hingegen ist er mit dem Untertitel *Nobody schlägt zurück* erst seit Ende 2011 nur als DVD erhältlich.

Regie zu führen bleibt damit für Terence Hill auch weiterhin eine große Herausforderung. Die Suche nach anspruchsvollen Stoffen, die ihn immer wieder reizt, hat er keinesfalls aufgegeben. »Vor ein paar Jahren wollte Terence sogar einen Film machen, der die Geschichte einer jüdischen Frau in einem Konzentrationslager erzählt, und ich glaube, dass die Idee sogar eine historische Romanvorlage hatte«, erinnert sich Matthias

Wendlandt. »Er wollte diesen Film unbedingt machen und ist mit seinem Drehbuch damals bestimmt zwei, drei Jahre überall rumgelaufen, um einen Produzenten dafür zu finden. Aber diese Idee konnte keiner so richtig verstehen.«

Ein Versprechen an sich selbst

Das, was Terence Hill als Kind im Zweiten Weltkrieg erlebt hat, ging ihm lange nach und hat ihn noch immer nicht richtig losgelassen. Zu intensiv sind die Erinnerungen an die Zeit in Lommatzsch während der Luftangriffe der Alliierten auf das nahe gelegene Dresden im Februar 1945. »Wir sind dort im schlechtesten Moment am schlechtesten Ort gewesen und haben das berühmte nutzlose Bombardement von Dresden erlebt, das werde ich niemals vergessen. Ich habe davon nachts noch Albträume gehabt, bis ich 30 Jahre alt war«,[103] erzählte Terence als 70-Jähriger sichtlich bewegt im italienischen Fernsehen. Und er rang um Fassung, als er dann weiter erklärte: »Es wäre gut, diejenigen, die Kriege so leichtfertig beginnen und so leichtfertig Bomben abwerfen, daran zu erinnern, dass es insbesondere die Kinder sind, die ihr Leben lang mit den Folgen zu kämpfen haben.« Sein Vater habe ihm erzählt, dass er mit eigenen Augen gesehen hätte, wie in Dresden die Menschen aus den einstürzenden Häusern gerannt sind, um sich zu retten. Draußen auf der Straße sind sie von Brandbomben getroffen worden, die sie bis auf die Knochen verkohlt haben. Am Ende des Interviews nutzte Terence die Gelegenheit, öffentlich zu versprechen, ein neues Filmprojekt in Angriff zu nehmen: »Es ist unglaublich, wie bösartig der Mensch sein kann, dass er solche Waffen entwickelt. Daher nehme ich mir selbst das Versprechen ab, dass ich genau darüber einen Film machen werde.«[104]

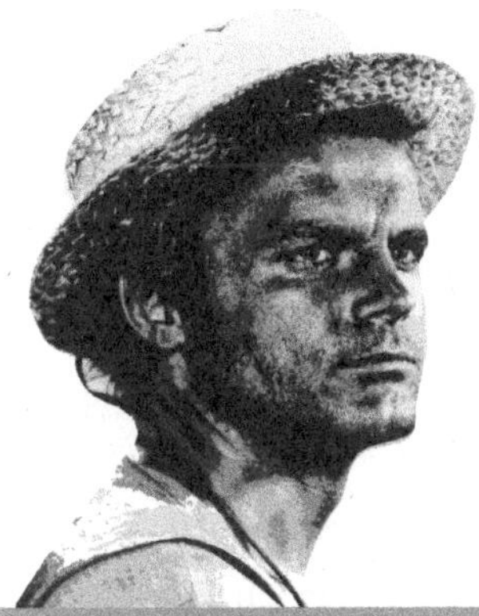

Zwei wie Pech und Schwefel

Es gibt in Italien ein Marathon-Talkshow-Format namens *Domenica in*. Seine Entstehung ist äußerst ungewöhnlich und gewährt aufschlussreiche Einblicke in die Seele der italienischen Fernsehlandschaft. Niemand Geringeres als die Regierung selbst beauftragte nämlich in der ersten Hälfte der 70er-Jahre die Verantwortlichen des Staatsfernsehens Rai, eine Sendung zu entwickeln, die die Bevölkerung zu Zeiten der Ölkrise davon abhalten sollte, sonntags mit dem eigenen Auto ins Grüne auszuschwärmen und so den Ölverbrauch noch weiter nach oben zu treiben. Das Konzept für die Show stammt von Corrado Mantoni, einem der einflussreichsten Moderatoren der Nachkriegszeit, und sie erwies sich als genialer Volltreffer. 1976 ging *Domenica in* erstmals auf Sendung und flimmert seitdem von Oktober bis Mai jeden Sonntag sechs volle Stunden lang über die Bildschirme der Nation. Ein Ende des Formats ist nach wie vor nicht absehbar, auch wenn die Sendezeit 2009 auf etwas unter fünf Stunden reduziert wurde.

1983 waren Terence Hill und Bud Spencer dort gemeinsam zu Gast. Und es war Ersterer, der sich das Vergnügen nicht nehmen ließ, von einem Zettel die zwischen ihm und Bud Spencer bestehenden Unterschiede vorzulesen: »Ihm gefällt das Meer, mir gefallen die Berge; er mag Flugzeuge, ich Motorräder; er liebt Fleisch, ich liebe Fisch; er ist gern in Begleitung, ich bin es hingegen eher ein bisschen weniger; er besitzt die Gabe zu erfinden, ich den Willen zur Umsetzung; er redet laut, ich rede leise; er kann Gitarre spielen, ich nicht; er ist abergläubisch, ich bin religiös; ihm schmecken Kartoffeln, mir Zwiebeln; er ist gut im Improvisieren, ich bin gut im Vorbereiten; er bevorzugt weich gekochtes, mariniertes Gemüse, ich bevorzuge es nicht ganz durch und ohne alles; ihm schmecken grüne Äpfel, mir gelbe; er schwimmt gern, ich fahre lieber Ski; er ist Fan von Lazio, ich Romanista [die beiden Erstliga-Fußballclubs der Hauptstadt].«[105]
Nicht, dass es eine große Überraschung wäre, wie sehr sich Terence Hill und Bud Spencer unterscheiden, einmal ganz abgesehen von ihrem Äußeren, das ihre Rollen in gemeinsamen Filmen überdeutlich und auf komischste Art und Weise unterstreicht. Eine Rollenverteilung wie die ihre ist jedoch nichts Neues. Ein Blick in die Geschichte der Komödie zeigt, dass sie zurückreicht bis in die Renaissance. Ihren Ursprung hat sie in der Commedia dell'Arte des 16. Jahrhunderts.

Losgelöst von komplexen Handlungen literarischer Vorlagen, bezog sie ihren besonderen Reiz aus einer Handvoll Figuren, von denen sich zwei ganz besonders abheben: Harlekin und Brighella.[106] In sämtlichen Theaterstücken sind sie in ihrem Erscheinungsbild und Verhalten – auf extrem einfache Muster reduziert – immer in ihrer Unterschiedlichkeit gleich angelegt, was ihren Wiedererkennungswert enorm erhöht hat.

Harlekin, meist dick und klein, steht vor allem für Dummheit, Plumpheit, naive Fröhlichkeit und fällt durch seinen ausgeprägten Hang zu ausgiebigen Fressorgien auf. Hinzu kommen aber auch Charme und die

Fähigkeit zu Ironie. Brighella hingegen, meist von großer und schlanker Statur, agiert stets schlau bis verschlagen, bewegt sich geschmeidig und katzenhaft, beherrscht viele akrobatische Kunststücke, ist draufgängerisch und lässt gern andere für sich arbeiten. Auch die Handlung folgt stets demselben Prinzip: Gemeinsam versuchen Harlekin und Brighella, die Obrigkeit übers Ohr zu hauen – genau wie die Figuren von Terence und Bud. Und vielleicht geht ja auch ein Teil der von beiden so oft beschworenen »besonderen Chemie« ihrer Zusammenarbeit darauf zurück, dass die Hochburgen der Commedia dell'Arte im 17. Jahrhundert ihre Geburtsorte waren: Venedig und Neapel.

Dabei ist Terence derjenige, der mit den von ihm dargestellten Charakteren weniger gemeinsam hat als Bud mit seinen, der gern den Lebemann gibt, sichtbare Freude an kulinarischer Verführung hat und bei jeder sich bietenden Gelegenheit mit Frauen schäkert. Terence ist das genaue Gegenteil, worüber sich viele, die mit ihm zusammengearbeitet haben, regelmäßig wundern. »Terence war schon immer etwas außen vor und hatte immer sehr eigene Einstellungen, war immer sehr ruhig und introvertiert. Vielleicht lag das auch an Lori, die mir eine sehr spirituelle Frau zu sein scheint«, sagt Matthias Wendlandt, der die beiden seit 40 Jahren kennt. »Als wir damals *Mein Name ist Nobody* in New Mexico gedreht haben, hatte mich mein Vater ja als Aufnahmeleiter eingesetzt. Ich habe damals alles Mögliche am Set gemacht, unter anderem bin ich drei Monate lang der Fahrer von Henry Fonda und Terence gewesen. Viel zu berichten über diese Fahrten gibt es nicht, denn Henry Fonda war Terence in einem Punkt sehr ähnlich: Er war genauso still, sie haben beide sehr wenig gesprochen. Und Lori war fast immer überall dabei. Bud hat uns während der Aufnahmen zu *Die Troublemaker* am selben Ort 20 Jahre später immer wieder mal zum Essen eingeladen und sich als sehr gesellig erwiesen. Terence fehlt diese Spontanität.«

Ein ähnliches Bild bot sich schon während der Deutschlandpremiere von *Zwei Himmelhunde auf dem Weg zur Hölle*, die am 7. März 1973 in der Lichtburg in Essen stattfand. Als Terence am Flughafen Düsseldorf von Wolli Jahnke, einem Neffen von Horst Wendlandt, zur Feier des Tages mit dem Rolls-Royce von Gustaf Gründgens abgeholt wurde, passte ihm das gar nicht: »Wolli, das ist nicht mein Stil, hättest du mich nicht mit einem VW-Cabrio abholen können?«[107]
Bei der anschließenden Promo-Tour durch Deutschland übernahm Matthias Wendlandt wieder das Steuer für ihn und seinen Filmpartner. »Überall, wo wir auftauchten, warteten bereits zahllose Mädchen, die alle sofort zu Terence gestürmt sind. Aber Terence war das nicht recht. Er hat sie alle weggedrückt. Derjenige, der hingegen vom fröhlichen Flirten nicht genug kriegen konnte, seine Arme öffnete und das Bad in der Menge genoss, war Bud.« Auch für Vater Horst war der gebürtige Neapolitaner »ein Italiener von Kopf bis Fuß mit Herz und Seele und das genaue Gegenteil von Terence Hill. Doch auch ihn liebe ich sehr. Beide sind Freunde, beide sehe ich, sooft es geht.«[108]

Einer haut auf den Putz

Komikerduos, die das Prinzip der Commedia dell'Arte befolgt haben und damit weltberühmt wurden, gibt es viele. Jerry Lewis und Dean Martin zum Beispiel, Walter Matthau und Jack Lemmon, Bob Hope und Bing Crosby oder auch Fernandel und Gino Cervi, die es in den 50er-Jahren in der Filmreihe *Don Camillo* zu großem Ruhm brachten. Daneben gibt es Paare, die wie Dan Aykroyd und John Belushi *(Blues Brothers)* oder Charlie Chaplin und Buster Keaton *(Rampenlicht)* mit Slapstickkomödien zwar auch Kinogeschichte schrieben, es aber bei einem Film beließen.

Stan Laurel und Oliver Hardy sowie das dänische Stummfilmduo Pat und Patachon ausgenommen, war keines erfolgreicher als Terence Hill und Bud Spencer.

Die bis heute anhaltende Wiederholung ihrer Filme seit mehr als vier Jahrzehnten, in denen die beiden immer wieder in Hass und Liebe vereint dem Publikum vorgeführt werden, tragen mit ihren Auftritten in Talkshows erheblich zu der Annahme bei, Terence und Bud seien auch privat wie Pech und Schwefel. Zu schön ist einfach die Vorstellung einer bruderähnlichen Freundschaft (und Brüder sind sie ja auch oft auf der Leinwand), der der Lauf der Dinge nichts anhaben kann. Eine Freundschaft, die, wenn es nötig ist, auch mal ein paar satte Backpfeifen oder Kopfnüsse locker vertragen kann, ohne dass es für einen von den beiden oder gar ihre Verbindung insgesamt irgendwelche ernsten Konsequenzen haben würde.

Fans oder Journalisten plagen die Stars seit Jahren mit Fragen danach, ob sie auch privat miteinander befreundet seien – ob nun in einem der vielen Internetforen oder in Talkshows, in denen bei Meinungsverschiedenheiten zwischen Bud und Terence immer wieder gern zumindest am Rande Lacher provoziert werden mit der Bemerkung, dass die beiden sich wahrscheinlich gleich wieder prügeln werden. Die Antworten wiederum fallen gelegentlich so einsilbig oder ausweichend aus, dass man sich manchmal des Eindrucks nicht erwehren kann, dass die zwei Leinwandhelden keine große Lust haben, ihrer Legendenbildung entgegenzuwirken.

Wie dem auch sei: Am Ende überrascht es vermutlich die meisten ihrer Anhänger nur wenig, dass es Bud ist, der in dieser Angelegenheit endlich einmal richtig auf den Putz gehauen hat. In seiner Autobiografie widmet er genau diesem Punkt, »der die meisten von denen, die mir bis hierher geduldig gefolgt sind, am brennendsten interessiert: die ›Tatsache hinter der Legende‹«, gerade einmal zweieinhalb Seiten.

Was folgt, ist eine charmante, ehrliche und herzlich wirkende Beschreibung der Freundschaft zweier Männer, die sich seit 40 Jahren kennen, sich bei den gemeinsamen Arbeiten blind verstanden und einander schätzen gelernt haben. Und die »mit der Zeit« auch entdeckt hätten, »dass wir uns auf menschlicher Ebene sehr nahestehen, wenn auch mit all den Unterschieden, die jeden Menschen besonders einzigartig machen«, so Bud. »Wir liegen einfach auf der gleichen Wellenlänge.«
Doch es tut gut, statt gespreizter Erklärungen dann auch folgenden Satz zu lesen: »Bud Spencer und Terence Hill sind Freunde, die durch dick und dünn gehen. Carlo Pedersoli und Mario Girotti sind Freunde, die die gleichen Werte und so manche gemeinsame Erfahrung teilen, aber wenn die Drehs beendet waren, führte jeder sein Leben fort und kehrte zu seiner Familie zurück. Wir haben nie den Fehler gemacht, uns in die Privatsphäre des anderen hineinzudrängen. Freundschaft ist wie Liebe ohne Sex, und eine Liebe, die sich in ein Gefängnis verwandelt, zerstört die Freundschaft.«[109] Dies, so Bud, sei auch der Grund, warum Terence und er sich nicht wie zum Beispiel Jerry Lewis und Dean Martin zerstritten hätten. Und so können die Filme dieser zwei wie Pech und Schwefel weiterhin genossen werden nach dem Motto: Die Legende ist tot, es lebe die Legende.

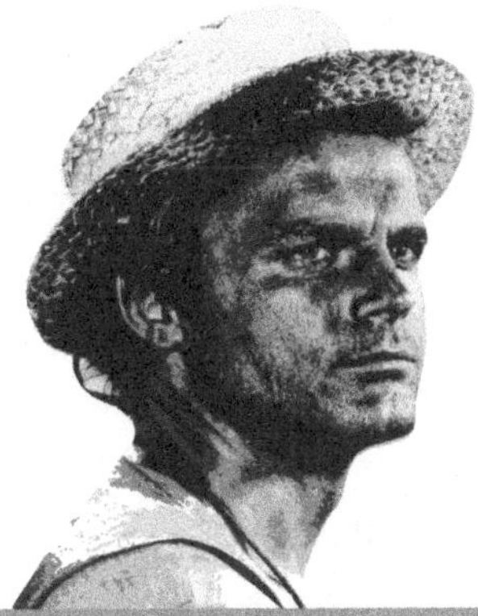

Ich bin ein Lommatzscher

Es ist den Fähigkeiten eines Fliegenfängers aus Reifnitz am Wörthersee zu verdanken, die Lommatzsch knapp sechs Jahre nach dem Fall der Mauer ein neues Großereignis bescherten. Von historischer Bedeutung war es zwar nicht, dennoch ging es in die Geschichte des Städtchens ein. Robert Botzenhart heißt der Mann, Gastwirt und Hotelier eines traditionsreichen Kärntner Familienbetriebs. Am 2. November 1991 saß er zwischen Tina Turner, Claudia Schiffer, Gunther Sachs, Wolfgang Petersen und Terence Hill bei Thomas Gottschalk in der ZDF-Sendung *Wetten, dass ...?* auf dem Sofa. Botzenhart wettete, in 100 Sekunden 20 von 200 Fliegen mit der Hand fangen zu können. Es sind die »verrückten Kleinigkeiten«, hat Terence Hill einmal gesagt, die ihm außer einem gelungenen Drehtag die größte Freude bereiten.[110] An diesem Tag war es wieder so weit – und Terence hielt gegen die Wette.

Der bodenständige Botzenhart, aufgewachsen in einer »Familie, die schon immer sehr fähig war, Fliegen zu fangen«, ist ein gewissenhafter

Mensch und hat sich auf seinen Einsatz gründlich vorbereitet: »Da es bei uns am See ja nicht so viele Fliegen gibt, habe ich vorher einen Monat lang bei einem Mostbauern im Kuh- und Schweinestall trainiert.« Als Wetteinsatz für den Fall, dass er verliere, kündigte Terence Hill einen Besuch in Lommatzsch an. In der deutschen Stadt seiner Kindheit wolle er den Kindern dann einen Nachmittag lang zeigen, wie man sich vernünftig prügelt, ohne ein blaues Auge zu bekommen. Botzenhart muss hart trainiert haben, denn er gewann. Und so kam es, dass Lommatzsch seinen verlorenen Sohn ein halbes Jahrhundert nach dessen Weggang endlich wieder in die Arme schließen konnte.

»Das war ein Hammer«, sagt Klaus-Dieter Hirsch, Lommatzschs erster Bürgermeister nach der Wende. »Der halbe Ort saß damals vor dem Fernseher, wir wussten hier natürlich alle, dass Terence bei *Wetten, dass …?* auftritt. Und als er sagte, was sein Wetteinsatz ist, da haben sich garantiert ein paar hundert Biertrinker verschluckt.« Zwar dauerte es noch ein Weilchen, bis die Wette eingelöst wurde, doch im Frühjahr 1995 war es dann so weit. Terence hatte dafür gesorgt, dass die Deutschlandpremiere von *Die Troublemaker*, zu der auch Bud Spencer anreiste, Mitte März im Dresdner Ufa-Palast stattfand. Die Gelegenheit wollte er nutzen, um im Nachbarort Lommatzsch die verlorene Wette einzulösen.

Was dann passierte, übertraf die kühnsten Erwartungen. Als Terence Hill am 12. März gegen 12 Uhr mittags auf einem Planwagen vom Lommatzscher Spielmannszug in die Innenstadt geleitet wurde, schallte ihm auf dem Rathausplatz der Jubel aus rund 10 000 Kehlen entgegen – etwa doppelt so viele, wie der Ort Einwohner hat. Wenig später trat der Schauspieler auf den Balkon des Rathauses, und nicht nur Klaus-Dieter Hirsch bekam eine Gänsehaut, als er zu den Anwesenden in feinstem Deutsch sprach: »Ich bin stolz, ein Lommatzscher zu sein … mein Herz ist hier!« Die folgenden 24 Stunden verbrachten die Lommatzscher im »Terence-

Hill-Delirium-tremens«, bei dem der damals fast 57-Jährige keine Sekunde zur Ruhe kam. Am ehemaligen Wohnhaus seiner Familie in der Döbelner Straße 40 enthüllte er eine hölzerne Gedenktafel, auf der prompt ein falsches Datum aufblitzte: »Hier wohnte Mario Girotti/Terence Hill, 1943–1947«, zwei Jahre zu viel, ei verbibbsch. Es folgten die obligatorischen Autogrammstunden. Und am Nachmittag war in der Sporthalle der Mittelschule ein Stunt-Training für die Kinder angesetzt. Doch damit nicht genug: Abends wurde Terence im Rathaus – nur wenige Meter entfernt von seinem ehemaligen Zuhause – nach seinem Urgroßvater Carl Menzel und dem Komponisten Robert Volkmann die Ehrenbürgerschaft der Stadt verliehen. Dem folgte, wie sollte es anders sein, das protokollarische gesellige Beisammensein.

Der Höhepunkt aber war für den nächsten Tag geplant: Die Lommatzscher Mittelschüler hatten die offizielle Erlaubnis, vom Unterricht fernzubleiben, damit sie sich fünf Stunden lang mit Terence Hill vor laufender Kamera prügeln konnten. »Terence Hill ist ein netter Schauspieler. Das Schlagen mit ihm hat viel Spaß bereitet. Diese Tage vergesse ich nicht so bald«, gab der zehnjährige Christian Slawig aus der Klasse 4b für eine Broschüre der Stadtverwaltung begeistert über das Stuntman-Training zu Protokoll. Die vier bonbonbunten Blätter, von deren Titelseite ein ziemlich gelangweilter Terence Hill in Cowboykluft guckte, wurden später mit einem offiziellen Verkaufspreis von 3 D-Mark unters Volk gebracht. Auch Klaus-Dieter Hirsch zeigte sich beeindruckt: »Man kann sich nicht nur in schauspielerischer Hinsicht vor ihm verneigen, sondern auch in menschlicher. Er kann zuhören, egal, ob jung oder alt ihn ansprach, er trat offen jedermann gegenüber und war sehr interessiert an allen Dingen, die seine Kindheit und auch die Stadt Lommatzsch und Umgebung betreffen. Und es war zu spüren, dass er sehr einfühlsam, aber auch mit Herz und Humor mit den Kindern arbeitete. Es war sicher für alle ein großes Erlebnis.«[111] Für ihn war der Besuch von Terence in den elf Jahren seiner Amtszeit auf alle Fälle ein Highlight, erinnert sich Hirsch. Nicht entgangen ist ihm außerdem, »dass er ein sehr enges Verhältnis zu seiner Frau hat, denn er stimmt alles mit ihr ab, aber das«, so Hirsch, »soll ja auch gut so sein.«

1998 – ein Jahr vor seinem 60. Geburtstag – kam Terence Hill für die Reportage eines Reisemagazins erneut nach Lommatzsch. Der Journalist, der ihn am Flughafen in Dresden abholte, hat ihm versprochen, alles möglichst diskret ablaufen zu lassen. »Es wäre doch schön, wenn ich mal in aller Ruhe durch Lommatzsch bummeln kann«,[112] hatte Terence gebeten. Doch noch am Flughafen wurde klar, dass daraus nichts werden würde. Schon am Taxistand kam es beinahe zu Auffahrunfällen, und die Leute reagierten in schönstem Lokalkolorit: »Nu gugge mal, dis is doch dorr Tärrens …«[113] Auch in Lommatzsch blieb so mancher Mund offen stehen. Spätestens im Rathaus, wo er sich ins Goldene Buch eintragen sollte, wurde dann endgültig klar, dass das stille Wiedersehen mit dem Ort seiner Kindheit ein frommer Wunsch bleiben würde: Dort empfing ihn – neben einem glücklich lächelnden Hirsch – applaudierend die Belegschaft.

Von guten Seelen und ausgestopften Mäusen

Schon kurz vor seinem zweiten Besuch war das Schwimmbad von Lommatzsch in »Terence-Hill-Freibad« umbenannt worden, denn der Namensgeber hatte großzügig eine riesige Wasserrutsche dafür gespendet. Etwa zur gleichen Zeit begann im Schützenhaus die dazugehörige Kneipe im Stil eines echten Westernsaloons zu erstrahlen. Prunkstück: die »Terence-Hill-Bar«, an der man sich bei Bohnen mit Zwiebeln und ausreichendem Genuss von Wein oder Whisky auch ein bisschen wie Nobody fühlen kann. Und im Heimatmuseum hat die Gemeinde ihrem prominentesten Ehrenbürger sogar ein eigenes Zimmer eingerichtet. Das Mobiliar ist spartanisch wie in einem Spaghetti-Western, an der Wand hängt aber ein Stammbaum der Familie, und es gibt ein paar Requisiten aus dem Film *Die Troublemaker* wie Kochlöffel und Bratpfannen, die teils von Besuchern gespendet wurden, ergänzt durch ein paar Bilder und Poster von Terence. Das Prachtstück dieser kleinen Sammlung ist der Cowboyhut, den er bei den Filmaufnahmen von *Die Troublemaker* trug – »mit original Schweißflecken und Einschusslöchern«, wie Angelika Skrentwa, eine von zwei ehrenamtlichen Museumsmitarbeitern, jedem, der es wissen möchte, berichtet. Und wer nett fragt, der darf ihn vielleicht sogar mal aufsetzen.

Angelika Skrentwa ist so etwas wie die gute Seele des Museums. Man kennt sie weit über die Stadtgrenzen hinaus für ihre lebhaften Führungen in typisch sächsischer Mundart. 1995, beim ersten Besuch von Terence Hill, war sie noch einer von Tausenden Fans auf dem Rathausplatz. Inzwischen ist sie längst zur Expertin geworden, was Terence Hill und Lommatzsch angeht. Sie kennt sich bestens aus, vor allem in der weitverzweigten Familie des Glasfabrikanten Menzel und ihrer Geschichte, Terence' Verwandtschaft mütterlicherseits. Angelika Skrentwa sammelt alles über den Schauspieler, was sie bekommen kann, sie hat Zeitzeugen befragt, die die Familie Girotti kennengelernt haben, und lässt kein noch so kleines Detail aus. Das meiste erfährt man über die zwei Jahre, die Terence in Lommatzsch verbracht hat, in den Führungen von Angelika Skrentwa und ihrer Kollegin, nicht durch die Ausstellung im Museum. Und da in dem luftigen Gemäuer mehr als genügend Platz vorhanden ist, machte es sich dort einen Winter lang ein ganz besonderer Dauergast gemütlich – eine Maus. »Wir hamm 'se ›Mario‹ getauft, aber leider hat se dann im nächst'n Sommer rausgemacht«, bedauert Angelika Skrentwa. Die Enttäuschung war groß, doch Not macht erfinderisch: Mit einem ausgestopften Vetter gleichen Namens hat man inzwischen für Ersatz gesorgt. Regelmäßig kommen Besucher auch von weit her, die sich auf Spurensuche begeben haben und erfahren wollen, was es Neues gibt vom weltberühmten Filmstar aus Lommatzsch.

Doch im Lauf der letzten Jahre ist es in der sächsischen Kleinstadt ein bisschen ruhiger geworden. Der Hype um Terence hat abgenommen, Nostalgie macht sich breit in der Erinnerung an bessere Zeiten, die gelegentlich sprichwörtlich vor sich hinbröselt – fast wie die mittelalterlichen Kellergewölbe, die in Lommatzsch ab und an ein Wohnzimmer oder eine Gaststätte verschluckt haben. Glücklicherweise ist bislang niemand zu Schaden gekommen, denn die Absenkungen kündigen sich meist auf unübersehbare Art und Weise an. Doch während die Kellergewölbe inzwischen eingehend von Bergbauingenieuren untersucht wurden, um Schlimmeres rechtzeitig zu verhindern, blieb 2011 das Terence-Hill-Freibad das ganze Jahr über geschlossen, da das Loch in der Gemeindekasse noch größer ist als die Risse in der Wanne des Schwimmbeckens. Wann das Bad wieder öffnet, steht so lange in den Sternen, bis nicht nur die Kosten der Sanierung, sondern auch die des teuren Betriebs längerfristig geklärt sind, sagt die neue Bürgermeisterin Anita Maaß. Und so bemühen sich die Lommatzscher nun um Sponsoren. Auch in der Terence-Hill-Bar im Schützenhaus ist es merklich ruhiger geworden, denn die Betreiber suchen schon seit einiger Zeit einen neuen Pächter. Bis dahin kümmern sie sich selber um die Gäste.

Selbst das Haus in der Döbelner Straße 40, in dem Terence damals mit Brüdern, Eltern und Großeltern wohnte, steht nun seit fast zehn Jahren leer. Zuletzt lebte dort die Schwiegermutter der neuen Bürgermeisterin. »Kurz vor seinem 70. Geburtstag sind wir von Presseanfragen regelrecht überrannt worden«, erinnert sich Anita Maaß, promovierte Historikerin und Mitglied des FDP-Landesvorstandes. »Wir würden gerne etwas mehr machen, um das Andenken an unseren prominenten Ehrenbürger, dem Lommatzsch sehr wohlgesinnt ist, zu pflegen. Doch wir sind nur eine kleine Gemeinde, unsere Möglichkeiten sind einfach begrenzt. Zudem haben wir von Terence Hill leider schon länger nichts mehr gehört. Wir wissen also nicht, ob ihm das überhaupt recht wäre.« Auch Angelika Skrentwa ist inzwischen ziemlich enttäuscht. »Wir haben sogar mehrfach geschrieben. Aber es kam einfach keine Antwort. Und so sind zu den Schweißflecken auf Terence' Hut nun noch 'n paar Mottenflecken hinzugekommen.«

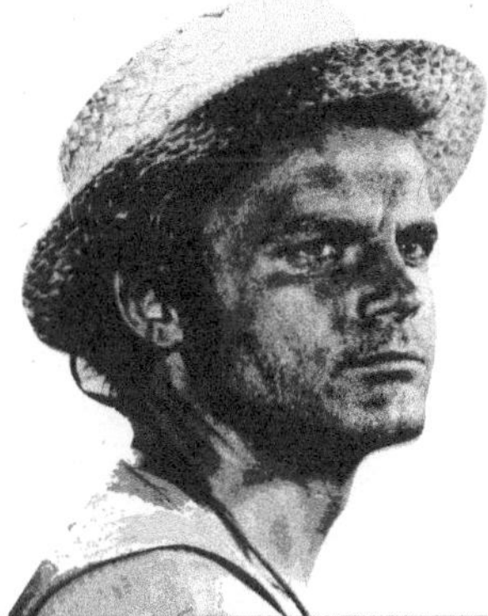

Vom Prügler zum Prediger (1999–heute)

Für Terence begann die zweite Hälfte der 90er-Jahre nach den beiden Filmprojekten, die er nach dem Tod seines Sohnes Ross in Angriff nahm, wenig vielversprechend. Der einzige Kinostreifen, den er noch drehte, heißt *Virtual Weapon*, der 1997 in Florida entstand. Er spielt darin einen Detektiv und Computerexperten, der Terroristen jagt und nach einem Anschlag leblos zurückbleibt. Dank der Computerkünste eines kleinen Mädchens bleibt er als Hologramm weiter dem Bösewicht auf den Fersen. Am Ende erwischt er ihn, und aus dem Hologramm wird kurz darauf wieder ein Mensch. Terence selbst bezeichnete diese Arbeit auch noch Jahre später als »sehr lustig« und »gut gemacht« und gab sich völlig ratlos angesichts der geringen Resonanz – zumal an seiner Seite auch eine bekannte Sportlerlegende zu sehen sei: »Marvelous« Marvin Hagler, Ex-Boxprofi und mehrfacher Weltmeister im Mittelgewicht, der immerhin sogar einmal gegen Sugar Ray Robinson gekämpft habe.[114] Doch davon, zur Legende zu werden, war dieser Film, bei dem sein

Sohn Jess einer von zwei Drehbuchschreibern ist, so weit entfernt wie kaum eine andere Arbeit von Terence. Weder in Deutschland noch in Italien schaffte es *Virtual Weapon* ins Kino, in Italien zeigte ihn ein Privatsender sogar erst zehn Jahre später, in Deutschland wurde er immerhin mit nur dreijähriger Verzögerung ausgestrahlt. »Ein Billigfilm, der durch das Modethema virtuelle Realität, handfesten Klamauk, zahllose Prügeleien und den vermeintlichen Star Terence Hill auf ein gewisses Zuschauerpotenzial schielt, seine Existenzberechtigung jedoch zu keiner Zeit belegen kann. Eine schwer erträgliche Synthesizermusik macht sogar das Hören zur Qual«, wird dazu trocken im *Lexikon des Internationalen Films* vermerkt.

Nach diesem Flop machte Terence sich wieder auf Jobsuche in Italien. Im Gepäck hatte er eine Idee, für die er einmal mehr in den Priesterrock schlüpfen wollte – ähnlich wie schon in *Don Camillo*. Jedoch soll der Geistliche nebenbei auch als erfolgreicher Hobbydetektiv ermitteln, ganz so, wie es der berühmte Pater Brown in den Romanen des Briten Gilbert Keith Chesterton vormachte. Auf der Leinwand international bekannt geworden ist die Figur des Pater Brown durch Alec Guinness, in Deutschland zusätzlich durch Heinz Rühmann. »Ich hatte schon zwei Drehbücher geschrieben, die auch ganz gut waren«, sagte Terence dazu, »es handelte sich um einen Priester, der Mitglied in einer Fallschirmspringergruppe ist, ein Action-Kaplan.«[115]

Obwohl er einen Privatsender fand, der sich für diese Idee interessierte, wurde das Projekt fallen gelassen, noch ehe die Arbeit daran überhaupt begonnen hatte. Das öffentliche Fernsehen hatte nämlich eine ähnliche Produktion mit einer Figur im Stil von Pater Brown bereits in Planung. Terence konnte den Privatsender aber von einem anderen Drehbuch überzeugen und war gerade dabei, sich um seinen Rückflug in die USA zu kümmern, als ihn ein Filmproduzent namens Luca Bernabei anrief, der ihm gern das Drehbuch zu einer Serie zeigen würde, die er gerade für die Rai produzierte – und sich prompt als genau jene erwies, die kurz zuvor das Ende seines vom Himmel fallenden Priesters beim Privatfernsehen besiegelt hatte.[116]

Die Serie, die zunächst den Titel *Don Teodoro* trug, dreht sich um den neuen Priester einer Kleinstadt, der mithilfe eines Wachtmeisters der örtlichen Carabinieri Kriminalfälle löst, bevor dessen Vorgesetzter, der Commandante, es schafft. Dieser betrachtet hingegen jeden Fall als so gut wie gelöst, nachdem das erste Indiz aufgetaucht ist – und verdächtigt somit jede Menge Unschuldiger. Die Handlung ist frei aus dem Leben gegriffen, wobei es um Alltagsthemen wie Liebe, Glück, Eifersucht, Neid, Geld, Familienstreitigkeiten, Sucht, Emigrantenschicksale und Ähnliches geht.

Terence war sofort Feuer und Flamme: »Die Geschichten haben mir viel besser gefallen als das, was ich im Kopf hatte – etwas, das mir nie in den Sinn gekommen war: ein Detektiv-Priester in der italienischen Provinz. Das, was ich ganz besonders daran mochte, war, dass immer wieder neue Personen in der Handlung auftauchen, mit denen man sich auseinandersetzen muss.«[117] Begeistert sagte er daher zu und setzte durch, dass der Name von Priester und Serie in *Don Matteo* geändert wurde, da der andere ihm nicht gefallen hatte.

Terence war überglücklich, dass ihm das Schicksal diese Chance in die Hände gespielt hat. Sein Leben schien noch immer stark vom tragischen Verlust seines Sohnes Ross überschattet. Und nun konnte er das machen, was er ohnehin selbst vorgehabt hatte, bevor Luca Bernabei ihm das Drehbuch zu *Don Matteo* in die Hand gedrückt hatte: zum dritten Mal nach *Zwei Missionare* und *Don Camillo* wieder einen Geistlichen darstellen. In dem Augenblick konnte er jedoch noch überhaupt nicht ahnen, dass *Don Matteo* ihm in Italien schon bald ein neues, sensationel-

les Comeback bescheren und seine Karriere um ein außergewöhnliches Kapitel erweitern würde. Letztlich würde die Serie nicht nur sein eigenes Leben, sondern auch das einer Stadt auf kuriose Art beeinflussen.
Die größte Überraschung aber wartete auf das Publikum. Denn in *Don Matteo* würde Terence Hill in einer Rolle zu sehen sein, die ihn von einer ganz anderen, neuen Seite zeigte und seinem Charakter weit mehr entsprach als alle anderen Filmfiguren zuvor.

Das Erfolgsrezept

Entwickelt wurde *Don Matteo* von der 1992 gegründeten italienischen TV-Produktionsfirma Lux Vide, die auf Familienfilme spezialisiert ist und mit der Bearbeitung historischer Stoffe einschlägige Erfahrungen gesammelt hat, insbesondere jenen mit religiösem Hintergrund. Neben einem 21-teiligen Bibelzyklus, in dem internationale Kinogrößen wie Ben Kingsley, Richard Harris, Jacqueline Bisset, Dennis Hopper, Armin Mueller-Stahl oder Klaus Maria Brandauer mitgewirkt haben und der an 140 Sendestationen weltweit verkauft wurde, gehören zum Repertoire unter anderem auch biografische Arbeiten beispielsweise über Jesus, Papst Johannes Paul II. oder katholische Heilige wie Padre Pio und Mutter Teresa.
Der Gründer von Lux Vide ist in der italienischen Fernsehbranche kein unbeschriebenes Blatt: Ettore Bernabei, der Vater des Produzenten von *Don Matteo*. Von 1960 bis 1974 war er Generaldirektor der Rai. Bernabei senior ist als strammer Katholik bekannt und Mitglied des Opus Dei, jener nicht unumstrittenen Organisation der römisch-katholischen Kirche, die sich um die geistliche Bildung von Laien kümmert. Als Ettore Bernabei die Rai leitete, gab es selbst in Italien noch kein Privatfernsehen,

und Silvio Berlusconi hatte gerade erst damit begonnen, in Mailand zahllose Häuser zu bauen und damit das Fundament für sein späteres Finanz- und Fernsehimperium zu legen. Die Idee zu *Don Matteo* stammt indes von Regisseur Enrico Oldoini, der als Drehbuchautor neben Lina Wertmüller und vielen anderen zuvor auch schon mit Dino Risi und Sergio Corbucci zusammengearbeitet hat, die wiederum Terence bei gemeinsamen Produktionen kennengelernt hatten.

Terence, inzwischen fast 60, ließ keine Zeit vergehen und begann mit großem Elan, sich sofort in die Rolle einzuarbeiten und sie auf seine Person zu übertragen. Dabei half ihm wieder einmal das berühmte »Method acting« von Lee Strasberg, dem Gründer des Actors Studio in den Vereinigten Staaten, wo er gelernt hatte, seine mimischen Fähigkeiten gezielt durch Entspannungstechniken und das Erinnern an eigene Erlebnisse zu steuern. Doch selbst in Italien, wo ihn Ende der 90er-Jahre immer noch viele aufgrund seines Namens für einen Amerikaner hielten, wusste kaum jemand, dass ihm diese Rolle auch persönlich leichter fiel als viele andere, die er zuvor gespielt hatte, da er eine sehr innige Beziehung zur Religion hat. Im Gegensatz zu vielen anderen italienischen Gläubigen liegt es Terence nämlich überhaupt nicht, über seinen Glauben in der Öffentlichkeit zu reden, frei nach dem Motto: »Je weniger man darüber spricht, desto besser ist es.«[118]

Das Einzige, was Journalisten ihm bislang gelegentlich entlocken konnten, ist sein Glaube an Gott seit Kindertagen, wobei ihn sein Vater sehr geprägt habe. Nur selten antwortet er auf die Frage zu seinem Verhältnis zur Religion etwas weniger einsilbig – wie beispielsweise bei einer öffentlichen Konferenz mit dem Kritiker Fabio Melelli geschehen, die im Jahr 2002 unter anderem vom Centro Sociale der Università per stranieri in Perugia mit ihm als Gast organisiert worden war: »Vor allem ist das Verhältnis gut, ich streite nicht mit der Religion! Auf diese Fragen antworte ich stets, dass dieses Verhältnis ein sehr privates ist, eine herzliche Beziehung, glücklich, ernsthaft, auch wütend. Aber ich glaube, dass es schwierig ist, über diese Beziehungen zu reden, denn es sind Beziehungen, die erlebt werden müssen. Ich denke, es ist ein Verhältnis, das in einem bestimmten Sinne jeder hat.«[119]

Allein der Name Terence Hill war damals in Italien natürlich noch immer eine Zugnummer. Die Macher von *Don Matteo* bewiesen aber auch mit der Wahl des Drehorts ein ausgesprochen sicheres Gespür für die passende Atmosphäre. Sie fiel auf Gubbio, eines der schönsten mittelalterlichen Städtchen ganz Italiens, das im Herzen von Umbrien am Rand einer Hochebene mitten im Apennin liegt, knapp 40 Kilometer nördlich von Perugia und Assisi. Die Stadt scheint wie geschaffen für die Serie, denn sie wird vom internationalen Massentourismus gemieden, der Filmaufnahmen nur unnötig behindern würde. Ab und an wehen durch Gubbios schattige Gassen würzige Aromen von Wacholder und Zypressen, die den Rand der Altstadt säumen. Und schon von Weitem weisen hell leuchtend die prächtigen und hohen Paläste aus weißem und rosafarbenem Kalkstein auf den einstigen Reichtum dieser im Mittelalter freien und einflussreichen Stadt hin. Die Fassaden in den engen, steilen Sträßchen hingegen sind von einer graugrünen Patina überzogen, die sie selbst bei Sonnenschein manchmal wie finstere Felsschluchten wirken lässt. In Gubbio gibt es zudem so viele Kirchen und Klöster, dass einige von ihnen überhaupt nicht mehr genutzt werden wie beispielsweise das Kloster San Marziale. Der Herr über die Liegenschaften der Diözese Gubbio heißt Paolo Salciarini und war zufällig beim Bürgermeister, als *Don-Matteo*-Regisseur Oldoini 1998 dort erstmals auftauchte, um neben drei anderen Städten in Umbrien auch Gubbio als potenziellen Drehort für die neue Produktion unter die Lupe zu nehmen. Signor Sindaco, wie alle Bürgermeister in Italien angeredet werden, bat also den Hüter der örtlichen Kirchen, sogleich eine private Sightseeingrunde mit dem Fernsehmann zu drehen, um ihn über den unschätzbaren architektonischen Reichtum der Stadt ins Bild zu setzen. »Als ich Oldoini die Kirche vom Kloster San Marziale zeigte, das – obgleich nicht mehr genutzt – noch immer mit schweren Eichenholzmöbeln aus dem 15. Jahrhundert vollgestopft war und nur darauf wartete, wieder mit Leben gefüllt zu werden, sagte er mir sofort: ›Paolo, es ist so gut wie sicher, dass wir die erste Staffel von *Don Matteo* in Gubbio drehen werden.‹«

Fernsehwunder

Die Dreharbeiten zu *Don Matteo* begannen 1999, im Januar 2000 ging die erste von 16 Episoden zur Primetime im ersten Programm der Rai auf Sendung. Und Terence überraschte seine italienischen Fans in »Lo straniero« (»Der Fremde«), so der Titel der Auftaktsendung, gleich mit einem kleinen Paukenschlag: Zum ersten Mal in seiner Karriere ist seine eigene Stimme im Film zu vernehmen, er wird als Don Matteo nicht synchronisiert. »Ich hatte immer geglaubt, dass meine Stimme wegen meiner Schüchternheit nicht geeignet wäre für die Charaktere, die ich gespielt habe. Aber bei Don Matteo ist das anders. Den, habe ich gedacht, kann ich auch mit meiner Stimme interpretieren, und so habe ich meine Ängste besiegt. Anfangs war das außerordentlich schwierig, denn ich hatte vorher immer nur Englisch gesprochen. Ich musste sogar Rezitationsunterricht nehmen. Am Ende aber hat es dann geklappt.«[120]

Da 30 Jahre USA-Aufenthalt einen leichten amerikanischen Akzent in seinem Italienisch hinterlassen hatten, ließ er sich die Chance nicht nehmen, sein Comeback in Italien auf charmante Art anzukündigen – und zwar im Film selbst. In seiner ersten Messe als neuer Priester von Gubbio wendet er sich mit folgenden Worten an die Gemeinde: »Entschuldigt, dass mein Italienisch ein bisschen komisch ist, denn ich bin viele Jahre fort gewesen. Aber ich bin hier ganz in der Nähe geboren.« Auch eine Reminiszenz an seine Western fehlt nicht. So weist ihn anfangs der Bischof darauf hin, dass er nicht in New Mexico sei, und da er ganz offensichtlich noch immer gut in Form sei, möge er sich doch bitte statt Jeans und Hemd einen Talar zulegen.

Im Verlauf der ersten Folge freundet sich Don Matteo mit Maresciallo Cecchini an – gespielt vom sizilianischen Schauspieler Nino Frassica, der einen albernen und selbstgefällig bauernschlauen, aber auch witzigen sizilianischen Carabiniere gibt. Die beiden Figuren ergänzen und konterkarieren einander perfekt. Mit seiner Hilfe löst Don Matteo den ersten Fall: den mysteriösen Tod eines serbischen Fabrikarbeiters, der von dessen italienischem Chef zur Vertuschung als Selbstmord inszeniert wurde. In Wahrheit ist er bei einem Arbeitsunfall ums Leben gekommen, weil die Sicherheitsstandards nicht eingehalten wurden.

Die Auftaktsendung und alle weiteren 15 Folgen der ersten Staffel waren ein Triumph, wie man ihn im italienischen Fernsehen schon lange nicht mehr erlebt hatte. Die Zuschauerquoten lagen teilweise bei über 30 Prozent, deutlich höher als der Anteil von Spitzenbegegnungen im allerorts geliebten Fußball – und noch weit über den Quoten der meisten anderen Sendungen, ganz gleich, welchen Formats und ob privates oder öffentlich-rechtliches Fernsehen. Alle sind plötzlich verrückt nach diesem Don Matteo, der Unrecht nicht ertragen kann, das Wort Sünde nicht in den Mund nimmt, alle Kriminalfälle anhand von Indizien löst, auf die er meist intuitiv aufmerksam wird, und der auf einem alten Fahrrad mit fast demselben Biss durch hügeliges Gelände saust wie einst der legendäre Fausto Coppi auf einer Bergetappe des Giro d'Italia. Dabei ähnelt er mit seinem schwarzen Barett und seiner Lederjacke, die er manchmal über dem Talar trägt, sogar eher einem Partisanen als einem Priester. »Ich wollte diesen Charakter sportlich, neugierig, klug und ernst und auch ein bisschen schüchtern wirken lassen, so wie ich insgesamt auch selbst bin«,[121] sagt Terence. Und damit trifft er bei den Zuschauern voll ins Schwarze.

Wallfahrt nach Gubbio

Der 16-Teiler, der an acht Abenden mit jeweils zwei Folgen von je knapp 60 Minuten hintereinander gesendet wurde, entpuppte sich als derartiger Renner, dass Luca Bernabei sofort eine neue Staffel produzierte, die schon 2001 ausgestrahlt wurde. Seit der vierten Staffel aus dem Jahr 2004 beträgt die Anzahl sogar 24 Folgen. Die italienischen Kritiker sind voll des Lobes, und 2002 wurde Terence Hill für seine Rolle beim Internationalen Fernsehfestival in Monte Carlo sogar als bester Schauspieler ausgezeichnet. In Deutschland unternahm die Berliner Synchronisationslegende Rainer Brandt noch im selben Jahr den Versuch, die ersten beiden Folgen der ersten Staffel für das deutsche Publikum zu bearbeiten, was aber bis heute niemanden wirklich zu interessieren scheint. Der Erfolg von Terence als Don Matteo muss sich dennoch irgendwie herumgesprochen haben. Denn die Polyphon Film- und Fernsehgesellschaft begann noch im selben Jahr mit der Produktion einer eigenen Reihe mit dem Titel *Pfarrer Braun*, die schon ein Jahr später mit Ottfried Fischer als Hauptdarsteller in der ARD lief, die es bis 2011 auf bislang insgesamt 20 Folgen brachte.

Während Terence Hill in Deutschland offenbar nicht genug Zugkraft in dieser Rolle entfalten konnte, nahm die Begeisterung in Italien schon sehr früh kuriose Züge an – und zwar in Gestalt reiselustiger Don-Matteo-Fans, die zu Tausenden nach Gubbio pilgern. Aus allen Landesteilen reisen sie das ganze Jahr über an, um ihr altes und/oder neues Idol mit eigenen Augen zu sehen oder wenigstens auf seinen vergötterten Pfaden durch die Stadt zu wandern. Zwar gibt es immer wieder Besucher, die ein wenig enttäuscht sind, wenn sie Don Matteos Kirche betreten, die im Film auch ihren echten Namen San Giovanni trägt, doch die Innenaufnahmen werden nicht in dieser Kirche gedreht, sondern im Kloster San Marziale. Die meisten pilgern dann einfach unverdrossen weiter zu den anderen Drehorten. Zu sehen gibt es in den Stadt ohnehin genug – auch ohne den bekannten TV-Patron.

Der Besuchersegen, den *Don Matteo* Gubbio beschert, ist dennoch außergewöhnlich und ein aussagekräftiger Gradmesser der Sympathie, die dem Fernsehpriester entgegengebracht wird. Der Fremdenverkehr in Umbrien hatte zudem Ende der 90er-Jahre bittere Rückschläge zu verbuchen, nachdem zwei schwere Erdbeben die Region im September 1997 erschüttert und mehrere Todesopfer gefordert hatten. Im nahen Assisi starben sogar vier Menschen in der Basilika des heiligen Franziskus. »Der Tourismus ist damals in Umbrien um 20 Prozent zurückgegangen, da die Menschen plötzlich schlicht und einfach Angst hatten hierherzukommen«, erinnert sich Paolo Salciarini. »Gubbio war die einzige Ausnahme. Nachdem die erste Staffel von *Don Matteo* gedreht und gesendet worden war, gingen bei uns die Besucherzahlen nicht nur nicht mehr zurück, sondern sie stiegen sogar deutlich über das Niveau der Zeit vor dem Erdbeben.« Der Filmstar trägt dazu auf alle Fälle auch mit seiner »hilfsbereiten Art und Weise bei, die wirklich unglaublich ist und die man sehr schwer findet, vor allem wenn man bedenkt, wie ungeheuer populär Terence ist«, sagt Salciarini voller Bewunderung. »Ganz gleich, mit wem er redet: Er schafft es im Handumdrehen, einem sofort das Gefühl zu geben, einen ganz normalen Menschen vor sich zu haben und nicht einen Star. Und wenn die Leute von weit her in ganzen Familienverbänden nach Gubbio kommen, nur um ihn zu sehen und weil sie sich das zum Teil schon über Jahre gewünscht haben, dann aber oft lange warten müssen, weil er während der Dreharbeiten, bei denen sie ihn beobachten können, natürlich keine Zeit hat, kriegen sie oft den Mund nicht auf, wenn er dann tatsächlich zu ihnen kommt – und statt eines Autogramms ein gemeinsames Foto machen lässt, womit er die Menschen viel glücklicher macht.«

Seit Salciarini – der von der ersten Folge an der Koordinator zwischen Kommune und Filmproduktionsgesellschaft war – dafür gesorgt hat, dass die Termine der Dreharbeiten, die sich über mehrere Monate im Jahr erstrecken, mit detaillierten Orts- und Zeitangaben von der Homepage der Kommune runtergeladen werden können, hat ein Run auf Gubbio eingesetzt, auf den im Ort auch in wirtschaftlicher Hinsicht niemand mehr verzichten möchte.

Heimkehr

Terence Hill kamen nach den ersten zwei, drei Staffeln die ersten Bedenken, ob sich das Publikum nicht allmählich langweilen könnte, da das grundlegende Prinzip der Serie nicht verändert wurde. Die Zuschauerzahlen widerlegen diese Annahme bis heute. Und so wurde Gubbio für Terence und seine Frau Lori allmählich immer mehr zu einem neuen Zuhause, da die beiden durch die Dreharbeiten, die sich nicht selten über acht Monate erstrecken, ohnehin die meiste Zeit des Jahres dort verbringen. Das ständige Hin und Her zwischen Umbrien und Massachusetts machte ihnen zudem immer mehr zu schaffen.

Ihr neues Domizil sei dabei »genau nach dem Geschmack, wie Terence es haben will«, weiß Paoli Salciarini. Was Terence bestätigt: »Ich habe ein Haus in den Hügeln vis-à-vis von Gubbio gemietet, das sich in einem 400 Hektar großen Reservat befindet und voll von Tieren ist, die in Freiheit leben. Darunter sind auch viele Vögel wie Falken, Schleiereulen, Nachtigallen, Stieglitze, und inzwischen ist sogar der Wiedehopf zurückgekehrt. Dies ist meine Oase der Unbeschwertheit, wo ich laufen gehe, mit dem Fahrrad fahre und einen kleinen See mitten im Grün genieße. Ich glaube nicht, dass ich ohne diese wundervolle Energiequelle die ermüdenden Rhythmen des Serienalltags beim Drehen aushalten könnte, die mir physische Kraft gibt und mich innerlich wieder auflädt. Nach Umbrien zu kommen hat für mich schlicht bedeutet, wieder nach Hause zu kommen, alte Schulfreunde wiederzusehen und auf vertraute Gerüche, Farben und Aromen der Erde zu stoßen. Es konnte mir kein größeres Glück passieren«.[122] Sein Vater stammte ja aus dem nahe gelegenen Amelia, wo Terence ab dem fünften bis zum zwölften Lebensjahr mit seiner Familie gewohnt hat. Und auch seine beiden Brüder Piero und Odoardo leben in Amelia.

Eine Berufung: Don Matteo

»Als ich Terence zum ersten Mal am 10. Oktober 1998 in Gubbio sah, kam mir das komisch vor«, gesteht Paolo Salciarini. »Natürlich kannte ich ihn schon von früher aus dem Kino und hatte ihn mir bislang immer auf einem Pferd vorgestellt, als Cowboy. Jetzt sollte er auf einmal einen Priester spielen! Als ich ihn mir dann aber etwas besser angesehen und angehört hatte, musste ich meinen Eindruck sofort revidieren. Und zwar nicht nur, weil die Stimme von Terence hervorragend zu einem Priester passt, wenn sie nicht gar pastoral ist. Ich würde sogar sagen, dass es im italienischen Fernsehen noch nie einen Schauspieler gegeben hat, der einen Priester so überzeugend und echt gespielt hat wie er, Fernandel als Don Camillo eingeschlossen. Er liebt diese Rolle sehr«, sagt Salciarini, der mit Terence seit Jahren befreundet ist.

»Die Figur von Don Matteo ist insofern meine eigene, als dass ich sie nie als die eines kleinen, unbedeutenden Priesters aufgefasst habe. Der Talar ist dabei für mich der alte Wachsmantel aus *Mein Name ist Nobody* geblieben, den mir Sergio Leone gab, nur dass er eine andere Farbe hat«,[123] sagt Terence über seine aktuelle Priesterrolle, die sich von den beiden vorherigen deutlich unterscheidet. Und die er mit entsprechender Mimik und angemessener Stimmlage verkörpert. »Es ist für mich leicht, fast natürlich, diese Rolle zu interpretieren, denn ich teile mit Don Matteo meinen tiefen Glauben«,[124] sagt der praktizierende Katholik.

Allerdings scheint dieser Don Matteo fast immer von einer latenten Schwermut geplagt, die besonders in jenen Augenblicken zutage tritt, wenn er anderen Protagonisten, denen Tragisches widerfahren ist, mit religiös-philosophischen Ratschlägen zur Seite stehen möchte. Dabei ist die Stimme des Priesters ebenso versteinert wie sein Gesicht. Und im Gegensatz zu Chestertons Pater Brown fehlt Don Matteo die lockere Ironie, was sein Publikum aber offenbar überhaupt nicht stört.

Dem literarischen Vorbild Chestertons viel näher ist hingegen Don Mauro, der damals der echte Priester von San Giovanni war, als Terence Hill 1999 erstmals für die Rolle des Priesters in Gubbio aufkreuzte. Don Mauro, der momentan ein Amt am Päpstlichen Priesterseminar in Assisi bekleidet, wo er eine Art spiritueller Begleiter der angehenden Geistlichen ist, ist voll des Lobes für ihn und hat die Zusammenarbeit mit Terence in allerbester Erinnerung. So zieht Don Mauro verschmitzt die Brauen hoch, als er in seinem Büro unterhalb der weltberühmten Basilika des heiligen Franziskus von jener Zeit erzählt: »Nun … das, was einmal mein Haus war, wurde plötzlich das Haus von Terence Hill … woraus sich allerdings eine äußerst interessante Angelegenheit entwickelte! Wenn Terence in meiner Kirche gedreht hat, hat er sich direkt im Raum, das sich neben dem Amtszimmer der Pfarrei befindet, in aller Ruhe vorbereitet. Er war immer sehr still, sehr gewissenhaft, hat nie irgendetwas dem Zufall überlassen und wollte immer alles ganz genau wissen. Zum Beispiel, wie er sich anziehen sollte, wie ein Priester gestikuliert, sich bewegt oder wie die Liturgien verlaufen. In dieser Hinsicht bin ich mit einem Kollegen aus Gubbio so eine Art Ratgeber für ihn gewesen – und er war so etwas wie unser Novize«, stellt Don Mauro mit einem äußerst zufriedenen Lächeln auf den Lippen fest.

Einmal sollte Don Mauro seinen »Kollegen« Don Matteo sogar vertreten. »In einer Folge wurde Don Matteo für kurze Zeit aus dem Kirchenamt verbannt, weil er selbst ins Kreuz der Ermittlungen der Carabinieri gekommen war und, glaube ich, sogar verdächtigt wurde, einen Mord begangen zu haben. Ich habe mich sehr gefreut darüber, denn ich hatte große Lust auf den Einsatz vor der Kamera, nachdem Terence und ich uns schon eine ganze Weile kannten und der Regisseur mich darum gebeten hatte. Es schien zudem auch noch die einfachste Lösung für alle Beteiligten zu sein. Doch ausgerechnet am Drehtag kam mir dann doch glatt eine Beerdigung dazwischen. So habe ich mich brav beim Regisseur verabschiedet und ihm noch einen angenehmen Tag gewünscht«, erzählt Don Mauro schmunzelnd.

Terence sei eine Person, die zweifellos die Aufmerksamkeit auf sich ziehe, sagt Don Mauro, in dessen Büro auf dem Besprechungstisch eine gut gefüllte Schale mit bunten Bonbons in durchsichtigem Zellophanpapier steht. Und während er sich mit der linken Hand an den rechten Bizeps greift, fügt der gemütliche, im Ansatz stattliche Geistliche mit anerkennendem Blick hinzu, dass es »unglaublich ist, was dieser Mann in seinem Alter noch für einen gestählten Körper hat«. Müsste der Ausbilder von

Priestern seinem prominenten »Novizen« ein Zeugnis ausstellen, stünde darauf sicher die Note »ausgezeichnet«. Denn dieses Wort benutzt Don Mauro, was Terence' Rolle als Don Matteo angeht – angefangen von der »weichen Stimme« bis hin zu den kleinsten Details. »Auch ein paar ältere Priesterkollegen haben mir einmal gesagt, dass er wirklich gut ist. Das Einzige, was sie an ihm bemängelten, war wirklich eine Lappalie: Sie meinten, dass er doch wenigstens dann und wann auch mal ein Brevier in die Hand nehmen könnte, in dem die Priester den Stundenplan der Liturgien und Ähnliches aufbewahren. Und das hat er dann tatsächlich auch gemacht – weil ich es ihm gesagt habe!«, strahlt Don Mauro vergnügt. Die Akribie, mit der Terence als Priester sein Werk verrichtet, beschränkt sich jedoch nicht nur auf Äußerlichkeiten, ergänzt Don Mauro: »Terence ist auch mental durchdrungen von dieser Rolle. Er ist ein schöner Mensch, der Vornehmheit ausstrahlt und eine sehr edle Seele besitzt.« Er habe sogar direkt Einfluss auf die Dialoge genommen, fährt Don Mauro fort: »Während der Dreharbeiten kam er ständig zu mir, um mich nach religiösen Aphorismen oder Büchern zu fragen, weil er immer wieder noch ein paar Gedanken zusätzlich in seine Rolle mit einfließen lassen wollte, was weit über das hinausging, was schon im Drehbuch stand.« Zu den Zitierten gehörten übrigens Papst Benedikt XVI. und Mutter Teresa.

Ein höflicher Racheengel

Gelegentlich kommt es allerdings vor, dass sich in die Handlung der Serie – stets ein bodenständiger Mix aus Krimi, Liebesgeschichte sowie Rettung verlorener Seelen oder unschuldig Verdächtigter – eine Überdosis guter Töne mischt, was selbst im ausgesprochen kirchenfreundlichen Italien hier und da ein Murren aus dem Meer der Zuschauer emporsteigen

lässt. Aldo Grasso, ein landesweit bekannter Fernsehkritiker des *Corriere della Sera*, beschrieb dieses Phänomen in einem Beitrag mit der Überschrift »Das unerträgliche Gutmenschentum des Don Matteo«. Darin stellt er fest, dass das Publikum Don Matteo die »ideologischste Serie« verdanke, die das italienische Fernsehen übertrage und die sich »ganz bewusst mal als Komödie, mal als Tragödie« maskiere.
Die »kleine Welt des Don Matteo, spiritueller Vater und König der Wundertäter«, funktioniert laut Aldo Grasso wie folgt: Das Böse wird ausgerottet, bis das Gute triumphiert, und wo Worte nicht reichen, greift hart der Arm des Gesetzes durch. Alles in allem »ein Fernsehfilm, wo es nicht Licht und Schatten gibt, sondern nur Licht, ein Film über unerträgliches Gutmenschentum, fast Trash«, bei dem die bewaffneten Ordnungshüter sich darüber hinaus auch noch von Seneca inspirieren lassen würden. Und wo, wenn man es richtig bedenke, Don Matteo als »höflicher Racheengel« erscheint, denn: »Wer mit ihm uneinig ist, riskiert fast immer Gefängnis.«[125]
Der Darsteller des »höflichen Racheengels« wiederum gesteht zwar ein, dass er selbst diese Figur genau so gewollt habe, wie er sie darstelle, damit die Zuschauer sich »aufgemuntert und außergewöhnlich« fühlen könnten. »Was ist denn die Sache, die wir am meisten wollen? Wir wollen geliebt werden von den Personen, die uns nahe stehen. In dem Augenblick aber, in dem ich einen Priester spiele, muss man die Leute daran erinnern, dass die zentrale Botschaft von Don Matteo eben ist, dass Gott dich mehr liebt als jeder andere sonst. Das ist zwar Gutmenschentum. Aber es ist eines, das passt. Ein Gutmenschentum, das nur auf eine Sache ausgerichtet ist, was wir, so glaube ich, alle nötig haben.«
Terence Hill ist sich sicher, dass der sagenhafte Erfolg der Serie vor allem auf die Glaubwürdigkeit seines Don Matteo zurückzuführen sei. »Er ist sogar besonders glaubwürdig, weil er jemand ist, der nicht urteilt, son-

dern lacht, scherzt und einen ausgeprägten Sinn für Humor hat. Einen Humor, der lustig ist und sich einmischt und in gewisser Hinsicht an jenen erinnert, den ich vor 30 Jahren in den Filmen mit Bud Spencer spielte. Zudem sagt er Dinge, die allen voran ich selbst mit ihm teile. Und dies tut er auf eine Art und Weise, die alle erreicht, auch jene, die ganz weit weg von ihm sind.«[126]

Das sehen allerdings nicht alle so. In einem völlig anderen Zusammenhang hat zum Beispiel Rodolfo Mencarelli den Schauspieler kennengelernt. Im Gegensatz zu Filmkritikern trifft der Inhaber mehrerer Edelhotels und Spitzenrestaurants in Gubbio, Assisi und Los Angeles Terence auch oft persönlich. So hat er ihn vor allem als Kunden erlebt, der immer wieder mal mit einzelnen Gästen und häufig auch mit der gesamten Filmcrew in seine Taverna del Lupo kommt.

Mencarelli, der ein großer Terence-Hill-Fan ist, zeigt sich eher enttäuscht von der Figur des Don Matteo, denn er hatte etwas ganz anderes erwartet: »Das, was mir am sonderbarsten von allem vorkommt, ist, dass er als Don Matteo überhaupt nicht mehr richtig lachen kann. Seine Mimik wirkt manchmal wie eingefroren im Vergleich zu seinen früheren Rollen wie Trinity. Als Don Matteo fehlt Terence wirklich alles, was lustig ist. Das muss er ja auch nicht um jeden Preis sein, vor allem was diese Rolle als Priester betrifft. Aber ich hatte fest damit gerechnet, dass er sich wenigstens ein bisschen von dem berühmten Witz und der Schlagfertigkeit bewahrt hätte, die man so sehr von ihm gewohnt war. Manchmal habe ich wirklich den Eindruck, dass das schreckliche Erlebnis vom Verlust seines Sohnes diese extremen Veränderungen in ihm hervorgerufen hat, anders kann ich mir das einfach nicht erklären. Diesen Verlust hat er, glaube ich, nie so richtig verwunden.«

Den »ausgeprägten Gerechtigkeitssinn« hat er bei Terence auch schon im Restaurant erlebt. »Einmal war die ganze Clique da, und für Nino Frassica, der sich im Gegensatz zu Terence wie eine männliche Diva benimmt, hatte er einen Platz direkt neben sich reservieren lassen. Frassica kam 20 Minuten zu spät an jenem Abend. Terence hatte in der Zwischenzeit entschieden, den Platz bei dieser Verspätung einem Techniker zu überlassen. Und als Frassica dies dann von mir erfuhr, meinte er: ›Ah, wenn Terence das gesagt hat …‹« Auffallend sei auch, so Mencarelli, dass der Schauspieler penibel darauf achtet, was er isst, immer wenig, auf keinen Fall Fett, zum Beispiel keine Butter. »Und abends verschwindet er spätestens um 22 Uhr. Es wirkt bisweilen fast so, als führe er das Leben eines Mönchs. Doch wenn er sich dazu entschieden hat, dann wird das sicher seinen Grund haben.«

Immer wieder aufs Neue verschlage es Mencarelli jedoch die Sprache, wenn sein prominenter Gast bei ihm vorbeischaut. »Terence Hill ist unglaublich höflich, ganz besonders zu Kindern, und er ist zuvorkommend wie sonst kaum ein anderer Gast. Eigentlich bin ich es ja, der ihn sofort begrüßen und fragen müsste, wie es ihm geht und wie die Dinge so laufen. Aber er ist immer schneller.« Und nach all den Jahren sei es auch in Gubbio immer wieder beeindruckend zu erleben, wie die Menschen ihn verehren: »Ganz gleich, ob es sich um 70-, 30- oder Zehnjährige handelt, ganz gleich, ob Mann oder Frau: Sie lieben ihn einfach alle!«

Erfolge in Serie

Mittlerweile wurde die achte Staffel von *Don Matteo* produziert und gesendet – eine Serie, die in vielerlei Hinsicht Rekorde brach. 168 Folgen sind es bislang seit dem Start im Jahr 2000, was bei einer Filmlänge von rund einer Stunde fast genau einer Woche *Don Matteo* nonstop entspricht. So sind es 103 mysteriöse Mordfälle, die der beliebte Pater mithilfe seiner Intuition bis heute geknackt hat – was Gubbio zumindest virtuell zur mit Abstand gewalttätigsten Gemeinde Italiens macht, womit die Eugubini, wie sich die Bewohner nennen, anscheinend aber sehr gut leben können. Unermüdliche Statistiker haben sogar herausgefunden, dass die Unfall- oder Gewaltopfer, die in der Serie schwer verletzt ins Krankenhaus kommen, am Ende immer überleben und wieder gesund werden. Und die Zuschauerquoten lagen bei der letzten Folge der achten Staffel wieder bei knapp über 30 Prozent – fast wie beim Sendestart. Obgleich Terence Hill auch vor Beginn der Ausstrahlung der jüngsten Staffel in seiner schüchternen und bescheidenen Art einmal mehr seine Befürchtung geäußert hat, dass sich das Publikum bei diesem redundanten Handlungsverlauf langweilen könnte, wird schon von einer neunten und sogar zehnten Staffel gesprochen.

Doch *Don Matteo* ist keinesfalls die einzige Fernsehproduktion, in der Terence Hill als Hauptdarsteller auftritt. 2005 drehte er einen Zweiteiler mit dem Titel *L'uomo che sognava con le aquile* (zu Deutsch »der Mann, der mit den Adlern träumte«). Sage und schreibe 33 Prozent des italienischen Fernsehpublikums träumten Anfang Januar 2006 zum Auftakt mit ihm. Der zweite Teil erreichte sogar eine Zuschauerquote von 38 Prozent, das heißt, dass mehr als jeder dritte Italiener vor dem Fernseher an jenem Abend Terence Hill gesehen hat. Auch der Zweiteiler *L'uomo che cavalcava nel buio* (»Der Mann, der in der Dunkelheit ritt) aus dem Jahr 2009 erzielte Quoten bis zu 26 Prozent. An der Seite von Terence Hill ist die junge Marta Gastini zu sehen, die etwas später mit Anthony Hopkins *Das Ritual* gedreht hat und in Deutschland 2011 vor allem durch ihre Rolle als Giulia Farnese, die Mätresse von Papst Alexander VI., im ZDF-Sechsteiler *Borgia* bekannt geworden ist.

Beide Arbeiten zeigen allerdings ebenfalls, dass sowohl Terence als auch seine italienischen Zuschauer eine ausgeprägte Schwäche für rührige Geschichten zu haben scheinen, die manchmal für beide Seiten fast schon masochistische Ausmaße annehmen. Die Handlungen triefen nur so vor tragischen Schicksalsschlägen, die auch gern kombiniert werden mit einer unmöglichen Liebesgeschichte. In *L'uomo che sognava con le aquile* spielt Terence einen Witwer, der Frau und Kind im Ausland verloren hat, sich in Kalabrien mit einem stummen Helfer in die Berge zurückzieht, wo er Käse nach alter Machart herstellt, und dann für den Erhalt alter Traditionen und gegen ein modernes Touristenzentrum kämpft. Durch die Freundschaft zu einem krebskranken Jungen erobert er noch das Herz von dessen Mutter, um diese am Ende davon zu überzeugen, wieder zu ihrem sich ihr gegenüber unverzeihlich verhaltenden Gatten zurückzukehren, obwohl er sie liebt. *L'uomo che cavalcava nel buio* handelt indes von einem erfolgreichen Reitlehrer, dessen Leben durch den Reitunfalltod eines seiner jungen Schüler eine schwere Zäsur erfährt. Als herauskommt, dass das Pferd gedopt war, wird er des Totschlags angeklagt. Trotz seiner Unschuld zieht sich der Trainer für ein Jahrzehnt aus dem Pferdesport zurück, um dann später die Herzen derer, die sich von ihm hintergangen fühlen, wieder zurückzuerobern. Von keinem der beiden Zweiteiler gibt es bislang eine deutsche Fassung.

Einen Schritt vom Himmel entfernt

Auch der Zwölfteiler *Un passo dal cielo* (»Einen Schritt vom Himmel entfernt«), in dem Terence Hill anschließend mitgespielt hat, war in Italien ebenso erfolgreich wie die anderen Fernsehfilme, in denen er zuletzt zu sehen war. Die jeweils einstündigen Episoden sind 2010 von Lux Vide, den Machern von *Don Matteo*, produziert worden und flimmerten im Frühjahr darauf wieder im Doppelpack über den Bildschirm. Ein weiteres Mal gibt Terence Hill einen eigenbrötlerischen Charakter, dessen Kreuz – der Tod seiner Film-Frau – ihm in allen zwölf Folgen ins Gesicht geschrieben steht. Sie ist bei einer gemeinsamen Klettertour in den Bergen ums Leben gekommen, wofür er sich bis zum Schluss vor lauter Vorwürfen fast verzehrt. Trotzdem hebt sich *Un passo dal cielo* von den beiden Zweiteilern und auch von *Don Matteo* deutlich ab. Denn Terence spielt diesmal nicht in erster Linie einen unbeirrbaren Weltverbesserer von missionarischem Eifer. Die Figur des Pietro ist vielmehr die gute Seele der Forstpolizei von Innichen, einem Ort in den Südtiroler Bergen an der Grenze zu Osttirol.

Die Produktion geizt nicht mit fantastischen Naturaufnahmen – ein märchenhafter Hintergrund für kurzweilige Komödien, Verbrechen und ein paar Liebesgeschichten. Die Handlung dreht sich dabei stets um das Verhältnis zwischen Pietro und seinen Kollegen auf der einen sowie der örtlichen Polizei auf der anderen Seite, die mit den Forstaufsehern im selben Gebäude Dienst schieben. Und da der Chefposten der Polizei mit einem jungen Neapolitaner (gespielt von Enrico Ianiello) besetzt wird, der mit den Einheimischen zunächst ebenso wenig zurechtkommt wie mit den Tücken der Natur, gibt es auch viel zu lachen – ganz gleich, ob dieser nun auf seinen Ledersohlen in steilem Gelände ausrutscht oder an seinem Gehilfen verzweifelt, weil dieser ihn auch schon mal wegen ein paar Heuballen irgendwo stehen lässt.

Im Mittelpunkt dieser Serie stehen wie auch bei *Don Matteo* Verbrechen, die Pietro stets schneller als die Polizei löst. Doch die Erzählweise ist wesentlich heiterer als die der Priesterserie, die Moral steht hier nicht ganz so bedeutungsschwer im Vordergrund und alles wirkt weniger affektiert. Die Rolle des Pietro kommt auch denen der alten Filme deutlich näher als die Figur des Don Matteo. Selbst der Schauplatz scheint bei seiner ausgeprägten Vorliebe für Ruhe, Natur und für Berge wie für Terence gemacht. Das gilt allem voran für sein Domizil – ein Blockhaus, das im Uferbereich des Pragser Wildsees auf Pfählen ins Wasser hineinragt und dessen Terrasse den Blick auf ein Panorama freigibt, das es locker mit den Rocky Mountains aufnehmen kann. Dieser etwa auf halber Strecke zwischen Bruneck und Cortina d'Ampezzo in 1500 Meter Höhe gelegene Ort zählt zu den atemberaubendsten Gegenden, die die Dolomiten zu bieten haben. Und das italienische Fernsehpublikum kann sich bereits auf eine Fortsetzung freuen, die ab Frühjahr 2012 an denselben Plätzen im Dutzend gedreht wird, während in Deutschland allmählich die Spannung steigt, ob die erste Staffel den Sprung auf den heimischen Bildschirm schafft oder nicht.

Kein Platz für Zweifel

An besagtem See in Südtirol gibt es auch ein Hotel und unweit davon eine kleine Marienkapelle. Doch nicht wegen der Dreharbeiten hat Terence Hill diesen geweihten Ort aufgesucht, sondern aus privaten Gründen – und zwar gemeinsam mit vier Nonnen aus Gubbio, mit denen er sich dorthin zur spirituellen Einkehr zurückgezogen hat. »Terence und seine Frau Lori haben uns Nonnen und einen Priester aus Sizilien im Sommer 2009 für eine ganze Woche in das Hotel am See zur Erholung und für Gebete und Meditationen eingeladen. Er und Lori waren die ganze Zeit in der Kapelle dabei«, erzählt Suor Daniela.

Die junge Sizilianerin, die vor ihrem Gelübde als Ordensschwester in Rom Journalismus studierte und als vielversprechende Hoffnung im italienischen Frauenfußball galt, steht seit einiger Zeit als Äbtissin den Schwestern des Kleinen Testaments des heiligen Franziskus vor, die im Kloster von San Marziale residieren, wo noch immer die Innenaufnahmen für *Don Matteo* gedreht weden. In dieser Funktion lernte sie Terence bei den Dreharbeiten in Gubbio kennen.

Auch ihr merkt man deutlich an, dass sie tief beeindruckt ist vom Wesen des Mannes, den sie einst Nobody nannten. »Terence ist durch und durch von Gelassenheit geprägt, von Sanftmut, Einfachheit und Vertrauen. Er ist ein außergewöhnlicher Mann. Man merkt das seinen Rollen in *Don Matteo* und *Un passo dal cielo* an, er legt sehr viel von seiner Persönlichkeit in sie hinein. Ebenso stellt er in seinen Rollen einen Bezug zum Glauben her. Er macht das ganz bewusst, um den Problemen des Alltags entgegenzutreten, um sie zu bewältigen. Diese Rollen sind für Terence keine Arbeit, sondern genau das, wonach es aussieht: Berufung und Mission.«

Ganz besonders gilt das für die letzte der zwölf Episoden, die nach hohen Spannungsbögen und viel Bewegung in der Schlusssequenz mit dem geschäftigen Rhythmus vollkommen bricht. Dort sieht man geschlagene sechs Minuten Terence Hill als Pietro dabei zu, wie er allein mit einem mannshohen Holzkreuz auf dem Rücken zunächst zu Pferd unbeirrt und bedächtig durch die Hochgebirgskulisse reitet, dann zu Fuß einen steilen Wald durchschreitet und schließlich wie Silvester Stallone in *Cliffhanger* eine senkrechte, in den Himmel ragende Felswand hochklettert. Endlich am Ziel, klemmt er mit blutigen Händen das Kreuz in den Felsen und ritzt mit einem Schnitzbeitel »Un passo dal cielo« in einen Stein. Nachdem er den Stein ans Kreuz gelegt hat, schenkt er in der allerletzten Einstellung seinen Zuschauern das einzig breite Lächeln der gesamten, zwölf Stunden dauernden Unterhaltung.

»Die Idee stammt von Terence«, weiß Suor Daniela. »Er erzählte mir damals, dass er sehr gespannt war, ob der Regisseur dieses Ende genau so drehen würde. Terence wollte dieses Kreuz genau auf diese Weise bis hoch auf den Fels schleppen und Gott darbringen. Denn er liebt eine deutliche Sprache und Symbolik, die keinen Platz für Zweifel lässt.«

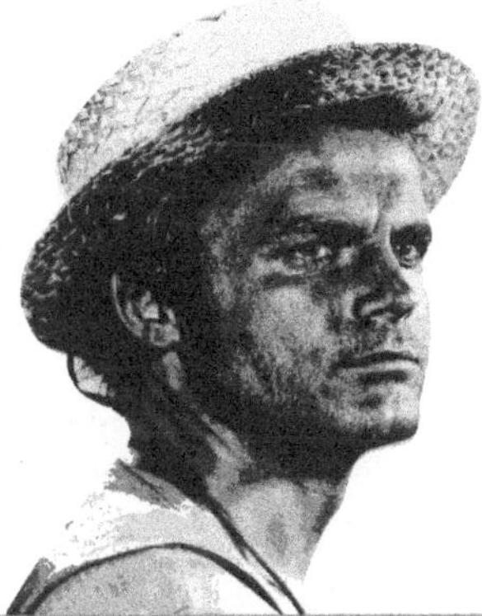

Mein Name ist Niemand

»Sag mal, wer bist du eigentlich?«, fragt Jack Beauregard, der alternde, legendäre Revolverheld, als er Nobody kennenlernt. »Ich? Nobody. Niemand«, antwortet dieser. »Na, dann werde erst mal jemand, und wenn du jemand bist, dann werden wir sie in die Zange nehmen.«

Wohl keine andere Welt hat so viel zur Legendenbildung beigetragen und so viele Stars und Sternchen hervorgebracht wie die Filmbranche. Viele von ihnen sind mindestens so berühmt wie Terence Hill, oft sogar noch viel berühmter als er. Und das liegt sicher nicht zuletzt auch daran, dass sie ein deutlich breiteres und anspruchsvolleres Rollenrepertoire zu bieten haben und letztlich damit erfolgreicher sind als er. Doch nur wenige werden über einen so langen Zeitraum von einer so großen Schar von Anhängern begleitet und verehrt wie er. Einer der wenigen, der ihm da noch das Wasser reichen kann, ist sein ewiger Partner Bud Spencer.

Die unbeschwerte und ewig jugendliche Art, mit der Terence bei den Zuschauern für gute Laune sorgt, hat sicher viel dazu beigetragen. Seine

bekanntesten Filme – die meisten davon mit Bud – helfen wunderbar gegen Trübsinn, wie auf Knopfdruck macht sich ausgelassene Heiterkeit breit, sowie man den Fernseher für eine der zahllosen Wiederholungen der Filme einschaltet oder den Videorekorder startet. Saubere, kurzweilige und zotige Unterhaltung ohne Vulgarität, leicht und schwerelos wie die Musik der Oliver Onions, mit der sie oft unterlegt sind.
Was Terence von der großen Masse ähnlich prominenter Schauspielkollegen abhebt und weswegen ihn das Publikum so sehr schätzt, ist seine ungewöhnlich normale Art, für die ihn auch viele besonders loben, die ihn persönlich kennen. Trotz zahlreicher Erfolge und aller Sympathien, die ihm durch seine Arbeit und sein gutes Aussehen stets zugeflogen sind, ist er bis heute ein ganz entspannter, sympathischer und einfacher Mensch geblieben. Nichts liegt ihm ferner als Glanz, Gloria und Glamour. Mehr als viele andere ist er seinen festen Prinzipien und Werten treu geblieben in einer Welt, die ihn bis nach Hollywood geführt hat, wo es noch viel schwieriger sein muss als anderswo, den Verlockungen von Ruhm, Reichtum und vergänglicher Schönheit zu widerstehen.

Zwischen Film, Flirt und Familie

Von welch großem Wert dem blauäugigen Blonden seine Prinzipien sind, hat eine lebensfrohe und bildhübsche Kollegin aus Deutschland hautnah erleben dürfen, und zwar während der Dreharbeiten zum Film *Die rechte und die linke Hand des Teufels*: Gisela Hahn. »Ich stand kurz vor einem Schlaganfall, als ich Terence in die Augen gesehen habe«, schwärmt die ebenfalls blauäugige Blondine, 1970 gerade einmal 27 Jahre alt, von ihrer ersten Begegnung. Terence Hill war damals 31 Jahre alt, als sie sich das erste Mal in Rom in einem Filmstudio trafen. Ein befreundeter Regisseur hatte sie Enzo Barboni vorgestellt, denn er suchte noch eine Schauspielerin für eine Rolle in dem Film, der zum endgültigen Durchbruch von Terence und Bud wurde.

Gisela Hahn spielt an der Seite der Italienerin Elena Pedemonte eines der beiden Mormonenmädchen, die den Müden Joe mit den Versprechungen verführerischer Vielweiberei bei einem Bad zu dritt unter einem Wasserfall davon überzeugen wollen, in ihrer Gemeinschaft zu bleiben. »Leider hatten wir bei dem Film ja nur eine kleine Rolle und waren nur an acht Drehtagen dabei. Und Elena ist dann tragischerweise kurze Zeit später bei einem Motorradunfall tödlich verunglückt. Aber diese acht Tage werde ich trotzdem nie vergessen. Sie zählen zu den schönsten Momenten, die ich in diesem Beruf erlebt habe«, erzählt die Schauspielerin. »Ich sehe mich noch beschwingt durch die Straßen von Rom spazieren und dachte in jenem Moment, dass ich den schönsten Beruf der Welt habe und mit niemandem tauschen will.«

Jener Moment aber, als für Gisela Hahn die Welt kurz stehen zu bleiben schien, ereignete sich während einer Drehpause in den Bergen nordöstlich von Rom. »Terence und Bud haben oft Karten gespielt, wenn es für sie nichts zu tun gab. Einmal aber standen Terence und ich am Rande des Sets nebeneinander und er machte eine Bemerkung zu mir, die ich ebenfalls nie vergessen werde. Er sagte: ›Es ist schade, dass wir uns erst jetzt kennenlernen.‹ – ›Ja, das finde ich auch‹, habe ich ihm geantwortet. Und dabei ist es dann geblieben. Dass Terence aber so zurückhaltend zu mir war, habe ich damals als großes Kompliment aufgefasst.«

Gisela Hahn lebte seinerzeit ebenfalls mehrere Jahre lang in Rom und war mit Alberto Sordi liiert, einem der populärsten Schauspieler Italiens, dem durch mehrere Rollen in Filmen von Federico Fellini schon eine ganze Weile zuvor der Durchbruch gelungen war. »Ich kannte mich in der Schauspielerszene jener Tage ganz gut aus. Und ich kann sagen, dass

Terence wirklich zu den wenigen berühmten Schauspielern zählte, die ein absolut sauberes Image hatten. Es gab einfach keine Geschichten über irgendwelche Affären mit ihm, und es gab auch sonst keine Skandale um ihn herum.«

Traummann

Blaue Augen, so hört man oft, stehen für Treue, Ehrlichkeit, Gerechtigkeitsliebe, Friedfertigkeit, Aufrichtigkeit und einen guten Schuss Melancholie. Was auch immer davon stimmen mag: Auf Terence Hill treffen diese Eigenschaften offenbar alle zu. Die Frauenwelt lag (und liegt) dem Superstar zu Füßen. Er war der »Brad Pitt seiner Epoche«, wie er in einer Talkshow mal genannt wurde. Dennoch weicht Terence seiner Frau nicht von der Seite und hat sich immer als ein ausgesprochener Familienmensch erwiesen. Dabei kümmert er sich nicht nur um die eigene Familie, mit der er am liebsten die Anonymität des fernen Massachusetts an der nordamerikanischen Ostküste genießt: So ist er etwa für seine Brüder da, zu denen er ein enges Verhältnis hat und die er – wie auch schon seine eigenen Eltern am Anfang seiner Schauspielkarriere – zeitweise immer wieder großzügig unterstützte, wie Freunde berichten. Daneben sorgte Terence zum Beispiel auch für seine Stiefmutter Hildegard, die – weit über 90 Jahre alt – erst Ende 2010 verstarb, fast 30 Jahre nach dem Vater. Sie besuchte ihn sogar mal bei den Dreharbeiten zu *Don Matteo* in Gubbio. Und wann immer er konnte, besuchte er sie, die er einfach Mutter nannte, mit seiner Frau Lori und gelegentlich auch mit Sohn Jess im baden-württembergischen Ludwigsburg, wo sie bis zu ihrem Tod lebte.

Ein Herz für Kinder

Terence Hill ist im Familien-, Freundes- und Bekanntenkreis schon seit Ewigkeiten für seine Uneigennützigkeit bekannt. Daneben liegen ihm hilfsbedürftige Menschen ganz besonders am Herzen. Wo immer er kann, hilft er – und sei es nur damit, anderen eine Freude zu bereiten, manchmal in Form von ungewöhnlichen oder persönlichen Besuchen. »Diese unglaublich stark ausgeprägte Bereitschaft, für andere da zu sein, vor allem für Kinder und ganz besonders für Behinderte, hat mich am meisten überrascht bei meinen Begegnungen mit Terence«, sagt Don Mauro, der ehemalige Priester der Kirche San Giovanni in Gubbio, wo Terence *Don Matteo* dreht. »Es gibt im Ort zum Beispiel einen Jungen, der sich nur im Rollstuhl fortbewegen kann. Dieser Junge ist äußerst intelligent, hat einen sehr starken Willen. Sein größter Wunsch war es, irgendwann einmal Terence kennenzulernen, weil er ihn bewundert und verehrt. Einen Abstecher zu den Dreharbeiten zu organisieren war aber aus verschiedenen Gründen ziemlich kompliziert. Als Terence davon erfahren hat, ist er sofort zu dem Jungen nach Hause gegangen, hat ihn bei seinen Eltern besucht und mit allen zu Mittag gegessen. Terence und der Junge stehen heute noch in Kontakt miteinander.«

Einen geradezu missionarischen Eifer habe der Fernsehpriester auch in Bezug auf Umweltschutz, berichtet Don Mauro. »In einer Folge von *Don Matteo* zum Beispiel lässt eine Frau vor dem Brunnen der Verrückten in Gubbio ein Stück Papier fallen, und Don Matteo wendet sich ihr zu und sagt: ›Nein, liebe Frau, der Müll gehört in den Papierkorb.‹ Das ist ganz und gar die Handschrift von Terence Hill.« Während der Dreharbeiten zu *Un passo dal cielo* in Südtirol nutzt er ein TV-Interview, um an das Gewissen der italienischen Fernsehnation zu appellieren, als er auf sein Faible für Umweltschutz angesprochen wird: »Mich stört die Nachläs-

sigkeit in Bezug auf die Umwelt, all das Papier und der Kram, den man findet. In Südtirol geht das noch, aber leider nicht im Rest von Italien. Man kann den Italienern nicht mal die Schuld dafür geben, weil hier einfach eine Kultur fehlt, die die Menschen dazu bringt, auf die Natur aufzupassen, sie als ein Gut zu betrachten, das allen gehört.«[127]
Doch ganz gleich, wie bekannt Terence auch sein mag, wie viele unbekannte Sympathien und Herzen er erobert hat, ganz gleich, was er wie und wo auch leistet: Er ist und bleibt einfach der geborene Antistar. Einer, der seine Prominenz – soweit überhaupt – in den Dienst einer guten Sache stellt.

Spiel ohne Grenzen

Ein Spiel ohne Grenzen scheint unterdessen der Kult um Terence Hill zu sein, der bisweilen ziemlich ungewöhnliche Formen annimmt. Denn wohin auch immer man schaut, könnte man den Eindruck gewinnen, seine ersten Erfolge als Müder Joe oder auch Django wären gerade erst ein paar Wochen oder Monate her. In den Niederlanden und Neuseeland gibt es Eltern, die zu Ehren des Schauspielers ihre Kinder auf den Namen Terence oder Trinity getauft haben. Eine Schweizer Firma stellt Kontaktlinsen her, die Kunden angeblich »Augen wie Terence Hill« verleihen. In Deutschland werden T-Shirts und Kaffeetassen mit der Bezeichnung »Mullemaus« bedruckt, wie Terence als Johnny Firpo in *Zwei sind nicht zu bremsen* eine Blondine nennt. Auf den zahlreichen Treffen der Terence-Hill- und Bud-Spencer-Fans in Deutschland tritt immer wieder die Spencer Hill Magic Band aus Ungarn auf, wo sich die beiden Schauspieler ebenfalls überdurchschnittlich großer Beliebtheit erfreuen, weil es dort eine ähnlich erfolgreiche Synchronisation in der Landessprache gibt. Und deutsche Geowissenschaftler zerbrechen sich auf einer privaten Homepage in einem Beitrag mit dem Titel »Terence Hill und die Geologie« den Kopf über das »interessante Unterfangen«, die kultigen Filme von Terence und Bud auf ihren geologischen Gehalt hin zu untersuchen, wofür sich, so die Experten dieses exotischen Wissenschaftszweiges, »vor allem die Spaghetti-Western mit ihrer grandiosen Naturkulisse« eignen würden.

Im Internet wird die anhaltende Begeisterung um Hill und Spencer noch deutlicher sichtbar. Die Sammelmanie präsentiert sich dort in einer breit gestreuten Detailversessenheit, die eigentlich nur noch vom Thema Fußball getoppt wird. Die Schar der Internetfreaks beschränkt sich zwar auf einen kleinen Trupp, der allerdings sklavisch von einer gigantischen Gemeinde verfolgt wird. Eine einmalige Fundgrube für Hintergrundinformationen zu den Filmen von Terence ist die Spencer-Hill-Datenbank, die die Bremer Brüder Dennis und Eric Heyse betreiben. Dabei ist sie eher zufällig entstanden, wie die beiden auch immer wieder in Interviews erklären dürfen, zuletzt Heiligabend 2011 in einem einstündigen Sendeformat namens *Herzblut,* das Terence und Bud gewidmet war und von der oberösterreichische Radiostation FRO in Linz in den festlichen Äther geschickt wurde.

»Alles fing damit an, dass unser Internetprovider uns im Herbst 2006 eine Datenbank geschenkt hat, von der wir zunächst nicht wussten, was wir mit ihr anstellen sollten«, so Eric Heyse. »Weil die Filme von Terence und Bud schon immer unsere große Leidenschaft waren, haben wir dann einfach aus Spielerei angefangen, eine Reihe von Informationen zu den Filmen, die uns gefielen, in dieser Datenbank zusammenzustellen. Die ersten Freunde, denen wir das zeigten, waren davon begeistert und machten sofort mit, immer mehr Filmdaten zu sammeln, sodass wir im Grunde nur noch hinterherprogrammieren mussten.«

Mittlerweile ist daraus ein komplexes Kompendium geworden, in dem Informationen zu über 330 Filmen der beiden Stars, fast 4000 Darsteller (und seien sie auch noch so unbekannt), mehr als 3100 Schauspielerporträts, fast 7000 Bilder aus den Filmen und alle nur erdenklichen Einzelheiten zu Sendeterminen, Synchronisationen, Drehorten und sonstigen Besonderheiten zum Thema Terence Hill und Bud Spencer versammelt sind. »Die Liebe zu Terence und Bud ist für uns ein Kindheitstrauma – ein positives natürlich«, gesteht Eric Heyse. »Infiziert wurden wir Mitte der 80er-Jahre, als die Filme zum ersten Mal im ZDF liefen und wir sie uns mit unseren Eltern ansahen. In dieser Phase 1 kommen natürlich besonders die Slapstickelemente gut an, wenn alle auf die Schnauze kriegen und dann auch noch so lustig umfallen. In Phase 2 sieht man die Filme dann als fast schon erwachsener Jugendlicher erneut. Die Slapstickszenen ziehen zwar immer noch, aber in dieser Phase entfalten vor allem die beknackten Sprüche, die sich die beiden an den Kopf werfen, ihre volle Wirkung. Und wenn dann in Phase 3 die Filme mit Gleichgesinnten später noch mal angeschaut werden, dann steigern sich all diese Effekte auf ungemeine Art und Weise. Wir sprechen dann manchmal nur noch in Filmzitaten. Und das ist dann fast schon ein bisschen beängstigend«, fügte der Bremer, Jahrgang 1978, lachend hinzu.
Als die beiden Brüder anfingen, die Datenbank aufzubauen, haben sie sogar immer mal wieder zwei Wochen Urlaub genommen, um sich zehn Stunden am Stück im Internet, am Telefon und auf dem Postweg oder per E-Mails auf die Suche nach neuen Infos zu begeben und diese auf ihre Richtigkeit hin zu überprüfen. »In den ersten zwei Jahren verging eigentlich kein einziger Tag, an dem wir nicht richtig hart an der Datenbank gearbeitet haben.« Inzwischen aber können sie ihre ungewöhnliche Passion richtig genießen, denn längst liegt der Schwerpunkt bei der Arbeit nur noch auf Aktualisierung oder dem Hinzufügen neuer Details.

Nicht selten ernten die beiden auch mal schräge Blicke oder rufen gleichgültiges Kopfschütteln und Achselzucken hervor, wenn sie das Filmvokabular im Alltag immer wieder mal an neuen potenziellen Terence-Hill- und Bud-Spencer-Fans anwenden. »Am schönsten sind deshalb auch die Fantreffen, die einmal im Jahr stattfinden«, berichtet Eric. Da kommen dann Himmelhunde aus allen Richtungen zur Partyhölle zusammen, bei der wie im Kultfilm *Das Krokodil und sein Nilpferd* auch gelegentlich Straußenspiegeleier vertilgt werden oder 500 Kehlen zusammen mit der Spencer Hill Magic Band die Songs aus der berühmten Feuerwehrchorszene in *Zwei wie Pech und Schwefel* nachsingen.
Obgleich weder Eric noch Dennis Italienisch verstehen, haben sie sämtliche Folgen von *Don Matteo* gesehen. »Wir brauchen ja gute Bilder aus den einzelnen Filmen, um sie in die Datenbank einstellen zu können«, erläutert Eric. Ihre Freunde wüssten natürlich längst, »dass wir 'ne Macke haben«, dessen seien sie sich durchaus bewusst. Und auch die Eltern hätten sich irgendwann einfach daran gewöhnt. »Nur als sie erfuhren, dass wir inzwischen zwölf handsignierte Autobiografien von Bud in unserem Bücherregal stehen haben, da haben sie ein bisschen merkwürdig geguckt.«

Schwindelerregende Quoten

In Dimensionen jenseits der Vorstellungskraft all derer, die Terence Hill einfach nur als netten Komödianten oder Westernmimen in zarter Erinnerung haben, weil sie ihn irgendwann in den vergangenen knapp 50 Jahren mal in dem einen oder anderen Film sahen, der sich dann wie ein Teddybär einen Platz im Regal der Jugenderinnerungen sicherte, dringen im Internet weitere Homepages vor, die sich mit Haut und Haaren dem gesamten Leben von Terence Hill & Co. verschrieben haben.

Einmal abgesehen von der offiziellen Website von Terence sticht in Deutschland besonders die Seite www.spencerhill.de hervor – ein Fanprojekt, das von München aus betrieben wird und an dem auch die Gebrüder Heyse mitarbeiten. Hier finden sich nicht nur alle erdenklichen Infos rund um das Thema Film sowie eine aktuelle Übersicht über bislang veröffentlichte und noch geplante Editionen der Werke. Man kann sich auch auf den neuesten Stand bringen, was etwaige Fernsehauftritte von Terence und Bud, Fantreffen, jüngste Pressemeldungen über die beiden auf nationaler sowie internationaler Ebene und neue Fanartikel angeht. Vor allem Foren zu verschiedensten Themen erfreuen sich einer fast so großen Beliebtheit wie die Filme von Terence. Mehr als sechs Millionen Klicks konnte die Seite, seit sie 1999 online gegangen ist, bereits verbuchen – mit Spitzen von weit über 3000 Besuchen am Tag.
Noch irrwitziger fallen die Aufrufquoten bei Kurzvideos mit Filmausschnitten aus, die bei YouTube eingestellt werden. So ist allein die zweiminütige Szene aus dem Film *Vier Fäuste für ein Halleluja,* in der Trinity Wildcat Hendricks während eines vermeintlichen Revolverduells beidseitig Backpfeifen verteilt, innerhalb von vier Jahren fast eine Million Mal von Fans aufgerufen worden – nur in der deutschen Version, versteht sich. *Mein Name ist Nobody* schaffte es in voller Länge – eine Stunde und 50 Minuten – auf mehr als 21 000 Klicks, eines der vielen Angebote mit den besten Sprüchen von Terence und Bud kam auf über 700 000 Aufrufe. Und Terence Hills fast zehnminütiger Auftritt in Rudi Carrells »Dino-Talkshow« *Am laufenden Band* aus dem Jahr 1977, die Seltenheitswert auch deswegen hat, weil er darin Deutsch spricht, kletterte auf inzwischen immerhin rund 350 000 Klicks. Terence ist dort als 38-jähriger und somit im besten Alter als Besitzer eines Tante-Emma-Ladens auf der Bühne zu sehen, dem die Kandidaten mit einer möglichst originellen Ausrede zehn Pfennig für eine Parkuhr aus dem Kreuz leiern müssen.

Wesentlich gefühliger geht es auf den italienischen Fanseiten zu, da Terence in seiner Heimat in den vergangenen zehn Jahren natürlich vor allem für die Rolle des Don Matteo gefeiert wird. Die Dankesgrüße, die Dutzende Fans nach persönlichen Treffen am Rande der Dreharbeiten, gemeinsames Foto mit Terence inklusive, auf der Website des Terence Hill Fanclub hochgeladen haben, sprechen für sich. »Nach meiner Hochzeit und der Geburt meiner Kinder ist dieser Tag der bewegendste in meinem Leben«, schreibt ein junger Vater aus Norditalien. »Niemals werde ich diesen Tag vergessen, an dem sich einer der Träume meines Lebens verwirklicht hat. Ich habe zwei Stunden in Gubbio gewartet, bis die Aufnahmen beendet waren, nur um die Hand von Trinity schütteln zu können! Ein paar Augenblicke, wenige Worte, aber großes Glück! Danke, Terence, dass du dir Zeit für mich genommen hast, und danke für die Träume und das Vergnügen, das du mir beschert hast, seit ich ein Kind war«, begeistert sich ein Besucher aus der Toskana. »Eine wunderschöne Erfahrung, nach Gubbio zu kommen, vor allem weil ich deine Menschlichkeit genießen konnte, und die hat mein Herz wirklich bewegt, viel mehr als jedes Autogramm oder Foto«, schreibt eine junge Dame aus dem Lazio.

Im Spektrum der Wissenschaft

Auch schrägste Vorschläge finden über das Internet immer wieder ungehindert den Weg ans Licht der Öffentlichkeit. So kam nach dem vergeblichen Versuch, einen Tunnel in Schwäbisch-Gmünd in »Bud-Spencer-Tunnel« umzubenennen (der Stadtrat hatte dies trotz mehr als 110 000 Fürsprechern auf Facebook mit vielen Fäusten und ohne ein Halleluja abgeschmettert), im Sommer 2011 eine weitere Gruppe von Fans außer

Rand und Band auf die Idee, aus dem Feldberg im Schwarzwald den »Terence Hill« zu machen.

Inzwischen wurde das Werk von Terence Hill und Bud Spencer sogar schon mehrfach wissenschaftlich erforscht. Christian Heger, der Filmwissenschaft, Publizistik und Komparatistik studierte, hat darüber an der Universität Mainz sogar eine Magisterarbeit mit dem Titel *Die rechte und die linke Hand der Parodie – Bud Spencer und Terence Hill* verfasst, aus der dann auch sein gleichnamiges Buch hervorgegangen ist. Die Idee, schreibt Heger in seiner persönlichen Schlussbemerkung, sei dabei nicht nur im Freundeskreis zum »viel belächelten Gesprächsstoff« geworden, sondern habe auch auf das Lehrpersonal »erheiternde Wirkung« gehabt. »Nach der Bekanntgabe der Themenwahl brach der als Koreferent vorgesehene Institutsleiter in lautstarkes Gelächter aus.« Hegers Buch, das 2009 erschien, gilt seitdem als Standardwerk zu den gemeinsamen Filmen von Terence Hill und Bud Spencer.

Und schließlich gab es im Herbst 2011 in Deutschland dann auch noch eine Premiere der besonderen Art: Terence im Theater. Leider tauchte er nur im Namen des Schauspiels auf: *Die blauen Augen von Terence Hill.* Das Stück, das im Hebbel am Ufer in Berlin uraufgeführt wurde, ist eine Gemeinschaftsproduktion von vier Theatergruppen aus der Hauptstadt, Jena und Graz. Dabei handelt es sich um eine Persiflage, die Protagonisten heißen Terence Hill und Bud Spencer. Die Handlung hat weniger etwas mit nihilistischem Spaß, Prügeln und Bohnen zu tun, sondern es geht um den desillusionierenden Kampf, nicht arbeitslos zu bleiben und Hartz IV zu beziehen. »Dem Missverhältnis von Unterversorgung und Überproduktion will die Koproduktion den Entwurf einer anderen Welt entgegensetzen, dank Spencer und Hill, die mit ihren wirbelnden Fäusten alles über den Haufen werfen«, heißt es dazu in einer Berliner Zeitung.[128] Schauplatz ist die billige Westernkulisse eines Freizeitparks für Arbeitslose.

Eine ungeliebte Rolle

Dass Terence trotz all der Aufmerksamkeit, die ihm seit mehr als einem halben Jahrhundert entgegenbrandet, sich bis heute nicht so richtig an seine Rolle als Superstar gewöhnt hat und mit seiner Zurückhaltung manchmal genau das Gegenteil von dem bewirkt, was er vermutlich will, ist auf unglückliche Art und Weise am 7. Mai 2010 in Rom und in den Tagen darauf deutlich geworden. An jenem Tag wurde ihm gemeinsam mit Bud Spencer – wie eingangs bereits beschrieben – in Rom der David di Donatello für sein Lebenswerk verliehen. Dabei schauten ihnen nicht nur die anwesenden VIPs aus Kino und Gesellschaft zu, sondern das ganze Land, die Preisverleihung wurde nämlich live im Fernsehen übertragen. Als Terence mit betretener Stimme den Diebstahl seiner Geldbörse erwähnte, in der sich, wie er sagte, Dinge befanden, die ihm viel bedeuteten, stockte nicht nur ihm, sondern auch Zigtausenden Italienern der Atem. Diese Geschichte wurde von den Medien dankbar und mit viel Herzblut aufgegriffen. Wenig später kolportierten sie dann auch noch, dass es sich bei den »Dingen«, von denen Terence gesprochen hatte, um die letzten Briefe und Fotos seines verstorbenen Sohnes Ross handelte. Selbst der angesehene Mailänder *Corriere della Sera* publizierte daraufhin einen langen, mitfühlenden Artikel samt einem angeblichen Appell von Terence, in dem er die Diebe aufrief, ihm seine Sachen zurückzugeben.[129] Zum Glück waren es aber offenbar nicht Andenken von Ross, die gestohlen worden waren. Denn etwa eine Woche später sah es plötzlich so aus, als sei die Presse einer hässlichen Zeitungsente aufgesessen, die sich irgendein Blatt aus den Fingern gesogen hatte. Dies lässt zumindest jenes Dementi vermuten, mit dem Terence ein paar Tage nach dem Diebstahl seine Fans beruhigen wollte: »Ich möchte klarstellen, dass ich in Bezug auf mein gestohlenes Portemonnaie und angeblich darin befindliche Fotos oder Briefe meines Sohnes Ross mit keinem Journalisten gesprochen oder Appelle gemacht habe.«[130] Womit zumindest nach diesen Worten möglich ist, dass sich die Fotos doch im Portemonnaie befunden haben. Den Rest überließ Terence Hill der Spekulation. Denn kurioserweise war dieses Dementi dann auch das Letzte, was von ihm in dieser Sache zu hören gewesen ist – dabei ist er selbst es gewesen, der die Aufmerksamkeit auf sich lenkte, indem er ausgerechnet bei einem der größten Promi-Events des italienischen Films vor laufender Kamera über den Diebstahl sprach. Angesichts seiner Reaktion entsteht der Eindruck, dass ihm diese Information offensichtlich nur aufgrund der emotionalen Anspannung über die Lippen ging. Am Ende macht dieser merkwürdige Vorfall jedenfalls einmal mehr deutlich, wie überraschend schwer es Terence trotz mehr als eines halben Jahrhunderts Schauspielerei noch immer fallen muss, seine Zurückhaltung mit den besonderen Anforderungen seines Berufs und vor allem seinem Status als Superstar in Einklang zu bringen.

Die ewige Odyssee

Terence' Introvertiertheit, die ihm viele Bekannte, Freunde und Verwandte attestieren, stand lange Zeit in großem Widerspruch zu den Rollen, die ihn weltberühmt gemacht haben. Wer Persönliches intuitiv wie einen geheimen Schatz verschleiert, trägt fast zwangsläufig zur eigenen Mystifizierung bei. Im Fall von Terence Hill kann dies leichter als in anderen Fällen ein schiefes Bild erzeugen, während diejenigen, die ihn kennen, als jemanden beschreiben, der ständig und intensiv auf der Suche nach mehr Sinn ist.

Auf berührende Weise wurde dies bei seinem bislang letzten Besuch in Lommatzsch 1998 deutlich. Bei einem Spaziergang durch den Ort seiner Kindheit fiel Terence eine Parabel von Franz Kafka ein, von der er dem Reporter, der ihn begleitete, genau in jenem Augenblick erzählte, als nach einem reinigenden Sommerregen die dunkle Wolkendecke über Lommatzsch aufriss und die Sonnenstrahlen sein ehemaliges Wohnhaus in der Döbelner Straße in hellem Licht erstrahlen ließen. »Von Kafka ist eine Parabel bekannt, worin ein Greis sagt: ›Ich begreife kaum, wie ein junger Mann sich entschließen kann, ins nächste Dorf zu reiten, ohne zu fürchten, dass schon die Zeit des gewöhnlichen, glücklich abgelaufenen Lebens für einen solchen Ritt bei Weitem nicht ausreicht.‹« Auf die Gegenfrage, was Kafka damit zum Ausdruck habe bringen wollen, antwortete er: »Eine Ursituation des modernen Menschen, das Nichtankommen selbst am nahen Ziel.« Als der Reporter entgegnete, er sei doch angekommen, und zwar in Lommatzsch, erwiderte Terence: »Das stimmt, und es stimmt auch nicht. Ich sage ganz ehrlich, dass neben der Freude auch eine große Trauer in mir ist. Ort der Kindheit, die Großeltern, die Mutter – so nah und doch so fern. Ich habe Lommatzsch wiedergefunden – aber ich habe es auch wieder verloren.«[131]

Die Odyssee von Terence Hill hat tiefe Spuren in ihm hinterlassen. Wenn ihn jemand fragt, wo er denn nach all den zahllosen Ortswechseln wirklich zu Hause sei, antwortet er, dass er sich zwar in erster Linie als Italiener fühle und auch als Deutscher, aber vor allem eines – »entwurzelt«[132]. Während der Dreharbeiten der vierten Staffel von *Don Matteo* gestand er 2003 in Gubbio: »Mein Herz ist geteilt, weil es mir hier gut geht, aber ich liebe auch Stockbridge.«[133]

Obgleich Terence die kalten, schneereichen Winter meist noch immer auf seiner Ranch in Stockbridge verbringt, ist das kleine, romantische Gubbio im grünen Herzen Italiens längst so etwas wie die erste Heimat geworden. Nach über zehn Jahren verbindet ihn mit diesem Ort mittlerweile mehr als nur ein Stück Vergangenheit, die ihm lieb und teuer ist.

Hier konnte er an seinen Erfolg als Schauspieler wieder anknüpfen und sich damit auch von einem Teil seiner Vergangenheit befreien, der ihm zur schweren Last wurde, nachdem sein Sohn Ross gestorben war.
In Gubbio schließt sich symbolhaft auch ein religiöser Kreis für jenen Mann, der heute in seiner Rolle als Don Matteo aufgeht und dem sein Vater die ersten Worte auf Italienisch einpaukte, indem er ihm wieder und wieder aus den *Blümlein des heiligen Franziskus* vorlas. Denn zum einen ist der Ort nicht nur Schauplatz einer der bekanntesten Geschichten dieser Legendensammlung – und zwar jene vom »Wolf von Gubbio«, den der Heilige mit Gebeten und einem Pakt gezähmt haben soll, nachdem das Tier die Bewohner in Angst und Schrecken versetzt hatte. Die Legende gilt als Gleichnis franziskanischer Gewaltlosigkeit und Friedensarbeit. Zum anderen hat Franz von Assisi sich tatsächlich in Gubbio aufgehalten, nachdem er im Jahr 1207 mit seinem Vater gebrochen hatte, weil dieser ihn bezichtigt hatte, den Ruf der Familie der Lächerlichkeit preiszugeben, indem er ihren Besitz an die Armen verteilte. Die Strecke, die Franz auf der Flucht von Assisi nach Gubbio wählte, ist noch heute als Franziskanischer Friedensweg bekannt.
Die Odyssee jenes Mannes hingegen, den sie noch immer *Nobody* nennen, der die Welt der Mythologien liebt und aus dem schon längst jemand geworden war, als Sergio Leone in besagtem Film durch Henry Fonda zu ihm sagte, er müsse erst jemand werden, bevor er mit einer Legende wie ihm einen neuen Mythos schaffen könne – sie wird wohl nie so richtig enden. Und nicht nur deshalb könnte man eine Biografie von Terence Hill auch mit jenem Satz betiteln, den Odysseus in der Höhle dem Zyklopen zuruft: »Mein Name ist Niemand.« Mit diesem Trick schafft er es, in die Freiheit zu gelangen.

Filmografie Mario Girotti /Terence Hill

1. *Das große Ferienabenteuer** (I, 1951), Originaltitel: *Vacanze cal gangster*, Regie: Dino Risi
2. *Männer ohne Tränen* (I/F, 1953), Originaltitel: *La voce del siclenzio*, Regie: Georg Wilhelm Pabst
3. *Römischer Reigen* (I/F, 1953), Originaltitel: *Villa Borghese*, Regie: Vittorio de Sica
4. *El Alamein* (I, 1954), Originaltitel: *Divisione Folgore*, Regie: Duilio Coletti
5. *Wandel des Herzens* (I, 1953), Originaltitel: *La vena d'oro*, Regie: Mauro Bolognini
6. *Die Verirrten* (I, 1953), Originaltitel: *Gli sbandati*, Regie: Francesco Maselli
7. *Mamma sconosciuta* (I, 1956), Regie: Carlo Campogalliani
8. *I vagabondi delle stelle* (I, 1956), Regie: Nino Stresa
9. *Guaglione* (I, 1956), Regie: Giorgio Simonelli
10. *Die große, blaue Straße* (I/F/D, 1957), Originaltitel: *La grande strada* Regie: Gillo Pontecervo
11. *Lazzarella* (I, 1957), Regie: Carlo Ludovico Bragaglia

* Aus Gründen der besseren Verständlichkeit sind die Filmtitel der deutschsprachigen Fassung (soweit vorhanden) zuerst genannt, die nicht selten zum Teil erheblich später als die Originalfassungen in Kino oder TV zu sehen waren. Die Jahreszahlen in Klammern beziehen sich auf das Erscheinungsdatum der Originalfassung.

12. *Anna von Brooklyn* (I,/F 1958), Originaltitel: *Anna di Brooklyn*, Regie: Carlo Lastricati, Vittorio de Sica
13. *Kreuz und Schwert* (I, 1958), Originaltitel: *La spada e la croce*, Regie: Carlo Ludovico Bragaglia
14. *Il padrone delle ferriere* (I, 1958), Regie: Anton Giulio Majano
15. *Spavaldi e inamorati* (I, 1959), Film gilt als verschollen, Regie: Giuseppe Vari
16. *Cerasella* (I, 1959), Regie: Raffaello Matarazzo
17. *Juke box, urli d'amore* (I, 1959), Regie: Mauro Morassi
18. *Hannibal* (I, 1959), Originaltitel: *Annibale*, Regie: Carlo Ludovico Bragaglia
19. *Karthago in Flammen* (I, 1959), Originaltitel: *Cartagine in fiamme*, Regie: Carmine Gallone
20. *Kasernengeflüster* (I, 1959), Originaltitel: *Un militare e mezzo*, Regie: Steno
21. *Il salotti di Oscar Wilde* (I, 1960), live im Fernsehen übertragen Regie: Daniele D'Anza
22. *Giuseppe venduto dai fratelli* (I, 1960), Regie: Irving Rapper
23. *Pecado de amor* (SPA/I, 1961), Regie: Luis César Amadori
24. *Aladins Abenteuer* (I/F, 1961), Originaltitel: *Le meraviglie di Aladino*, Regie: Mario Bava
25. *Pirat der sieben Meere* (I, 1962), Originaltitel: *Il dominatore dei sette mari*, Regie: Premio Zeglio, Rudolph Maté

26. *Il giorno più corto* (I, 1962),
Regie: Sergio Corbucci
27. *Der Leopard* (I/F, 1963), Originaltitel: *Il gattpardo*,
Regie: Luchino Visconti
28. *Winnetou 2* (D/I/F/JUG, 1964),
Regie: Harald Reinl
29. *Unter Geiern* (D/Ö/F/JUG, 1964),
Regie: Alfred Vohrer
30. *Schüsse im Dreivierteltakt* (Ö/I, 1965),
Regie: Alfred Weidenmann
31. *Der Ölprinz* (D/JUG 1965),
Regie: Harald Philipp
32. *Duell vor Sonnenuntergang* (D/JUG, 1965),
Regie: Leopold Lahola
33. *Ruf der Wälder* (Ö, 1965),
Regie: Franz Antel
34. *Old Surehand 1* (D/JUG 1965),
Regie: Alfred Vohrer
35. *Die Nibelungen 1.: Siegfried* (D/JUG, 1966),
Regie: Harald Reinl
36. *Die Nibelungen 2: Krimhild* (D/JUG, 1967),
Regie: Harald Reinl
37. *Io non protesto, io amo* (I, 1967),
Regie: Ferdinando Baldi
38. *Etappenschweine* (I/F, 1967), Originaltitel:
La Feldmarescialla: Rita fugge... lui corre... egli scappa
Regie: Steno
39. *Little Rita nel West* (I, 1967),
Regie: Ferdinando Baldi

Bis zum Film *Little Rita nel West* 1967 führt Mario Girotti seinen bürgerlichen Namen, den er für Giuseppe Colizzi, Regisseur von *Gott vergibt – Django nie*, noch im selben Jahr in Terence Hill ändert.

40. *Gott vergibt – Django nie* (I, 1967), Originaltitel: *Dio perdona – io no!*; der Film wurde zwei Jahre nach der Deutschlandpremiere erneut unter *Gott vergibt – wir beide nie* aufgeführt; Titel der 2. deutschen Synchronfassung (Comedy-Variante): *Zwei vom Affen gebissen* (1981), Regie: Giuseppe Colizzi
41. *Django und die Bande der Gehenkten* (I, 1968), Originaltitel: *Preparati la bara*, 2. deutsche Synchronfassung (Comedy-Variante): Joe, der Galgenvogel (1979),
    Regie: Ferdinando Baldi
42. *Vier für ein Ave Maria* (I, 1968), Originaltitel: *I quattro dell'Ave Maria*, 2. deutsche Synchronfassung (Comedy-Variante): *Vier für ein Ave Maria* (1971),
    Regie: Giuseppe Colizzi
43. *Der blauäugige Bandit* (I, 1969), Originaltitel: *Barbagia*; 2. deutsche Synchronfassung (Comedy-Variante): *Verflucht in alle Ewigkeit* (1981), Regie: Carlo Lizzani
44. *Der Hügel der blutigen Stiefel* (I, 1969), Originaltitel: *La collina degli stivali*; 2. deutsche Synchronfassung (Comedy-Variante): *Zwei hau'n auf den Putz* (1978); 3. deutsche Synchronfassung (DDR): *Hügel der Stiefel* (1983),
    Regie: Giuseppe Colizzi
45. *Der Teufel kennt kein Halleluja* (I/SPA, 19), Originaltitel: *La collera del vento*,
    Regie: Mario Camus

46. *Die rechte und die linke Hand des Teufels* (I, 1970), Originaltitel: *Lo chiamavono Trinità*,
Regie: E. B. Clucher (Enzo Barboni)
47. *Freibeuter der Meere* (I, 1971), Originaltitel: *Il crosaro nero*,
Regie: Lorenzo Gicca Palli
48. *Vier Fäuste für ein Halleluja* (I, 1971), Originaltitel: *Continuavano a chiamarlo Trinità*; die 1. deutsche Synchronfassung erschien in der DDR unter dem Titel *Der Kleine und der müde Joe* (1973); 2. deutsche Synchronfassung (Comedy-Version): *Vier Fäuste für ein Halleluja* (1984)
49. *Allein gegen das Gesetz* (I, 1972), Originaltitel: *Il vero e il falso*,
Regie: Eriprando Visconti
50. *Verflucht, verdammt und Halleluja* (I, 1972), Originaltitel: *...e poi lo chiamarono il magnifico*; in der DDR erschien dieser Film unter dem Titel *Ein Gentleman aus dem Westen*,
Regie: E. B. Clucher (Enzo Barboni)
51. *Zwei Himmelhunde auf dem Weg zur Hölle* (I, 1972), Originaltitel: *Più forte, ragazzi*,
Regie: Giuseppe Colizzi
52. *Mein Name ist Nobody* (I/D/F, 1973), Originaltitel: *Il mio nome è Nessuno*,
Regie: Sergio Leone
53. *Zwei wie Pech und Schwefel* (I/E, 1974), Originaltitel: *Altrimenti ci arrabbiamo*,
Regie: Marcello Fondato
54. *Zwei Missionare* (I, 1974), Originaltitel: *Porgi l'altra guancia*,
Regie: Franco Rossi
55. *Nobody ist der Größte* (I/F/D, 1975), Originaltitel: *Un genio, un compare, un pollo*,
Regie: Damiano Damiani

56. *Mr. Billion* (USA, 1977), Originaltitel: *Mr. Billion*,
    Regie: Jonathan Kaplan
57. *Zwei außer Rand und Band* (I, 1977), Originaltitel: *I superpiedi quasi piatti*,
    Regie: E.B. Clucher (Enzo Barboni)
58. *Marschier oder stirb* (USA/GB, 1977), Originaltitel: *March or die*,
    Regie: Dick Richards; eine zweite deutsche Synchronfassung erschien 1982 unter dem Titel *In der Wüste ist der Teufel los*
59. *Zwei sind nicht zu bremsen* (IT, 1978), Originaltitel: *Pari e dispari*,
    Regie: Sergio Corbucci
60. *Org* (I, 1979), Originaltitel: *Org*,
    Regie: Fermaghorg (Fernando Birri)
61. *Das Krokodil und sein Nilpferd* (I, 1979), Originaltitel: *Io sto con gli ippopotami*,
    Regie: Italo Zingarelli
62. *Der Supercop* (I/USA, 1980), Originaltitel: *Poliziotto superpiù*,
    Regie: Sergio Corbucci
63. *Zwei Asse trumpfen auf* (I, 1981), Originaltitel: *Chi trova un amico trova un tesoro*,
    Regie: Sergio Corbucci
64. *Zwei bärenstarke Typen* (I/USA, 1983), Originaltitel: *Nati con la camicia*,
    Regie: E.B. Clucher (Enzo Barboni)
65. *Don Camillo* (I, 1983), Originaltitel: *Don Camillo*,
    Regie: Terence Hill
66. *Vier Fäuste gegen Rio* (I, 1984), Originaltitel: *Non c'è due senza quattro*,
    Regie: E.B. Clucher (Enzo Barboni)
67. *Die Supercops* (USA/I, 1985), Originaltitel: *Miami Supercops: I poliziotti dell'a strada*,
    Regie: Bruno Corbucci

68. *Renegade* (I, 1987), Originaltitel: *Renegade, un osso troppo duro*, Regie: E.B. Clucher (Enzo Barboni); die deutsche Fassung ist auch unter *Renegade – Terence Hill und der faulste Gaul der Welt* erschienen
69. *Lucky Luke* (IT, 1990), Originaltitel: *Lucky Luke*,
Regie: Terence Hill
70. *Lucky Luke, TV-Serie, 8 Episoden* (IT, 1991), Originaltitel: *Lucky Luke*, Regie: Terence Hill, Richard Schlesinger, Ted Nicolaou
71. *Die Troublemaker* (D, 1995), Originaltitel: *Botte di natale*,
Regie: Terence Hill
72. *Virtual Weapon* (I/USA, 1997), Originaltitel: *Virtual weapon*; der Film erschien in Deutschland auch unter dem Titel *Zwei Fäuste für Miami*, Regie: Anthony M. Dawson (Antonio Margheriti)
73. *Don Matteo 1, 16 Folgen* (I, 2000), Originaltitel: *Don Matteo*; es gibt deutsche Synchronfassungen von zwei Folgen, die seit 2011 im Internet erstanden werden können,
Regie: Enrico Oldoini
74. *Don Matteo 2, 16 Folgen* (I, 2001), Originaltitel: *Don Matteo*,
Regie: Leone Pompucci
75. *Don Matteo 3, 16 Folgen* (I, 2002), Originaltitel: *Don Matteo*, Regie: Enrico Oldoini, Andrea Barzini, Leone Pompucci
76. *Don Matteo 4, 24 Folgen* (I, 2004), Originaltitel: *Don Matteo*, Regie: Giulio Base, Andrea Barzini
77. *L'uomo che sognava con le aquile, 2 Folgen* (I, 2005); es gibt bislang keine deutsche Fassung von dem Film,
Regie: Vittorio Sindoni
78. *Don Matteo 5, 24 Folgen* (I, 2005/06), Originaltitel: *Don Matteo*, Regie: Giulio Base, Carmine Elia, Elisabetta Marchetti

79. *Don Matteo 6, 24 Folgen* (I, 2007/008), Originaltitel: *Don Matteo,* Regie: Giulio Base, Fabrizio Costa, Carmine Elia, Elisabetta Marchetti
80. *L'uomo che cavalcava nel buio, 2 Folgen* (I, 2009; es gibt bislang keine deutsche Fassung; übersetzt heißt der Titel *Der Mann, der in der Finsternis ritt),*
    Regie: Salvatore Basile
81. *Doc West – Nobody ist zurück* (I, USA, 2009), Originaltitel: *Doc West*; die erste deutsche Fassung ist seit Ende 2011 auf DVD erhältlich, Regie: Terence Hill, Giulio Base
82. *Doc West – Nobody schlägt zurück* (I/USA, 2009), Originaltitel: *Doc West – La sfida*; die deutsche Fassung soll im Frühjahr 2012 erscheinen, Regie: Terence Hill, Giulio Base
83. *Don Matteo 7, 24 Folgen* (I, 2009), Originaltitel: *Don Matteo,* Regie: Giulio Base, Ludovico Gasparini
84. *Un passo dal cielo, 12 Folgen* (I, 2011); es gibt bislang keine deutsche Fassung,
85. Regie: Enrico Oldoini
86. *Don Matteo 8, 24 Folgen* (I, 2011), Originaltitel: *Don Matteo,* Regie: Giulio Base, Salvatore Basile, Carmine Elia, Fernando Muraca
87. *Un passo dal cielo, 12 Folgen (geplant)* Die Fortsetzung der beliebten Serie soll im Frühjahr 2012 in Südtirol gedreht werden

Literatur- und Quellenhinweise für weitergehende Recherchen:

Bücher:

Die rechte und die linke Hand des Teufels – Bud Spencer, Terence Hill und ihre Filme, Christian Heger, Schüren-Verlag GmbH, 2009

Bud Spencer, *Mein Leben, meine Filme – Die Autobiografie*
mit Lorenzo de Luca und David de Filippi, Schwarzkopf & Schwarzkopf, 2010

Horst Wendlandt – Der Mann, der Winnetou & Edgar Wallace, Bud Spencer & Terence Hill, Otto & Loriot ins Kino brachte. Eine Biografie, von Dona Kujacinski, Schwarzkopf & Schwarzkopf, 2006

Terence Hill, Bud Spencer – La vera storia di Giuseppe Colizzi, l'uomo che inventò la coppia (nur auf Italienisch), Francesco Carrà, Edizione Falsopiano, 2010

Internet:

www.spencerhilldb.de/

Die umfassendste Datenbank zu den Filmen von Terence Hill und Bud Spencer

http://www.spencerhill.de/

Das umfassendste deutsche Fanprojekt zu allen möglichen Filmen und Informationen rund um Terence Hill und Bud Spencer

http://www.terencehill.de

Die offizielle internationale Website von Terence Hill

www.razyboard.com/system/forum-spirito_santo-spencer-hill-301837.html

Internetforum zu allen Themen rund um Terence Hill und Bud Spencer

Filme im Internet:

Don Matteo:

Alle bislang gesendeten 168 Folgen der ersten acht Staffeln sind über die Homepage von *Don Matteo* im ersten Programm der Rai zu sehen.

Allgemeine Informationen zur Serie, Backstagegeschichten, Fotos, Interviews mit Schauspielern und Ähnlichem gibt es unter: www.donmatteo.rai.it.

Link für die erste Serie:

www.rai.tv/dl/RaiTV/programmi/media/ContentItem-a43c1e42-d36e-41e1-9abe-64069af08ee5.html

Un passo dal cielo (*Ein Schritt vom Himmel entfernt* – bislang nur auf Italienisch)

Alle 12 Folgen der ersten Staffel sind über die Homepage von *Un passo dal cielo* im ersten Programm der Rai zu sehen.

Allgemeine Informationen zur Serie, Backstagegeschichten, Fotos, Interviews mit Schauspielern und Ähnlichem gibt es unter: www.unpassodalcielo.rai.it.

Zentraler Link für alle 12 Folgen, die in je 2 Serien hintereinander gesendet werden:

www.rai.tv/dl/RaiTV/programmi/media/ContentItem-9552918a-d097-47dd-8eb7-1b8103d4b772.html

L'uomo che cavalcava col buio (*Der Mann, der im Dunkeln ritt* – nur auf Italienisch)

Beide Teile sind auf der Homepage von www.rai.it zu sehen.

Link zur ersten Sendung:

www.rai.tv/dl/RaiTV/programmi/media/ContentItem-00e1614b-6e4b-4622-b5de-a4d4288c0c26.html?p=0

Quellenverzeichnis

Vorbemerkung zum Quellenverzeichnis:
Alle fremdsprachigen Quellen – ganz gleich, welcher Art – sind, soweit nicht anders gekennzeichnet, vom Autor selbst sinngemäß ins Deutsche übersetzt worden.
Alle wörtlichen Zitate in direkter oder indirekter Rede sind, soweit nicht anders gekennzeichnet, durch Interviews des Autors mit den zitierten Personen entstanden.

Prolog

[1] www.youtube.com/watch?v=k5FKympn4ZI

Auftakt einer Odyssee

[2] Vgl. *Deutsches Historisches Museum,* »Landung auf Sizilien«, www.dhm.de/lemo/html/wk2/kriegsverlauf/sizilien/index.html

[3] Vgl. *Deutsches Historisches Museum,* »Die Bombardierung von Dresden«, www.dhm.de/lemo/html/wk2/kriegsverlauf/dresden/index.html

[4] Zitat aus *ADAC-Reisemagazin Sachsen,* 1995, Emanuel Gronostay: »Ein Sachse kehrt heim«

[5] Vgl. *Die Glashütte* – Zeitschrift für die gesamte Glasindustrie, Emailleindustrie und verwandte Zweige, No. 35, 28.08.1911

[6] Vgl. *Sächsische Zeitung,* 28.05.1995, Werner Frisch: »Das erste Bier trank Terence heimlich in der Guten Quelle«

[7] Vgl. *Sächsische Zeitung,* 28.05.1995, Werner Frisch: »Das erste Bier trank Terence heimlich in der Guten Quelle«

[8] www.dhm.de/lemo/html/wk2/kriegsverlauf/dresden/index.html

[9] Vgl. *ADAC-Reisemagazin Sachsen,* 1995, Emanuel Gronostay: »Ein Sachse kehrt heim«

Frühstart als Schauspieler

[10] Zitat aus *L'era glaciale*, Terence Hill im Interview mit Daria Bignardi (Rai 2), 29.05.2009

[11] Vgl. www.cinematografo.it/pls/cinematografo/V3_S2EW_CONSULTAZIONE.mostra_pagina?id_pagina=12096&url_target=http%3A//www.cinematografo.it/bancadati/consultazione/schedafilm_2009.jsp%3Fcodice%3D7656%26completa%3Dsi

[12] *Il Giornale*, Massimo Bertarelli, 25.05.2001

Erste Erfolge

[13] Zitat aus *L'era glaciale*, Terence Hill im Interview mit Daria Bignardi (Rai 2), 29.05.2009

[14] *Catalogo Bolaffi del Cinema Italiano* 1956/1965, Gianni Rondolino

[15] *Intermezzo*, 4.–15.03.1960, U. Tani, Vgl. www.cinematografo.it/pls/cinematografo/consultazione.redirect?sch=10086

[16] Zitat aus Interview des staatlichen TV-Senders Rai mit Terence Hill für den Blog des Onlineportals, *Rai.tv Celebrity*, am 14.04.2011

Rückkehr nach Deutschland

[17] Zitat aus Interview des staatlichen TV-Senders Rai mit Terence Hill für den Blog des Onlineportals, *Rai.tv Celebrity*, am 14.04.2011

[18] Zitat aus *Horst Wendlandt – Der Mann, der Winnetou & Edgar Wallace, Bud Spencer & Terence Hill, Otto & Loriot ins Kino brachte*, Schwarzkopf-Verlag, Dona Kujacinski

[19] Vgl. *Horst Wendlandt – Der Mann, der Winnetou & Edgar Wallace, Bud Spencer & Terence Hill, Otto & Loriot ins Kino brachte*, Schwarzkopf-Verlag, Dona Kujacinski, S. 147

[20] Zitat aus *Horst Wendlandt – Der Mann, der Winnetou & Edgar Wallace, Bud Spencer & Terence Hill, Otto & Loriot ins Kino brachte*, Schwarzkopf-Verlag, Dona Kujacinski, S. 147

[21] Zitat aus *»Horst Wendlandt – Der Mann, der Winnetou & Edgar Wallace, Bud Spencer & Terence Hill, Otto & Loriot ins Kino brachte«*, Schwarzkopf-Verlag, Dona Kujacinski, S. 401

[22] Zitat aus Niederschrift eines Interviews mit Terence Hill in Perugia, 15.06.2002 auf einer Veranstaltung u.a. der *Universtià per Stranieri,* www.terencehill.it/news_intervistaperugia.html, Zugriff 11.12.2011

[23] Zitat aus Niederschrift eines Interviews mit Terence Hill in Perugia, 15.06.2002 auf einer Veranstaltung u.a. der *Universtià per Stranieri,* www.terencehill.it/news_intervistaperugia.html, Zugriff 11.12.2011

Der Durchbruch

[24] Zitat aus Niederschrift eines Interviews mit Terence Hill in Perugia am 15.06.2002 auf einer Veranstaltung u.a. der *Università per Stranieri,* www.terencehill.it/news_intervistaperugia.html, Zugriff 11.12.2011

[25] Zitat aus Niederschrift eines Interviews mit Terence Hill in Perugia am 15.06.2002 auf einer Veranstaltung u.a. der *Università per Stranieri,* www.terencehill.it/news_intervistaperugia.html, Zugriff 11.12.2011

[26] Interview mit Terence Hill, *Terence Hill Fan Club,* www.terencehill.it/fc/avv_fattadavoi.html, Zugriff 19.11.2011

[27] Interview mit Terence Hill, *Starkult,* Rai 2, Juli 2003

[28] Vgl. Christian Heger, *Die rechte und die linke Hand der Parodie,* Schüren-Verlag, S. 36–37

[29] Zitat aus *Terence Hill, Bud Spencer, la vera storia di Giuseppe Colizzi,* Francesco Carrà, Edizioni Falsopiano, S. 240

[30] Zitat aus *Terence Hill, Bud Spencer, la vera storia di Giuseppe Colizzi,* Francesco Carrà, Edizioni Falsopiano, S. 240

[31] Zitat aus Niederschrift eines Interviews mit Terence Hill in Perugia am 15.06.2002 auf einer Veranstaltung u.a. der *Università per Stranieri,* www.terencehill.it/news_intervistaperugia.html, Zugriff 11.12.2011

[32] Vgl. Christian Heger, *Die rechte und die linke Hand der Parodie,* Schüren-Verlag, S. 39

[33] Bud Spencer, *Mein Leben, meine Filme – Die Autobiografie,* Schwarzkopf-Verlag, S. 109–110

[34] Zitat aus Niederschrift eines Interviews mit Terence Hill in Perugia am 15.06.2002 auf einer Veranstaltung u.a. der *Università per Stranieri,* www.terencehill.it/news_intervistaperugia.html, Zugriff 11.12.2011

[35] Zitat aus Niederschrift eines Interviews mit Terence Hill in Perugia am 15.06.2002 auf einer Veranstaltung u.a. der *Università per Stranieri*, www.terencehill.it/news_intervistaperugia.html

[36] Zitat aus *Terence Hill, Bud Spencer, la vera storia di Giuseppe Colizzi*, Edizioni Falsopiano, Francesco Carrà, S. 241

[37] Zitat Terence Hill in *Terence Hill, Bud Spencer –, la vera storia di Giuseppe Colizzi*, Francesco Carrà, S. 67

[38] Zitat aus *Cinema d'Oggi*, Ausgabe November 1969

[39] Vgl. Christian Heger, *Die rechte und die linke Hand der Parodie*, Schüren-Verlag, S. 37–38

[40] Vgl. Christian Heger, *Die rechte und die linke Hand der Parodie*, Schüren-Verlag, S. 164

[41] Zitat aus *Fernando Birri – Kino der Befreiung*, Südwind-Verlag, S. 151

[42] Zitat aus Niederschrift eines Interviews mit Terence Hill in Perugia am 15.06.2002 auf einer Veranstaltung u.a. der *Università per Stranieri*, www.terencehill.it/news_intervistaperugia.html, Zugriff 11.12.2011

Auf dem Kino-Olymp

[43] Vgl. Christian Heger, *Die rechte und die linke Hand der Parodie*, Schüren-Verlag, S. 142–143

[44] Zitat aus Niederschrift eines Interviews mit Terence Hill in Perugia am 15.06.2002 auf einer Veranstaltung u.a. der *Università per Stranieri*, www.terencehill.it/news_intervistaperugia.html, Zugriff 11.12.2011

[45] Zitat aus Niederschrift eines Interviews mit Terence Hill in Perugia am 15.06.2002 auf einer Veranstaltung u.a. der *Università per Stranieri*, www.terencehill.it/news_intervistaperugia.html, Zugriff 11.12.2011

[46] Zitat von Peter Martell in *Starring Peter Martell*, Fabrizio Favro, 1997

[47] Zitat von Peter Martell in *Starring Peter Martell*, Fabrizio Favro, 1997

[48] Zitat aus Interview des staatlichen TV-Senders Rai mit Terence Hill für den Blog des Onlineportals, *Rai.tv Celebrity*, am 14.04.2011

[49] Zitat aus *L'era glaciale*, Terence Hill im Interview mit Daria Bignardi (Rai 2), 29.05.2009

[50] Zitat aus Niederschrift eines Interviews mit Terence Hill in Perugia am 15.06.2002 auf einer Veranstaltung u.a. der *Università per Stranieri*, www.terencehill.it/news_intervistaperugia.html, Zugriff 11.12.2011

[51] Zitat aus Niederschrift eines Interviews mit Terence Hill in Perugia am 15.06.2002 auf einer Veranstaltung u.a. der *Università per Stranieri,* www.terencehill.it/news_intervistaperugia.html, Zugriff 11.12.2011

[52] Zitat aus Niederschrift eines Interviews mit Terence Hill in Perugia am 15.06.2002 auf einer Veranstaltung u.a. der *Università per Stranieri,* www.terencehill.it/news_intervistaperugia.html, Zugriff 11.12.2011

[53] Vgl. Christian Heger, *Die rechte und die linke Hand der Parodie*, Schüren-Verlag, S. 74

[54] Vgl. Christian Heger, *Die rechte und die linke Hand der Parodie*, Schüren-Verlag, S. 66

[55] Vgl. Christian Heger, *Die rechte und die linke Hand der Parodie,* Schüren-Verlag, S 121

[56] Bud Spencer, *Mein Leben, meine Filme – Die Autobiografie,* Schwarzkopf-Verlag, S. 128

[57] Vgl. Christian Heger, *Die rechte und die linke Hand der Parodie,* Schüren-Verlag, S. 121

[58] Zitat aus *L'era glaciale*, Terence Hill im Interview mit Daria Bignardi (Rai 2), 29.05.2009

[59] Zitat aus *L'era glaciale*, Terence Hill im Interview mit Daria Bignardi (Rai 2), 29.05.2009

[60] Zitat aus Niederschrift eines Interviews mit Terence Hill in Perugia am 15.06.2002 auf einer Veranstaltung u.a. der *Università per Stranieri,* www.terencehill.it/news_intervistaperugia.html, Zugriff 11.12.2011

[61] Zitat aus Niederschrift eines Interviews mit Terence Hill in Perugia am 15.06.2002 auf einer Veranstaltung u.a. der *Università per Stranieri,* www.terencehill.it/news_intervistaperugia.html, Zugriff 11.12.2011

[62] Zitat aus *Che tempo che fa*, Terence Hill im Interview mit Fabio Fazio, 1.03.2008, Rai 3

[63] Zitat aus *Che tempo che fa*, Terence Hill im Interview mit Fabio Fazio, 1.03.2008, Rai 3

[64] Vgl. Christian Heger, *Die rechte und die linke Hand der Parodie*, Schüren-Verlag, S. 100

[65] Vgl. Christian Heger, *Die rechte und die linke Hand der Parodie*, Schüren-Verlag, S. 101

[66] Vgl. *Bud Spencer, Mein Leben, meine Filme – Die Autobiografie,* Schwarzkopf-Verlag, S. 148

[67] Vgl. *Bud Spencer, Mein Leben, meine Filme – Die Autobiografie,* Schwarzkopf-Verlag, S. 149

Das deutsche Dialogwunder

[68] Vgl. Christian Heger, *Die rechte und die linke Hand der Parodie*, Schüren-Verlag, S. 119

[69] Vgl. *Horst Wendlandt – Der Mann, der Winnetou & Edgar Wallace, Bud Spencer & Terence Hill, Otto & Loriot ins Kino brachte*, Schwarzkopf-Verlag, Dona Kujacinski, S. 214

[70] Zitat von Rainer Brandt aus *Die coole Stimme aus dem Off*, Die Tageszeitung, 16. 8. 2005

[71] Zitat von Rainer Brandt aus *Die coole Stimme aus dem Off*, Die Tageszeitung, 16. 8. 2005

[72] Vgl. Christian Heger, *Die rechte und die linke Hand der Parodie*, Schüren-Verlag, S. 123

[73] Vgl. Christian Heger, *Die rechte und die linke Hand der Parodie*, Schüren-Verlag, S. 126

[74] *Deine blauen Augen – Der italienische Haudegen Terence Hill wird 70 – ein Liebesbrief an einen Halbsachsen*, Frankfurter Rundschau, 27. 02. 2009

Diese blauen Augen

[75] *Backpfeifen, Kopfnüsse und blaue Augen*, Frankfurter Allgemeine Zeitung, 26. 02. 2009

[76] Zitat aus Interview mit Tonino Valerii am 10. 12. 2003, *www.terencehill.it/int_tonval.html*

[77] Zitat Daria Bignardi aus *L'era glaciale*, Rai 2, 29. 05. 2009

[78] Zitat aus *L'Era glaciale*, Terence Hill im Interview mit Daria Bignardi, Rai 2, 29. 05. 2009

[79] Vgl. www.terencehill.it/fc/avv_fattadavoi.html, Terence Hill antwortet auf Fragen von Fans

[80] Vgl. *Bravo*, Ausgabe Nr. 13, 22. 03. 1973

[81] Vgl. *Horst Wendlandt – Der Mann, der Winnetou & Edgar Wallace, Bud Spencer & Terence Hill, Otto & Loriot ins Kino brachte*, Schwarzkopf-Verlag, Dona Kujacinski, S. 189, S. 221

[82] Zitat aus Interview mit Terence Hill, *Rai.it Celebrity*, 13. 04. 2011, www.rai.tv/dl/RaiTV/programmi/media/ContentItem-cec00c0b-d524-4838-a359-6d3a571c2f1c.html

Umzug in den wilden Westen

[83] Zitat aus *L'Era glaciale*, Terence Hill im Interview mit Daria Bignardi, Rai 2, 29.05.2009

[84] Zitat aus *L'Era glaciale*, Terence Hill im Interview mit Daria Bignardi, Rai 2, 29.05.2009

[85] Zitat aus *L'Era glaciale*, Terence Hill im Interview mit Daria Bignardi, Rai 2, 29.05.2009

[86] Zitat aus *La scelta di Terrence* von Luisa Sandrone, *Famiglia Cristiana*, 10.08.2003

[87] Terence Hill am 22.05.2009 im Interview mit Daria Bignardi, *L'Era glaciale* (Rai 2)

[88] Zitat aus Interview für www.budspencer.de zur Fernsehserie *Don Matteo*, www.budspencer.de/interviews/detail.php?interviewid=4&werspielt=&searchfield=spenc_interviews_info.titel&searchstring=&sortfieldspenc_interviews.datum&datacount=16&dataoffset=0&sortorder=desc, Zugriff 5.12.2011

[89] Zitat aus Interview mit Terence Hill in *F.F. dabei*, 1995

[90] Zitat aus *L'Era glaciale*, Terence Hill im Interview mit Daria Bignardi, Rai 2, 29.05.2009

Abenteuer Regie

[91] Vgl. *Horst Wendlandt – Der Mann, der Winnetou & Edgar Wallace, Bud Spencer & Terence Hill, Otto & Loriot ins Kino brachte*, Schwarzkopf-Verlag, Dona Kujacinski, S. 220

[92] Zitat aus. *Horst Wendlandt – Der Mann, der Winnetou & Edgar Wallace, Bud Spencer & Terence Hill, Otto & Loriot ins Kino brachte*, Schwarzkopf-Verlag, Dona Kujacinski, S. 220

[93] Vgl. *Spiegel*, Nr. 10/1973, S. 137

[94] Zitat aus Niederschrift eines Interviews mit Terence Hill in Perugia am 15.06.2002 auf einer Veranstaltung u.a. der *Università per Stranieri*, www.terencehill.it/news_intervistaperugia.html, Zugriff 11.12.2011

[95] Zitat aus Niederschrift eines Interviews mit Terence Hill in Perugia am 15.06.2002 auf einer Veranstaltung u.a. der *Università per Stranieri*, www.terencehill.it/news_intervistaperugia.html, Zugriff 11.12.2011

[96] Vgl. *La Repubblica*, 13.02.1990, *E' morto a 16 anni Ross hill*

[97] Vgl. *La Stampa*, 12.02.1990, *E' morto il figlio di Terence Hill*, S. 40

[98] Zitat aus Bud Spencer, *Mein Leben, meine Filme – Die Autobiografie*, Schwarzkopf-Verlag, S. 150

[99] Zitat aus Bud Spencer, *Mein Leben, meine Filme – Die Autobiografie*, Schwarzkopf-Verlag, S. 150

[100] Zitat aus. *Horst Wendlandt – Der Mann, der Winnetou & Edgar Wallace, Bud Spencer & Terence Hill, Otto & Loriot ins Kino brachte*, Schwarzkopf-Verlag, Dona Kujacinski, S. 401

[101] Zitat aus Niederschrift eines Interviews mit Terence Hill in Perugia am 15. 06. 2002 auf einer Veranstaltung u. a. der *Università per Stranieri,* www.terencehill.it/news_intervistaperugia.html, Zugriff 11. 12. 2011

[102] Zitat aus Interview mit Terence Hill, *FF dabei,* März 1995

[103] Zitat aus *L'Era glaciale*, Terence Hill im Interview mit Daria Bignardi, Rai 2, 29. 05. 2009

[104] Zitat Terence Hill in Domenicaq In, 1983, Rai 1, www.youtube.com/watch?v=6pL0T9N-xLk

[105] Zitat Terence Hill in Domenicaq In, 1983, Rai 1, www.youtube.com/watch?v=6pL0T9N-xLk

Zwei wie Pech und Schwefel

[106] Vgl. Christian Heger, *Die rechte und die linke Hand der Parodie*, Schüren-Verlag, S. 71–72

[107] Zitat aus. *Horst Wendlandt – Der Mann, der Winnetou & Edgar Wallace, Bud Spencer & Terence Hill, Otto & Loriot ins Kino brachte*, Schwarzkopf-Verlag, Dona Kujacinski, S. 215

[108] Zitat aus. *Horst Wendlandt – Der Mann, der Winnetou & Edgar Wallace, Bud Spencer & Terence Hill, Otto & Loriot ins Kino brachte*, Schwarzkopf-Verlag, Dona Kujacinski, S. 254

[109] Zitate aus Bud Spencer, *Mein Leben, meine Filme – Die Autobiografie*, Schwarzkopf-Verlag, S. 152, 153

Ich bin ein Lommatzscher

[110] Vgl. Interview Terence Hill in *F.F. dabei*, 1995

[111] Zitat aus Broschüre der Stadtverwaltung Lommatzsch, *Terence Hill in Lommatzsch am 12. und 13. 03. 1995*

[112] Zitat aus *ADAC-Reisemagazin Sachsen*, 1995, Emanuel Gronostay: *Ein Sachse kehrt heim*

[113] Vgl. *ADAC-Reisemagazin Sachsen*, 1995, Emanuel Gronostay: *Ein Sachse kehrt heim*

Vom Prügler zum Prediger

[114] Vgl. Niederschrift eines Interviews mit Terence Hill in Perugia am 15.06.2002 auf einer Veranstaltung u. a. der *Università per Stranieri*

[115] Zitat aus Niederschrift eines Interviews mit Terence Hill in Perugia am 15.06.2002 auf einer Veranstaltung u. a. der *Università per Stranieri*

[116] Vgl. Niederschrift eines Interviews mit Terence Hill in Perugia am 15.06.2002 auf einer Veranstaltung u. a. der *Università per Stranieri*

[117] Zitat aus Niederschrift eines Interviews mit Terence Hill in Perugia am 15.06.2002 auf einer Veranstaltung der *Università per Stranieri*

[118] Zitat aus Interview mit der katholischen Tageszeitung *Avvenire*, Tiziana Lupi, 26.02.2005

[119] Zitat aus Niederschrift eines Interviews mit Terence Hill in Perugia am 15.06.2002 auf einer Veranstaltung der *Università per Stranieri*

[120] Zitat aus *Le tre vite di Don Matteo,* Di Più, Nr. 42, 31.10.2011

[121] Zitat aus *Le tre vite di Don Matteo,* Di Più, Nr. 42, 31.10.2011

[122] Zitat aus *La scelta di Terrence* von Luisa Sandrone, *Famiglia Cristiana*, 10.08.2003

[123] Zitat aus Videointerview *Don Matteo 8 Backstage*, Lux Vide, 08.09.2011

[124] Zitat aus *La scelta di Terrence* von Luisa Sandrone, *Famiglia Cristiana*, 10.08.2003

[125] Vgl. *Corriere della Sera*, 04.02.2006, Aldo Grasso, *Il buonismo efferato di Don Matteo*

[126] Zitat aus Interview mit der katholischen Tageszeitung *Avvenire*, Tiziana Lupi, 26.02.2005

Mein Name ist Niemand

[127] Zitat aus Interview mit Terence Hill, *Rai.it Celebrity*, 13.04.2011

[128] Zitat aus *Berliner Morgenpost* 6.10.2011, *Die blauen Augen von Terence Hill*

[129] Vgl. *Corriere della Sera,* 10.05.2010, *Le ultime lettere del figlio morto – Terence Hill ai ladri: ridatemele*

[130] Zitat aus *Sorrisi e canzoni,* 11.05.2010, *Terence Hill tranquilizza i fan,* www.sorrisi.com/2010/05/18/terence-hill-tranquillizza-i-fan-«nel-portafoglio-rubato-non-cerano-foto-di-mio-figlio-ross»/

[131] Zitate aus *ADAC-Reisemagazin Sachsen*, 1995, Emanuel Gronostay: »Ein Sachse kehrt heim«

[132] Terence Hill am 22. Mai 2009 im Interview mit Daria Bignardi, *L'Era glaciale* (Rai 2)

[133] Zitat aus *La scelta di Terrence* von Luisa Sandrone, *Famiglia Cristiana*, 10.08.2003

Bildnachweis Bildteil

Seite 1 oben: picture alliance/KPA Copyright
Seite 1 unten: picture alliance
Seite 2 oben: picture alliance
Seite 2 unten: picture alliance/akg-images
Seite 3 oben: picture alliance
Seite 3 unten: picture alliance/dpa/dpa-Film, © dpa - Bildarchiv
Seite 4 oben: picture alliance/ZB/Thomas Lehmann, © ZB - Fotoreport
Seite 4 unten: action press/Krug, Franziska
Seite 5 oben: action press/Krug, Franziska
Seite 5 unten: action press/Krug, Franziska
Seite 6 oben: picture alliance/Schroewig/CS
Seite 6 unten: imago stock&people
Seite 7 oben: action press/Contrast
Seite 7 unten: picture alliance/dpa/Cosima Scavolini, © dpa
Seite 8: action press/Spaziani, Stefano

Über den Autor

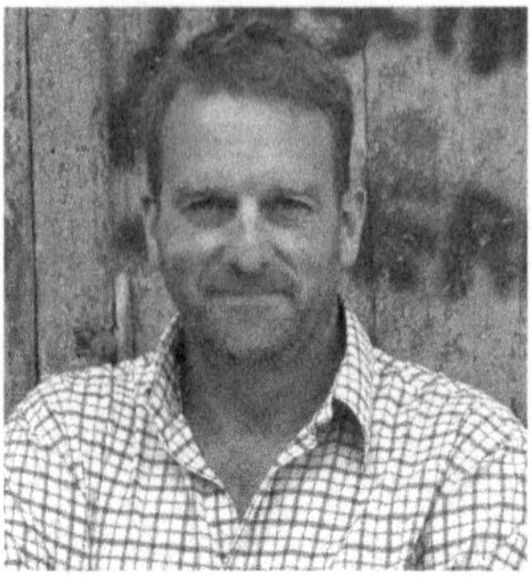

Ulf Lüdeke ist Journalist, Autor und Fotograf. Er arbeitet für Zeitschriften und Radiostationen in Deutschland und Italien. Geboren 1965 in Wolfsburg, zog er im Frühjahr 1990 gegen den Strom nach Ostdeutschland, wo er die ersten zehn Nachwendejahre für verschiedene Tageszeitungen über Politik und Kultur schrieb. Seit 2001 lebt er in Italien und begab sich dort auf die Spuren von Terence Hill.